财政部规划教材

证券投资

Portfolio Investment

陈广志　尚文秀　编著

中国财经出版传媒集团
经济科学出版社
Economic Science Press

图书在版编目（CIP）数据

证券投资／陈广志，尚文秀编著．—北京：经济科学出版社，2020.11

财政部规划教材

ISBN 978－7－5218－2151－2

Ⅰ.①证…　Ⅱ.①陈…　②尚…　Ⅲ.①证券投资-高等学校-教材　Ⅳ.①F830.91

中国版本图书馆 CIP 数据核字（2020）第 242640 号

责任编辑：杜　鹏　张　燕

责任校对：王苗苗

责任印制：邱　天

证券投资

陈广志　尚文秀　编著

经济科学出版社出版、发行　新华书店经销

社址：北京市海淀区阜成路甲 28 号　邮编：100142

编辑部电话：010-88191441　发行部电话：010-88191522

网址：www.esp.com.cn

电子邮箱：esp_bj@163.com

天猫网店：经济科学出版社旗舰店

网址：http：//jjkxcbs.tmall.com

固安华明印业有限公司印装

787×1092　16 开　14 印张　300000 字

2020 年 12 月第 1 版　2020 年 12 月第 1 次印刷

印数：0001—4000 册

ISBN 978－7－5218－2151－2　定价：45.00 元

（图书出现印装问题，本社负责调换。电话：010－88191510）

前言

PREFACE

证券投资目前已经成为人们广泛接受并积极参与的理财方式，这是我国大众金融意识不断觉醒、金融素质不断提高的结果，也是我国证券市场大踏步前进的必然结果。回想1990年12月，当上海证券交易所敲响正式对外营业的锣声、面向投资大众敞开证券市场大门之时，举国上下无数机构和个人，要么因为财富的限制而不能参与；要么因为对证券这种投资理财工具一无所知而不敢参与；要么因为过于厌恶风险而不愿参与。只有一小部分拥有一定剩余财富且对证券投资这一新鲜事物感兴趣、勇于承担风险的人，成为证券市场上第一批投资人。他们边学习边实战，直面跌宕起伏的市场，不断提高投资理财水平，承受金融创新与财富增减变化带来的冲击和压力，接受证券市场的洗礼，见证我国证券市场从局部谨慎试点到迅速成长壮大的历程。

投资大众在证券市场不断发展的过程中，领会并掌握证券投资基本理论知识，总结我国证券市场和国际成熟市场的实践经验，推动我国证券市场以超乎寻常的速度向前飞驰并与国际市场逐渐接轨。我国参与投资理财的人数逐年增加，市场发行与交易规模不断壮大，证券市场的投资品种从债券、股票等传统金融工具发展到与金融期货、期权等衍生工具并存，市场层次从单一主板市场发展到与中小板市场、创业板市场、科创板市场并存。我国证券市场在发展中得到规范，在规范中得到发展，从最初的试验、试点，摸着石头过河，快速锻造成了全球重要的证券投资理财场所。上海证券交易所、深圳证券交易所与纽约证券交易所、伦敦证券交易所、东京证券交易所等境外成熟证券交易所并驾齐驱，共同发挥经济晴雨表的作用，共同为全球经济一体化进程保驾护航，令人刮目相看。我国证券市场作为后起之秀，依靠各方面的智慧，坚持自己的特色，用几十年的时间走了世界成熟证券市场几百年的路。

截至2020年6月，我国上海、深圳两个证券交易所上市公司接近4 000家，两个交易所可供投资交易的品种除A股、B股外，还有国债现货、国债回购、公司债、可转换债券、可分离交易可转换债券、封闭式基金、开放式基金等，上市公司所属行业涉及金融保险、人工智能、医药、航空、旅游、机械制造、能源交通、公用事业等国民经济的各个领域。几十年来我国的证券市场快速发展，跌宕起伏，每一次市场震荡都给投资人留下难以忘怀的记忆。在证券市场大开大合的过程中，投资人沐风栉雨，日臻成熟，亲眼见证一个新兴市场蹒跚运行的轨迹，或者说亲自参与刻画了一个新兴市场踉跄前行的轨迹。他们或享受市场的收益惠泽，或领教市场的桀骜不驯，时而沉浸在收获的喜悦之中，时而置身于投资失误的无奈之中。但不管如何，所有的投资人都在不断总结经验，吸取教训，都在不断提高自身的金融素质，成为证券市场上永恒的主角。

证券市场既是一个实现投资愿望的场所，也是一个风险集聚的场所，还是一个专业化要求极高的场所。勇于承担风险并不能保证获得相应的回报，掌握证券市场的专业知识和投资技巧，才是必修的功课。只有客观认识市场，冷静分析市场，踏准市场变动节拍，灵活调整投资策略，才能成为投资领域的佼佼者。

本教材秉承理论与实际相结合的原则，从证券投资工具入手，不仅对股票、债券等传统金融工具进行层次分明的解析，而且还选择了部分创新金融工具和衍生金融工具并对其进行有针对性的解读，涵盖了最新的理论与实务。通过对证券市场构成和特点的阐述，使投资人了解证券市场自身的特性，根据市场特性确定投资行为。本教材以图文并茂的形式及合乎逻辑的顺序，介绍了对证券投资基本分析和技术分析的内容，以审慎的态度表述观点，以期对投资人有所裨益。风险管理与市场监管的内容吸收借鉴国内外理论精华，参照证券市场实际，面面俱到，一丝不苟。部分章节介绍上海证券交易所、深圳证券交易所的交易规则，可做投资参考，相应的投资技巧是中外证券市场众多投资人的经验概括，可以有效缩短投资人对市场摸索体验的过程。

本教材由陈广志拟订大纲并编写第一章、第三章和附录部分，尚文秀编写第二章、第四章、第五章、第六章、第七章，最后由陈广志总纂。

本教材在编著过程中虽力图追求理论体系完整、内容准确，但由于水平有限，再加上金融创新日新月异，故教材中疏漏之处在所难免，衷心希望读者不吝赐教，以便完善。

编著者

2020 年 10 月

目 录
CONTENTS

第一章　证券投资工具

第一节　证券概述

一、证券的含义

证券是所有权、债权或其他权益凭证的统称，是用来证明持有人享有指定权益或权利的凭证。广义证券包括资本证券、货币证券和商品证券等，狭义证券主要指证券市场上的融资工具。本章所涉及的内容即狭义角度的有价证券，如股票、债券及衍生金融产品等资本证券。

二、有价证券的含义及分类

（一）有价证券的含义

有价证券是一种标有票面金额，证明持券人有权按期取得一定收入，并可自由转让和买卖的所有权或债权凭证。这类证券并非劳动所创造，因此，本身不具有价值，但是，由于它代表着一定权利，持有者可凭其取得相应的利息、股息等收入，客观上具有了价格，因而可以在证券市场上计价买卖和流通。

（二）有价证券的分类

1. 按发行主体分类。按发行主体的不同，有价证券可分为政府证券、金融证券和公司证券。

政府证券是指政府财政部门或其他代理机构为筹集资金，以政府名义发行的证券。通常由中央政府或地方政府发行。

金融证券是指银行及非银行金融机构发行的、承诺到期偿还本金并支付相应利息的有价证券。

公司证券是指各类公司为筹措资金而发行的有价证券。公司证券包括的范围比较广泛，有股票、公司债券及商业票据等。

2. 按是否上市分类。按证券是否在证券交易所挂牌交易，证券可分为上市证券和非上市证券。

上市证券又称挂牌证券，是指经证券主管机关批准，并向证券交易所注册登记，获得在交易所内公开买卖资格的证券。

非上市证券也称非挂牌证券、场外证券，是指未申请上市或不符合在证券交易所挂牌交易条件的证券。非上市证券规模和数量都远大于上市证券。

3. 按证券收益是否固定分类。根据收益变动与否，证券可分为固定收益证券和变动收益证券。

固定收益证券是指持券人可以在特定的时间内取得固定的收益并预先知悉取得收益的数量和时间的证券。如固定利率债券、优先股股票等。

变动收益证券是指因客观条件的变化其收益会随之变化的证券。如普通股，其股利收益事先不确定，而是随公司税后利润的多少来决定，实际生活中的浮动利率债券也属于此类证券。

一般来说，变动收益证券比固定收益证券的收益高、风险大，但是，在通货膨胀条件下，固定收益证券的风险要比变动收益证券大得多。

4. 按证券发行的地域分类。根据发行地域不同，证券可分为国内证券和国际证券。

国内证券是一国国内的金融机构、公司等经济组织或该国政府在国内资本市场上以本国货币为面值所发行的证券。

国际证券则是由一国政府、金融机构、公司或国际经济机构在国际证券市场上以其他国家的货币（可以是第三国货币）为面值而发行的证券。

5. 按证券募集方式分类。根据募集方式的不同，证券可分为公募证券和私募证券。

公募证券是指发行人通过中介机构向不特定的社会公众投资人公开发行的证券，其审批较严格并采取公示制度。

私募证券是指向少数特定的投资人发行的证券，其审查条件相对较松，投资人也较少，不采取公示制度。私募证券的投资人多为与发行者有特定关系的机构投资人。

6. 按证券性质分类。按证券的经济性质，可分为基础证券和金融衍生证券两大类。

股票、债券和部分投资基金都属于基础证券，它们是最活跃的投资工具，是证券市场的主要交易对象，也是证券理论和实务研究的重点。

金融衍生证券是指由基础证券派生出来的证券交易品种，主要有金融期货与期权、可转换证券、存托凭证、认股权证等。

7. 按是否记名分类。根据票面是否记名，有价证券可分为记名有价证券和无记名有价证券。

记名有价证券是在证券上记载证券权利人的姓名的有价证券，如进行转让需要背书。

无记名有价证券是在证券上不记载权利人姓名的有价证券，可以自由转让，证券义务人只对证券持有人负责并履行义务。

第二节　债　券

一、债券的含义及类别

（一）债券的含义

债券是政府、金融机构、工商企业等机构向社会筹措资金时，向投资人发行，承诺按一定利率支付利息并按约定条件偿还本金的债权债务凭证。债券的本质是债权的证明书，具有法律效力。债券购买者与发行者之间是一种债权债务关系，债券发行人即债务人，投资人（或债券持有人）即债权人。

（二）债券的类别

1. 按是否有财产担保划分。按是否有财产担保，债券可以分为抵押债券和信用债券。

（1）抵押债券。抵押债券是以企业财产作为担保的债券。按抵押品的不同，抵押债券又可以分为一般抵押债券、不动产抵押债券、动产抵押债券和证券信用抵押债券。抵押债券也可以分为封闭式和开放式两种。“封闭式”公司债券发行额会受到限制，即不能超过其抵押资产的价值；“开放式”公司债券发行额不受限制，抵押债券的价值取决于担保资产的价值。

（2）信用债券。信用债券是不以任何公司财产作为担保、完全凭信用发行的债券。其持有人只对公司的非抵押资产具有追索权，企业的盈利能力是这些债券投资人的主要担保。因为信用债券没有财产担保，所以在债券契约中都要加入保护性条款，如不能将资产抵押给其他债权人、不能兼并其他企业、未经债权人同意不能出售资产、不能发行其他长期债券等。

2. 按可否转换划分。按可否转换为公司股票，债券可以分为可转换债券和不可转换债券。

（1）可转换债券。可转换债券是指能够在特定时期内按某一固定比例转换成普通股的债券。它具有债权与股权的双重属性，属于一种混合性筹资工具。由于可转换债券赋予债券持有人将来成为公司股东的权利，因此，其利率通常低于不可转换债券。可转换债券在转换前发行人达到了低成本筹资的目的，转换后又可节省股票的发行成本。根据《中华人民共和国公司法》的规定，发行可转换债券应由国务院证券管理部门批准，发行公司应同时具备发行公司债券和发行股票的条件。

（2）不可转换债券。不可转换债券又称普通债券，是指不能转换为普通股的债券。由于其没有赋予债券持有人将来成为公司股东的权利，所以其利率一般高于可转换债券。

3. 按利率是否固定划分。按利率是否固定划分，可以将债券分为固定利率债券和浮动利率债券。

（1）固定利率债券。固定利率债券是将利率印在票面上并按该利率向债券持有人支付利息的债券。该利率不随市场利率的变化而调整，因而固定利率债券可以较好地抵御通货紧缩风险。

（2）浮动利率债券。浮动利率债券的息票率随市场利率变动而动态调整。因为浮动利率债券的利率同当前市场利率挂钩，而当前市场利率又考虑到了通货膨胀率的影响，所以浮动利率债券可以较好地抵御通货膨胀风险。

4. 按可否提前偿还划分。按可否提前偿还，债券可以分为可赎回债券和不可赎回债券。

（1）可赎回债券。可赎回债券是指在债券到期前，发行人可以按事先约定的赎回价格收回的债券。公司发行可赎回债券主要是考虑到公司未来的投资机会和回避利率风险等问题，以增加公司资本结构调整的灵活性。发行可赎回债券最关键的问题是赎回期限和赎回价格的制定。

（2）不可赎回债券。不可赎回债券是指到期偿还本金、按期支付利息，不能在债券到期前赎回的债券。

5. 按偿还方式划分。按偿还方式的不同，债券可以分为一次到期偿还债券和分期偿还债券。

（1）一次到期偿还债券，是指发行公司于债券到期日一次偿还全部债券本息的债券。

（2）分期偿还债券，是指在债券发行的当时就规定有不同到期日的债券，即分批偿还本金的债券。分期偿还债券可以减轻发行公司集中还本付息的财务负担。

6. 按发行主体划分。按发行主体的不同，可将债券分为政府债券、金融债券、公司债券。

（1）政府债券。政府债券是指政府财政部门或其他代理机构为筹集资金，以政府的名义发行的债券。它主要包括国库券和公债两大类。国库券用来弥补财政收支不平衡；公债用来筹集建设资金。有时也将两者统称为公债。中央政府发行的称中央政府债券（国家公债券）；地方政府发行的称地方政府债券（地方公债券）。

中央政府债券又称国家债券或国家公债券。各国政府发行债券的目的通常是弥补国家财政赤字、进行大型工程项目建设、偿还旧债本息等方面的资金需要。国家债券按照偿还期限的长短可分为短期国家债券、中期国家债券和长期国家债券，但各国的划分标准不尽一致。美国和日本等国家将1年以下的债券界定为短期国家债券，将1年以上10年以下的债券界定为中期国家债券，将10年以上的债券界定为长期国家债券。美国和英国发行国库券，均为弥补国库暂时性资金不足。美国国库券的偿还期限通常为3个月或6个月，最长不超过1年；英国国库券的偿还期限通常为90天。国家债券的发行者是中央政府，由国家承担偿还本息的责任。国家债券可以全部在证券交易所上市，也可以在到期前用作抵押贷款的担保品，而且政府不征收债券收益所得税。因此，国家债券的信誉好、风险小、流动性强、抵押代用率高，是最受投资人欢迎的金融资产之一。国家债券的发行量和交易量在证券市场中一般都占有相当大的比重，不仅在金融市场上起着重要的融资作用，而且是各国中央银行进行公开市场业务操作的重要工具。国家债券的发行一般以公募发行为主，同时又多采取间接销售的方式，即通过证券中介机构公开向社会发行。国家债券的发行，在国内以本币币种发行，称作政府本币内债；在国外有时也以外币币种发行，称作政府外币债券。

地方政府债券又称地方债券或地方公债，是由省、自治区、直辖市等地方政府发行的债券。发行这类债券的目的是筹措一定数量的资金，用于满足市政建设、文化进步、公共安全、自然资源保护等方面的资金需要。

（2）金融债券。金融债券是银行和非银行金融机构作为筹资主体为筹措资金而发行的一种有价证券，是表明债务、债权关系的一种凭证。金融债券按法定程序发行、承诺按约定利率定期支付利息并到期偿还本金，属于银行等金融机构的主动负债。

金融债券能够较有效地解决银行等金融机构资金来源不足和期限不匹配的矛盾。一般来说，银行等金融机构的资金有三个来源，即吸收存款、向其他机构借款和发行债券。存款资金的特点之一，是在经济发生动荡的时候，易发生储户争相提款的现象，从而造成资金来源不稳定。向其他商业银行或中央银行借款所得的资金主要是短期资金，而金融机构往往需要进行一些期限较长的投融资，这样就出现了资金来源和资金运用在期限上的矛盾，发行金融债券有效解决了这一矛盾，债券在到期之前一般不能提前兑换，只能在市场上转让，从而保证了所筹集资金的稳定性。同时，金融机构发行债券时可以灵活规定期限，比如，为了一些长期项目投资，可以发行期限较长的债券。因此，发行金融债券可以使金融机构筹措到稳定且期限灵活的资金，从而有利于优化资产结构，扩大长期投资业务。由于银行等金融机构在一国经济中处于较特殊的地位，政府对它们的运营又有严格的监管，因此，金融债券的资信通常高于其他非金融机构债券，违约风险相对较小，具有较高的安全性。所以，金融债券的利率通常低于一般的企业债券，但高于风险更小的国债和银行储蓄存款利率。

按不同标准，金融债券可以划分为很多种，最常见的有以下两种。

①根据利息支付方式的不同，金融债券可分为附息金融债券和贴现金融债券。如果金融债券上附有多期息票，发行人定期支付利息，则称为附息金融债券；如果金融债券是以低于面值的价格贴现发行，到期按面值还本付息，利息为发行价与面值的差额，则称为贴现金融债券。比如，票面金额为 100 元、期限为 1 年的贴现金融债券，发行价格为 90 元，1 年到期时支付给投资人 100 元，那么利息收入就是 10 元，而实际年利率就是 11.11%。

②根据发行条件不同，金融债券可分为普通金融债券和累进利率金融债券。普通金融债券按面值发行，到期一次还本付息，期限一般是 1 年、2 年和 3 年。普通金融债券类似于银行定期存款，只是利率高一些。累进利率金融债券的利率

不固定，在不同的时间段有不同的利率，并且一年比一年高，也就是说，债券的利率随着债券期限的增加累进。比如，面值为100元、期限为5年的金融债券，第一年利率为2%，第二年利率为3%，第三年利率为4%，第四年利率为5%，第五年利率为6%，投资人可在第一年至第五年之间随时去银行兑付，并获得规定的利息。

此外，金融债券也可以像公司债券一样，根据期限的长短划分为短期债券、中期债券和长期债券；根据是否记名划分为记名债券和不记名债券；根据担保情况划分为信用债券和担保债券；根据可否提前赎回划分为可提前赎回债券和不可提前赎回债券；根据债券票面利率是否变动划分为固定利率债券、浮动利率债券和累进利率债券；根据发行人是否给予投资人选择权划分为附有选择权的债券和不附有选择权的债券等。

金融债券诞生于日本，是在日本特定的金融体制下产生的债券品种。中国从20世纪80年代引进金融债券，1985年首发。

（3）公司债券。公司债券是指公司依照法定程序发行，按照约定还本付息的有价证券。公司债券使债券持有人和发行人之间形成了以还本付息为内容的债权债务法律关系。

公司债券的特点：①风险较大。公司债券的还款来源是公司的经营利润，但是，任何一家公司未来的经营都存在很大的不确定性，因此，公司债券持有人承担着损失利息甚至本金的风险。②收益率较高。风险与收益成正比的原则，要求较高风险的公司债券需提供给债券持有人较高的投资收益。③对于某些债券而言，发行者与持有者之间可以相互给予一定的选择权。④因其反映的是债权债务关系，故不拥有对公司的经营权，但是，可以给予优先享有索取利息以及优先要求补偿和分配剩余资产的权利。

公司债券可以按不同的标准进行相应的分类。①按是否记名可分为记名公司债券和不记名公司债券。记名公司债券，即在券面上登记持有人姓名，支取本息要凭印鉴领取，转让时必须背书并到债券发行公司登记的公司债券；不记名公司债券，即券面上不需载明持有人姓名，还本付息及流通转让仅以债券为凭，不需登记。②按持有人是否参加公司利润分配可分为参与公司债券和非参与公司债券。参与公司债券，指除了可按预先约定获得利息收入外，还可在一定程度上参与公司利润分配的公司债券；非参与公司债券，指持有人只能按照事先约定的利率获得利息的公司债券。③按是否可提前赎回可分为提前赎回公司债券和不可提前赎回公司债券。提前赎回公司债券，即发行者在债券到期前购回其发行的全部或部分债券；不可提前赎回公司债券，即只能一次到期还本付息的公司债券。④按发行债券的目的可分为普通公司债券、改组公司债券、利息公司债券和延期公司债券。普通公司债券，即以固定利率、固定期限为特征的公司债券，这是公司债券的主要形式，目的在于为公司扩大生产规模提供资金来源；改组公司债券，也称为以新换旧债券，是为清理公司债务而发行的债券；利息公司债券，也称为调整公司债券，是指面临债务信用危机的公司，经债权人同意而发行的较低利率的新债券，用以换回原来发行的较高利率债券；延期公司债券，指公司在已发行债券到期无力支付而又不能发新债还旧债的情况下，在征得债权人同意后可延长偿还期限的公司债券。⑤按发行人是否给予持有人选择权分为附有选择权的公司债券和未附选择权的公司债券。附有选择权的公司债券，指在一些公司债券的发行中，发行人给予持有人一定的选择权，如可转换公司债券（附有可转换为普通股的选择权）、有认股权证的公司债券和可退还公司债券（附有持有人在债券到期前可将其回售给发行人的选择权）；未附选择权的公司债券，即债券发行人未给予持有人上述选择权的公司债券。

二、债券的票面要素及特征

（一）债券的票面要素

1. 票面价值。包括币种和票面金额，是偿还本金和计息的依据。

2. 还本期限。这是指债券从发行之日起至偿清本息之日止的时间。

3. 债券票面利率。即债券利息与债券票面价值的比率，通常以年化利率表示。

4. 发行人名称。这是指明债券的债务主体，为债权人到期追索本金和利息提供依据。

上述四个要素是债券票面的基本要素，但在发行时并不一定全部在票面上印制出来。例如，在很多情况下，债券发行者是以公告或条例的形式向社会公布债券的期限和利率。此外，一些债券还包含其他要素，如还本付息方式等。

（二）债券的特征

1. 偿还性。债券一般都规定有偿还期限，发行人必须按约定条件偿还本金并支付利息。

2. 流通性。债券一般都可以在流通市场上自由转让，保证持有人变现需要。

3. 安全性。与股票相比，债券通常规定有固定的利率。债券与发行人绩效没有直接联系，收益比较稳定，风险较小。此外，在发行公司破产时，债券持有者享有优先于股票持有者对公司剩余资产的索取权。

4. 收益性。债券的收益性主要表现在两个方面：一是投资债券可以定期或不定期取得利息收入；二是可以利用债券市场价格的变动买卖债券赚取差价收入。

三、债券投资实务

（一）债券的实际类型

1. 国债的类型。从既往的历史看，我国发行的国债种类有记账式国债、无记名国债、凭证式国债和特种定向国债。

(1) 记账式国债。记账式国债又称无纸化国债，以记账的形式记录债权，由证券交易所的交易系统发行和交易，可以记名、挂失，可上市流通交易，投资人须先开户、后买卖。

(2) 无记名国债。无记名国债又称有纸化国债、实物券，以实物券面的形式记录债权，不记名，不挂失，可上市流通交易。

(3) 凭证式国债。凭证式国债是通过银行系统发行的国家储蓄债，可以记名，可以挂失，不可上市流通，但持券人可到原购买网点提前兑付。

(4) 特种定向国债。特种定向国债是为特定的筹资目的向指定范围投资人发行的债券，不可上市流通。

2. 金融债券的类型。金融债券是金融机构（除中央银行以外）发行的债券。政策性银行发行的金融债券称为政策性金融债券；商业银行和非银行金融机构发行的债券称为普通金融债券。按不同计息方法也可分为贴现金融债券、附息金融债券和累进利率金融债券。

3. 公司债券的类型。目前，中国公司债券主要是按企业的隶属关系和期限来划分的，即中央企业债券和地方企业债券。前者主要是隶属于中央政府的重点企业，如电力、化工、有色金属、铁道等能源、交通、重点原材料企业发行的债券；后者主要是隶属于地方政府的工商企业和金融性质的投资公司发行的债券。

（二）债券计息

1. 单利计息法。单利计息法是指不计算再投资利息的计算方法。单利计息法的计算公式如下：

$$I = P \times R \times T$$

其中，I 表示利息；P 表示投资本金；R 表示投资利率；T 表示计息期间。

2. 复利计息法。复利计息法是指计算再投资利息的计息方法，分为无支付有限复利、定期支付有限复利和连续复利。其中，无支付有限复利是指从债券发行到兑付之间不支付利息，直到兑付时支付本金和利息，并以一定期间复利的方法计算利息。连续复利是指每年复利次数趋于无穷大时的复利。在实践中，连续复利通常理解为每日复利。

无支付有限复利的计算公式如下：

$$FV = PV(1 + i)^n$$

其中，FV 表示未来价值；PV 表示现在价值；i 表示每个复利时期的利率；n 表示计算复利的时期的数量。

定期支付有限复利的计算公式如下：

$$PV = CF_1 \div (1 + y) + CF_2 \div (1 + y)^2 + \cdots + CF_n \div (1 + y)^n$$

其中，PV 表示现值；CF_n 表示每一次现金流量的价值；y 表示复利收益率；n 表示利息支付时期的次数。

连续复利的计算公式如下：

$$r = \min(1 + R \div m)$$

其中，r 表示连续复利；R 为每年 m 次复利。

3. 贴现计息法。贴现计息法是指债券按折扣方式出售的收益率，即债券购买者以低于票面值的价格买进债券，到期以票面额兑付，票面额与购买价格之差就是该债券的利息。

4. 累进利率计息法。累进利率计息法是指随着债券的期限延长利率逐步累计上升。例如，第一年年利率为9%，第二年为10%，第三年为11%，第四年为12%，债券利率逐年累进，按年计息。

（三）可转换债券

1. 可转换债券的含义。可转换债券是指在发行时标明价格、利率、偿还或转换期限，持有人有权到期收回本金或按规定的期限和价格将其转换为公司普通股股票的债券。可转换债券的性质介于股票与债券之间，在尚未转换之前，与普通的公司债券没有区别，可以获取固定利息。其特殊性在于，持有人可以在一定期限内按照一定条件将所持债券转换成一定数量的普通股股份。可转换债券利率一般低于普通债券利率，发行可转换债券可以降低筹资成本。可转换债券持有人享有在一定条件下将债券回售给发行人的权利，发行人在一定条件下拥有强制赎回债券的权利。

可转换债券有广义和狭义之分。狭义的可转换债券是指债券持有人有权依照约定的条件将所持债券转换为发行公司股份的债券。广义的可转换债券是指债券持有人转换时，既可以转换为发行公司股份，也可以转换为其他证券的债券，转换对象不限于发行公司的股份。

2. 可转换债券的特征。

（1）债权性。与其他债券一样，可转换债券有规定的利率和期限。投资人可以选择持有债券到期，收取本金和利息。

（2）股权性。可转换债券在转换成股票之前是纯粹的债券，但在转换成股票之后，原债券持有人就由债权人变成了公司的股东，可参与企业的经营决策和红利分配。

（3）可转换性。可转换性是可转换债券的重要标志，债券持有者可以按约定的条件将债券转换成股票。转股权是一般债券没有的选择权。可转换债券在发行时就明确约定，债券持有者可按照发行时约定的价格将债券转换成普通股股票。如果债券持有者不想转换，则可继续持有债券，直到偿还期满时收取本金和利息，或者在流通市场出售变现。如果持有人看好发债公司股票增值潜力，在宽限期之后可以行使转换权，按照预定转换价格将债券转换成为股票，发债公司不得拒绝。正因为具有可转换性，可转换债券利率一般低于普通公司债券利率，公司发行可转换债券可以降低筹资成本。

（4）双重选择性。可转换债券具有双重选择权的特征，可转换债券持有人享有在一定条件下将债券回售给发行人的权利，发行人在一定条件下也拥有强制赎回债券的权利，并为此要支付比没有赎回条款的转债更高的利率。双重选择权是可转换公司债券最主要的金融特征，它的存在使投资人和发行人的风险、收益限定在一定的范围以内，并可以利用这一特点对股票进行套期保值，获得更加确定的收益。

3. 可转换债券的主要类型。可转换债券所具有的混合金融产品特征决定了其品种的多样性，为了迎合各种各样的发行者和投资人的需求，国际市场上也出现了多种多样的可转换债券品种，主要可概括为高票息或高溢价可转换债券、溢价回售可转换债券、滚动回售可转换债券、零息可转换债券、折扣可转换债券、可交换债券、含认股权证的可转换债券等。中国国内市场的情况有所不同。《上市公司证券发行管理办法》第27条规定："上市公司可以公开发行认股权和债券分离交易的可转换公司债券。"第28条规定："分离交易的可转换公司债券应当申请在上市公司股票上市的证券交易所上市交易。""分离交易"的可转换债券中的公司债券和认股权分别符合证券交易所上市条件的，应当分别上市交易。

4. 可转换债券的售价组成。可转换债券对投资人和发行公司都有较大的吸引力，它兼有债券和股票的优点。可转换债券的售价由两部分组成：一是债券本金与利息按市场利率折算的现值；二是转换权的价值。转换权之所以有价值，是因为当股价上涨时，债权人可按原定转换比率转换成股票，从而获得股票增值。

5. 可转换债券的发行。可转换债券的发行有两种方法：一种方法认为转换权有价值，并将此价值作为资本公积处理。另一种方法不确认转换权价值，而将全部发行收入作为发行债券所得，其理由，一是转换权价值极难确定；二是转换权和债券不可分割，要保留转换权必须持有债券，行使转换权则必须放弃债券。

6. 债券转换成股票的方法。当债券持有人将债券转换成股票时，有两种会计处理方法可供选择，即账面价值法和市价法。

采用账面价值法，将被转换债券的账面价值作为换发股票的价值，不确认转换损益。这种方法认为，公司不能因为发行证券而产生损益，即使有也应作为（或冲抵）资本公积或留存损益。另外，发行可转换债券旨在把债券换成股票，发行股票与转换债券两种为完整的一笔交易，而非两笔分别独立的交易，转换时不应确认损益。

在市价法下，换得股票的价值基础是其市价或被转换债券的市价中较为可靠者，并确认转换损益。采用市价法的理由是，债券转换成股票是公司重要的股票活动，且市价相当可靠，根据相关性和可靠性这两个要求，应单独确认转换损益。另外，采用市价法，股东权益的确认也符合历史成本原则。

7. 可分离交易可转债。可分离交易可转债属于附认股权证公司债的范围。附认股权证公司债指公司债券附有认股权证，持有人依法享有在一定期间内按约定价格（执行价格）认购公司股票的权利，也就是债券加上认股权证的产品组合。附认股权证公司债与普通可转债都属于混合型证券，它们介于股票和债券之间，是股票和债券以一定方式结合的融资工具，兼具债券和股票融资的特性。

8. 可分离可转债与普通可转债的区别。

（1）发行资金成本不同。两者的认股权均具有促销公司债、降低发行公司利息负担的作用，因为普通可转债本身只是一个产品，而可分离交易可转债则更近似于两个产品，所以普通可转债的发行成本通常较可分离交易可转债低。我国的可分离交易可转债中，权证与公司债部分的期限不匹配，因而与普通可转债的发行相比，投资人会要求可分离交易可转债的公司债部分有更高的票面利率。此外，普通可转债所含的转换权利的价值，通常较单独交易的认股权证更容易直接反映在市价上，所以普通可转债容易享有较高溢价，筹资成本相对较低。

（2）投资人的资金量占用不同。对投资人而言，行使可分离交易可转债所附带的认股权时必须再缴股款；而普通的可转债在转换成股票时则不需要再缴纳股款，投资资金较容易控制。因此，投资可分离交易可转债并且行权，会占用投资人更多的资金。

（3）赎回条款存在与否不同。可分离交易可转债的权证与公司债部分在上市之后分离的特征，使得发行可分离交易可转债的公司无法用任何发行条款去强制或约束投资人行权，而只能用一些策略诱使投资人提前行权。至于普通的可转债就可采用赎回条款强制投资人行使转换权利。

（4）对发行人财务结构的影响不同。普通的可转债在转换股票时公司的负债自然减少。但可分离交易可转债即使认股权被行使，该发行公司对债券的债务也将持续至债券期满为止。因此，一般负债比较高的公司会选择发行普通的可转债；一些现金流状况良好、高成长的公司则偏好通过发行可分离交易可转债获取长期的低利率资金，而不希望在公司成长初期发行人的股本就被大量稀释。

（5）行使比例不同。普通可转债在转股时，可转债的面值和转股价决定了可以转股的数量；而可分离交易可转债则依契约条款规定的行使比例认购新股，认股数量与债券面值无关，只与契约条款的规定有关。

（6）交易形态不同。可分离交易可转债对于发行人而言是发行两种有价证券；而发行普通可转债就是一种有价证券。

（7）认股权的存续期限不同。认股权证的存续期较公司债的存续期要短，因此，认股权证处于价内的机会较普通可转债的权证部分要低，时间价值占认股权证价值的比重会更大。为了避免丧失时间价值，发行初期投资人可能不愿执行认购权利，在缺乏赎回条款约束的情况下，认股权执行的弹性可能加大，而可分离交易可转债的公司债部分则隐含了较大的市场风险。

（四）债券买卖的具体规定

记账式债券的交易方式与股票交易相同，成交后债权的增减在其“证券账户”中体现。无记名债券（实物券）卖出交易前，须先办理入库托管手续，然后在所入库的券商处卖出，买入无记名债券后，投资人可在买入的券商处办理提券手续。

债券交易以手为单位，1 手等于 1 000 元面值。债券交易以 1 手为最小单位，每笔申报最大不得超过10 000手，行情计价单位是每百元面值。

（五）债券品种的选择

从流通性角度来看，记账式债券和无记名债券（实物券）发行后均可上市流通，但无记名债券上市流通前须办理托管手续。

从投资主体角度来看，机构投资人的选择以记账式或无记名债券为主，而较适合个人投资的品种应是凭证式国债。

从持有期限角度来看，对于持有期较短的投资人应选择记账式或无记名债券，对于拟持券到期兑付的投资人来说则根据情况选择认购品种。

第三节　股　票

一、股票的含义及分类

（一）股票的含义

股票是股份证书的简称，是股份公司为筹集资金而发行给股东作为持股凭证、股东借以取得股息或红利的一种有价证券。股票是股份公司资本的构成部分，可以转让、买卖或作价抵押，是资金市场的主要长期信用工具。

（二）股票的分类

1. 根据投资主体划分，可以分为国家股、法人股、社会公众股和外资股。

国家股指的是有权代表国家投资的部门或机构以国有资产向公司投资形成的股份（含现有资产折成的国有股份）。由于我国有一部分股份制企业是由原国有大中型企业改制而来，因此，国有股在公司股份中占有较大的比重，通过改制，多种经济成分可以并存于同一企业，国家则通过控股方式，用较少的资金控制更多的资源，巩固了国有的主体地位。我国国家股的构成，从资金来源看，主要包括三个部分：第一，国有企业由国家计划投资所形成的固定资产，国拨流动资金和各种专用拨款；第二，各级政府的财政部门、经济主管部门对企业的投资所形成的股份；第三，原有行政性公司的资金所形成的企业固定资产。

法人股是指企业法人或具有法人资格的事业单位和社会团体，以其依法可支配的资产，向股份有限公司投资所形成的股份。如果该法人是国有企业、事业单位及其他单位，那么该法人股为国有法人股；如果是非国有法人资产投资于上市公司形成的股份，则为社会法人股。

社会公众股是指股份公司采用募集设立方式设立时，向社会公众（非公司内部职工）募集的股份，也是指社会公众依法以其拥有的财产，投入公司时形成的可上市流通的股份。

外资股是指股份公司向外国和我国香港、澳门、台湾地区投资人发行的股票。外资股按上市地域可以分为境内上市外资股和境外上市外资股。

2. 根据股东权益和风险大小划分，可以分为普通股、优先股。

普通股是享有普通权利、承担普通义务的股份，是公司股份的最基本形式。普通股的股东对公司的管理、收益享有平等权利，根据公司经营效益分红，在公司经营管理和盈利及财产的分配上享有普通权利，在满足所有债权偿付要求及优先股东的收益权与求偿权要求后对企业盈利和剩余财产拥有索取权。它构成公司资本的基础，是股票的一种基本形式，也是发行量最大、最重要、最标准、风险最大的股票。

优先股是享有优先权的股票。优先股的股东对公司资产、利润分配等享有优先权，其风险较小。但是，优先股股东一般情况下无选举及被选举权，对公司事务无表决权，对公司经营决策无参与权。优先股不能退股，只能通过优先股的赎回条款被公司赎回。优先股的典型特征是优先分配股息，优先分配剩余财产，股息率固定。

3. 根据股票上市地点划分，可以分为境内上市内资股、境内上市外资股和境外上市外资股三大类，依据这一划分标准可将我国现行股票分为 A 股、B 股、H 股、S 股、N 股等。

（1）A 股。A 股的正式名称是人民币普通股票。它是由我国境内的公司发行，在上海证券交易所或深圳证券交易所上市，供投资人以人民币认购和交易的普通股股票。

（2）B 股。B 股的正式名称是人民币特种股票，是指在中国大陆注册、在中国大陆上市的特种股票。以人民币标明面值，以美元或港币认购和交易。2001 年我国放宽了对 B 股投资的限制，境内居民可以投资 B 股。

（3）H 股。H 股是指我国（内地）的股份有限公司在中国香港证券交易所发行并上市流通的股票。

（4）S 股。S 股是指那些主要生产或者经营等核心业务在中国大陆而公司注册地在新加坡（Singapore）或者其他国家和地区，但是在新加坡交易所上市挂牌的公司的股票。

（5）N 股。N 股是指在中国大陆注册而在纽约（New York）上市的外资股。

二、股票的特征

（一）不可偿还性

股票是一种无偿还期限的有价证券，投资人认购了股票后，就不能要求退股，需要变现时只能在二级市场进行交易转让。股票的转让只意味着公司股东的改变，并不会减少公司资本。从期限上看，只要公司存在，它所发行的股票就存在，股票的期限等于公司存续的期限。

（二）参与性

股东有权出席股东大会，选举公司董事会成员，参与公司重大决策。股票持有者的诉求和享有的经济利益通常是通过行使股东参与权来实现的。股东参与公司决策权利的大小，取决于其所持有股份的多少。从实践中来看，只要股东持有的股票数量达到左右决策结果所需的实际多数时，就能掌握公司的决策控制权。

（三）收益性

股东凭其持有的股票，有权从公司领取股息或红利，获取投资收益。股息或红利的多少，主要取决于公司的盈利水平和公司的盈利分配政策。股票的收益性还表现在股票投资人可以获得价差收入或实现资产保值增值。投资人通过低价买入和高价卖出股票，可以获取资本利得。

（四）流通性

股票的流通性是指股票在不同投资人之间的转手交易。流通性通常以可流通的股票数量、股票成交量以及股价对交易量的敏感程度来衡量。可流通股数越多，成交量越大，价格对成交量越不敏感（价格不会随着成交量一同变化），股票的流通性就越好；反之就越差。股票的流通，使投资人可以在市场上卖出所持有的股票，取得现金。通过股票的流通和股价的变动，可以看出人们对于相关产业和上市公司的发展前景与盈利潜力的判断。那些在流通市场上吸引大量投资人、股价不断上涨的产业和公司，可以通过增发股票不断吸收大量资本进入生产经营活动，达到优化资源配置的效果。

（五）价格波动性和风险性

股票在交易市场上作为交易对象，同商品一样，有自己的市场行情和市场价格。由于股票价格受到诸如公司经营状况、供求关系、银行利率、大众心理等多种因素的影响，其波动有很大的不确定性。正是这种不确定性使股票投资人有可能遭受损失。价格波动的不确定性越大，投资风险也就越大。因此，股票是一种高风险的金融产品。

（六）股份的伸缩性

公司股份可以通过扩容或合并的方式增减，但股东的权益不受影响。送股、增发、转增股份可以使公司的股份总数增加，回购、注销或并股可以使公司的股份总数减少。

三、股票与债券的区别

（一）发行主体不同

股票只能是股份公司才可以发行；而债券作为筹资工具，无论是国家、地方公共团体还是企业，都可以发行。

（二）收益稳定性不同

股票的红利收益数量受制于股份公司税后纯利的多少及经股东大会通过的分配方案；而债券在购买之前，利率已定，到期即可以获得固定利息，与发债人的经营状况无关。

（三）保本能力不同

股票不能退股，也没有期限，因此，投资人一旦购买了股份，就不能再收回原投资本金，只要公司存在，就永远归公司支配，公司一旦破产清算，还要看公司剩余资产清盘状况，甚至存在血本无归的可能；而债券在持有期可以得到利息，到期可回收本金。

（四）反映的法律关系不同

股票属于所有权凭证，反映的是所有权关系，股东有权参与公司的经营管理；而债券所表示的是一种债权债务关系，债券持有者无权过问公司的经营管理。

（五）风险大小不同

股票是金融市场上的主要投资工具，其交易转让的频率高，市场价格会受多种因素影响宽幅变动，风险大；而债券因收益确定，价格变动幅度一般不大，风险相对较小。

四、股票投资实务

（一）账户问题

1. 证券投资人的资格界定。证券投资人有两大类：第一类是个人投资人。拥有中华人民共和国国籍的居民，都可以成为买卖在上海、深圳证券交易所挂牌交易的A股、B股、投资基金、权证、债券的投资人。第二类是机构投资人。中国境内拥有法人资格的公司机构（除规定不得参与股票交易的机构），都可以成为买卖在上海、深圳证券交易所挂牌交易的A股、投资基金、公司债券和国债及国债回购等有价证券的投资人。

根据规定，下列人员和机构不能办理登记和开户：

（1）未成年人未经法定监护人的同意或允许；

（2）国家法律、法规规定不得参与股票交易的自然人和法人，如证券管理机关工作人员、证券交易所管理人员和从业人员不得开立股票账户；

（3）违反证券法规，经有关机关决定停止其证券交易期限未满者；

（4）未经授权代理法人开户者；

（5）其他法规规定不得拥有证券或参与证券交易的自然人。

2. 开立股票账户。开立股票账户，一般需要办理以下手续。

（1）个人开户。开户时需出示本人有效身份证件，填写申请表（各家券商在代理开户时，为应对竞争，已免收开户费用）。一张身份证只能办理一个账户。

（2）机构开户。开户时需携带下列证件：营业执照复印件、单位介绍信、法人证明书、法人授权书、办理开户者的身份证。

3. 参与证券买卖。投资人参与证券买卖，首先要具备参与证券投资的资格；其次是必须到上海证券交易所或深圳证券交易所指定的证券公司或异地开户代办机构办理登记，并开立股票账户。办理名册登记，分为个人名册登记和法人名册登记两种。

个人名册登记需要载明登记日期、姓名、性别、身份证号码、家庭地址、职业、联系电话，并保留印鉴或签名。

法人名册登记需提供有效法人注册证明，营业执照复印件，法定代表人的证明书和身份证复印件及其地址、联系电话、机构性质等，法定代表人授权证券交易执行人的书面授权书，被授权人姓名、性别及其有效身份证。

4. 办理资金账户。委托买卖股票必须要有资金，因此，应事先在证券营业部开立资金账户。投资人存入资金账户中的资金按活期利息给予计息，每季度证券公司会定期把利息转入投资人的资金账户中。不同的证券商、不同的证券营业部在不同时期规定的开户资金最低限额不同，没有统一规定。

5. 股票账户卡遗失。一旦发生股票账户卡遗失，必须到原开户的证券公司营业部并通过它们向中国证券登记结算公司申请办理股票账户挂失及补办手续。办理挂失要带本人身份证，若身份证遗失，可以持公安局派出所出具的身份证遗失证明书（证明书必须贴有照片及公安局派出所加盖的骑缝章）办理，办理挂失一般收费 10 元。

6. 股票继承和过户。股票作为个人金融资产，有继承权和被继承权。继承股票，首先须办理继承公证，可以到当事人所在地区政府公证机关提出书面申请，办理有关手续；其次由继承人持公证书、身份证、继承人和被继承人股东账户卡办理过户手续。继承人如不到法定年龄，其继承的股份将过户到其经过公证的法定监护人股票账户。

7. 股票账户被盗用。股票账户被盗用，如经济损失较大，可依法向司法机关报案，争取立案侦查。如果损失不太大，可与券商一起调查、协商解决；如果仍不能解决，还可以向法院提起诉讼。为了有效预防股票账户被盗用事件发生，投资人和券商双方都应提高风险、法律意识。投资人要对自己的交易密码、银证转账密码、资金密码等做好保密工作。

8. 资金提取。客户保证金第三方存管制度的实施，使证券营业部不再设立资金柜台，需要客户办理相关银行的银证转账，通过各种电话银行或网上银行把在证券营业部的资金划入银行账户，然后再到银行提取。

9. 领取红利。目前在国内挂牌上市的公司，红利主要是委托证券中央登记结算公司代理发放。办理过指定交易的投资人，可享有由上海证券交易所将红利直接划拨至指定账户的待遇。深市投资人红利领取无须办理任何手续，会直接派到账上。

（二）股票市场常见术语

1. ST 和＊ST。ST 是英文 special treatment 的缩写，意为“特别处理”。它是指上市公司出现财务状况异常或者其他异常情况，导致其股票存在被终止上市的风险，或者投资人难以判断该公司前景、投资权益可能受到损害，证券交易所对该公司股票交易实行特别处理的政策。该政策自 1998 年 4 月 22 日起实行。

特别处理分为警示存在终止上市风险的特别处理（简称“退市风险警示”）和其他特别处理。由此，分为“＊ST”股和“ST”股。

（1）退市风险警示的处理措施。

①在公司股票简称前冠以“＊ST”字样，以区别于其他股票；

②股票报价的日涨跌幅限制依照交易所规定执行。

上市公司出现以下情形之一的，证券交易所对其股票交易实行退市风险警示：

①最近两年连续亏损（以最近两年年度报告披露的当年经审计净利润为依据）；

②因财务会计报告存在重大会计差错或者虚假记载，公司主动改正或者被中国证监会责令改正后，对以前年度财务会计报告进行追溯调整，导致最近两年连续亏损；

③因财务会计报告存在重大会计差错或者虚假记载，被中国证监会责令改正但未在规定期限内改正，且公司股票已停牌 2 个月；

④未在法定期限内披露年度报告或者中期报告，且公司股票已停牌 2 个月；

⑤公司可能被解散；

⑥法院受理关于公司破产的案件，公司可能被依法宣告破产；

⑦证券交易所认定的其他情形。

（2）其他特别处理的处理措施。

①在公司股票简称前冠以“ST”字样，以区别于其他股票；

②股票报价的日涨跌幅限制依照交易所规定执行。

上市公司出现以下情形之一的，证券交易所对其股票交易实行其他特别处理：

①最近一个会计年度的审计结果表明其股东权益为负值；

②最近一个会计年度的财务会计报告被会计师事务所出具无法表示意见或者否定意见的审计报告；

③向证券交易所提出申请并获准撤销对其股票交易实行的退市风险警示后，最近一个会计年度的审计结果表明公司主营业务未正常运营，或扣除非经常性损

益后的净利润为负值；

④由于自然灾害、重大事故等导致公司生产经营活动受到严重影响且预计在3个月以内不能恢复正常；

⑤主要银行账号被冻结；

⑥董事会会议无法正常召开并形成决议；

⑦中国证监会根据《证券发行上市保荐制度暂行办法》的有关规定，要求证券交易所对公司的股票交易实行特别提示；

⑧中国证监会和证券交易所认定的其他情形。

上市公司出现上述第①项至第③项情形的，应当在董事会审议通过年度报告后及时向证券交易所报告，并提交董事会有关书面意见；出现上述第④项至第⑥项情形的，应当在事实发生后及时向证券交易所报告；出现上述第⑦项情形的，证券交易所根据中国证监会的有关要求，对公司股票交易实行其他特别处理；出现其他情形的，由证券交易所决定是否对公司股票交易实行其他特别处理。

2. 股权登记日。股权登记日（date of record）是公司规定的登记在册有权领取红利的截止日期，在股权登记日拥有公司股票的人才能够分得红利。

3. 除权、填权。

（1）除权是由于公司股本增加，每股股票所代表的公司实际价值（每股净资产）有所减少，需要在发生该事实之后从股票市场价格中剔除这部分因素而形成的剔除行为。除权涉及两种情况：一种是指发行公司按一定比例向股东无偿增加股份（送股、转增股）；另一种是指发行公司向股东有偿增加股份（配股、再发）。通常将该股票除权日前一个交易日的收盘价，按照除权计算公式，扣减含权差价，投资人依照除权参考价格进行竞价买卖。

（2）填权是指除权后该股票价格出现上涨，将除权后的价格落差部分或完全补回的情形，若该股票价格完全恢复到除权前的价格水平，则称为完全填权。

4. N、XD、XR、DR。股票名称前面的英文字母分别代表不同的含义。

当股票名称前出现N字样时，表示这只股票是当日新上市的股票，字母N是英文字母new（新）的首字母。看到带有N字头的股票时，投资人除了知道它是新股，还应知道这只股票的股价当日在市场上的涨跌幅依照交易所规定执行。这样就较容易控制风险和把握投资机会。

当股票名称前出现XD字样时，表示当日是这只股票的除息日，XD是英语exclude（除去）dividend（利息）的简写。在除息日的当天，股价的除息参考价比前一个交易日的收盘价要低，因为从中扣除了利息这一部分的差价。

当股票名称前出现XR字样时，表示当日是这只股票的除权日，XR是英语exclude（除去）right（权利）的简写。在除权日当天，股票开盘参考价也比前一交易日的收盘价要低，原因在于股数扩大后股价被摊低了。

当股票名称前出现DR字样时，表示当日是这只股票的除息、除权日。D是dividend（利息）的首字母，R是right（权利）的首字母。有些上市公司分配时不仅派息而且送红股或配股，所以同时出现除息又除权的现象。

5. 退市。退市通常是指股票或公司债券终止上市。

上市公司有下列情形之一的，由证券交易所决定终止其股票上市交易：

（1）公司股本总额、股权分布等发生变化不再具备上市条件，在证券交易所规定的期限内仍不能达到上市条件；

（2）公司不按照规定公开其财务状况，或者对财务会计报告作虚假记载，且拒绝纠正；

（3）公司最近三年连续亏损，在其后一个年度内未能恢复盈利；

（4）公司解散或者被宣告破产；

（5）证券交易所上市规则规定的其他情形。

公司债券上市交易后，公司有重大违法行为或未按照公司债券募集办法履行义务的，并经查实后果严重的，由证券交易所决定终止其公司债券上市交易。公司债券上市交易后，公司有下列情形之一，在限期内未能消除的，由证券交易所决定终止其公司债券上市交易：

（1）公司情况发生重大变化不符合公司债券上市条件；

（2）发行公司债券所募集的资金不按照核准的用途使用；

（3）公司最近两年连续亏损。

6. T+1 与 T+0。T 是英文交易日（transaction date）的首字母，指股票成交的当天日期。凡在股票成交当天办理好股票和价款清算交割手续的交易制度，就称为 T+0 交易；凡在成交后的下一个交易日才办理好清算交割事宜的，就称为 T+1 交易。依此类推，还可以有 T+3、T+4 等交易制度。股票 T+0 交易曾在我国实行过，但投机性太大。目前上海和深圳证券交易所实行的是 T+1 交易制度，即股票买入后的下一个交易日才能卖出。

7. 指定交易。指定交易是指沪市投资人通过与某一证券经营机构签订协议，指定该机构作为自己买卖证券的唯一交易点的一种交易方式。指定交易有助于防止投资人股票被盗卖；可以自动领取红利，由证券交易系统直接将现金红利资金记入投资人的账户内。

8. 无形席位。席位是指证券交易席位，证券商在证券交易所拥有席位才能开展交易。无形席位是相对于交易所场内有形席位而言的，其交易功能与有形席位一样，不同之处就在于无形席位不像有形席位，放在交易所场内交易大厅里由交易员操作，而是放在各个券商的营业部内，通过光缆同证券交易所联网，投资人通过各种交易方式，信息自动通过无形席位到达交易所电脑交易系统。它在交易所场内交易大厅里是“看不见”的，故称为无形席位。

9. 登记托管。登记托管是指证券投资人在进入市场进行交易前预先在指定的登记和托管中介机构（目前是中央登记结算公司）办理注册登记、股东账户开户手续，并将持有的股票交由证券结算公司保管。这是由我国证券交易采用的电脑集中无纸化交易方式决定的，否则，股票交割、资金清算、过户登记就无法有序有效地进行，市场交易也难以维持下去。

10. 零股交易。由于送股或配股等原因而产生的不满一手股票交易单位（一手，即100股）的小额股票统称为零股。零股只能卖出，不能买入。

11. 限价委托、市价委托。

限价委托是指投资人要求券商在执行委托指令时必须按限定的价格或比限定价格更有利的价格买卖证券，即必须以限价或低于限价买进证券，以限价或高于限价卖出证券。限价委托方式的优点是：可以按投资人预期的价格或更有利的价格成交，有利于投资人实现预期投资计划，谋求最大利益。但是，采用限价委托时，由于限价与市价之间可能有一定的距离，必须等市价与限价一致时才有可能成交，此时，如果有市价委托出现，市价委托将优先成交，因此，限价委托成交速度慢，投资人采用限价委托容易坐失良机，遭受损失。

市价委托是指投资人对委托券商成交的股票价格没有限制条件，只要求立即按当前的市价进行证券买卖的一种委托方式。市价申报只适用于有价格涨跌幅限制的证券在连续竞价期间的交易。其他交易时间，交易系统不接受市价申报。

12. 电话委托。电话委托是指投资人通过拨打券商开设的专项委托电话而进行买卖申报的一种委托方式，投资人无须到证券营业厅进行买卖委托。

13. 场内交易与场外交易。场内交易是指通过证券交易所组织的在交易场所完成的交易。场外交易则是指在证券交易所交易场所以外完成的交易，通常这类交易活动是通过买卖双方协商而达成交易。

14. 市盈率和市净率。

（1）市盈率。市盈率也称本益比，是股票市价除以每股盈余的比率。其计算公式为：

$$市盈率=股票市价/每股盈余$$

市盈率反映了在每股盈利不变的情况下，当派息率为100%时及所得股息没有进行再投资的条件下，经过多少年投资可以通过股息全部收回。一般情况下，一只股票市盈率越低，市价相对于股票的盈利能力越低，表明投资回收期越短，投资风险就越小，股票的投资价值就越大；反之，则结论相反。

市盈率有两种计算方法：一是股价同过去一年每股盈利的比率；二是股价同本年度每股盈利的比率。前者以上年度的每股收益作为计算标准，不能反映股票因本年度及未来每股收益的变化而使股票投资价值发生变化这一情况，因而具有一定的滞后性，称为静态市盈率。买股票是买未来，因此，上市公司当年的盈利水平具有较大的参考价值，第二种市盈率即反映了股票现实的投资价值，称为动态市盈率。因此，如何准确估算上市公司当年的每股盈利水平，就成为把握股票投资价值的关键。上市公司当年的每股盈利水平不仅与公司的盈利水平有关，而且与公司的股本变动也有着密切的关系。

在上市公司股本扩张后，摊到每股里的收益就会减少，上市公司的市盈率会相应提高。因此，在上市公司发行新股、送红股、公积金转送红股和配股后，必须及时摊薄每股收益，计算出正确的有指导价值的市盈率。

从国外成熟市场来看，上市公司市盈率分布大致有这样的特点：稳健型、发展缓慢型公司的市盈率低；增长性强的企业的市盈率高；周期起伏型公司的市盈率介于两者之间。大型公司的市盈率低、小型公司的市盈率高。这种市盈率分布状况，包含了对公司未来业绩变动的预期。因为高增长型及周期起伏型企业未来的业绩均有望大幅提高，所以这类公司的市盈率便相对要高一些，同时，较高的市盈率也并不完全表明风险较高。而一些已步入成熟期的公司，在公司保持稳健的同时，未来也难以出现明显的增长，所以市盈率不高，也较稳定，若这类公司市盈率较高的话，则意味着风险过高。

（2）市净率。市净率指的是市价与每股净资产之间的比值。比值越低意味着风险越低。其计算方法是：

市净率 = 股票市价/每股净资产

股票净资产即资本公积金、资本公益金、法定公积金、任意公积金、未分配盈余等项目的合计，它代表全体股东共同享有的权益，也称净资产。净资产的多少是由股份公司的经营状况决定的。股份公司的经营业绩越好，其资产增值越快，股票净值就越高，因而股东所拥有的权益也就越多。

股票净值是决定股票市场价格走向的主要根据。每股内含净资产值高而每股市价不高的股票，即市净率越低的股票，其投资价值越高；相反，其投资价值就越低。

市净率能够较好地反映出“有所付出，即有回报”，它能够帮助投资人寻求哪些上市公司能以较少的投入得到较高的产出，对于大的投资机构，它能帮助其辨别投资风险。

15. 网上证券交易。所谓网上证券交易，通常是指投资人利用互联网网络资源获取证券的即时报价，分析市场行情，并通过互联网委托下单，进行实时交易。

网上交易给证券市场带来了革命性的变革，这场变革并非是价格的因素，而是及时把个性化的信息免费传递给客户。这种打破时空限制的现代交易方式，已成为国际证券经纪业务发展的主流。

16. 蓝筹股和红筹股。在海外证券市场上，投资人把那些在其所属产业内占有支配性地位、业绩优良、成交活跃、红利丰厚、发展前景良好、政策扶持的大公司股票称为蓝筹股。“蓝筹”一词起源于西方赌场。在西方赌场中，有三种颜色的筹码，其中，蓝色筹码含金量最高，红色筹码次之，白色筹码最低。投资人把这些行话套用到股票上形成了“蓝筹股”。

红筹股这一概念诞生于20世纪90年代初期的中国香港股市。中华人民共和国在国际上被称为红色中国，相应地，中国香港和国际投资人把境外注册、在香港地区上市的那些带有中国内地概念的股票称为红筹股。早期的红筹股主要是一些中资公司收购香港地区中小型上市公司后改造而形成的，如中信泰富。近年来出现的红筹股，主要是内地一些省市将其在香港地区的窗口公司改组并在香港地区上市后形成的，如上海实业、北京控股等。国务院发布的《关于进一步加强在境外发行股票和上市管理的通知》要求，“境内企业到境外证券市场融资应主要采取直接上市的方式。”因此，发行H股、N股等是内地企业进入国际资本市场的一条渠道。

17. 配股。配股是上市公司按照公司发展的需要，根据有关规定和相应程序，向原股东增发新股，进一步筹集资金的行为。依照惯例，公司配股时原股东有优先认购权。

在配股中有以下问题值得投资人关注。

（1）配股漏配是否可以补？如果投资人拥有配股权，就可以自主选择配股或者放弃配股，若不愿放弃配股权，就必须在配股期进行配股缴款，过了配股期就作为自愿放弃处理了，不能补配缴款。

（2）投资人在配股期内完成了配股申报，并且存在券商处的资金也已划扣，但实际余额并没有增加怎么办？投资人可以向券商查询来证实配股是否成功。如果交易记录内确实没有配股成功的记录，券商应归还其当时被划扣的资金。

18. 送红股与转增股本。送红股与转增股本不能混为一谈，两者是有区别的。送红股是上市公司将本年的利润转化为股本。送红股后，公司的资产、负债、股东权益的总额结构并没有发生改变，但总股本增大了，同时每股净资产降低了。而转增股本则是指公司将资本公积金转化为股本，转增股本并没有改变股东权益，但却增加了股本的规模，因而客观结果与送红股相似。

转增股本与送红股的本质区别在于：红股来自公司的年度税后利润，只有在公司盈余的情况下才能向股东送红股；而转增股本却来自资本公积金，它可以不受公司本年度可分配利润的多少及时间的限制，只要将公司账面上资本公积金减少一些而增加相应的注册资本就可以了，因此，转增股本严格地说并不是对股东分红回报。

我国大部分上市公司以送红股的方式对股东进行回报，这在国外成熟股市上是较为少见的。中国投资人非常喜欢上市公司高比例送配股，主力机构也往往利用高送配的题材大肆炒作。而外国投资人更注重现金红利，所以发行 H 股的公司多采取现金分红方式。

19. 绩优股、绩差股和仙股。绩优股就是业绩优良公司的股票。投资人衡量绩优股的主要指标是每股税后利润和净资产收益率。一般而言，每股税后利润在全体上市公司中处于中上地位，公司上市后净资产收益率连续三年显著超过 10% 的股票当属绩优股之列。

绩优股具有较高的投资回报和投资价值。其公司拥有资金、市场、信誉等方面的优势，对各种市场变化具有较强的承受和适应能力，绩优股的股价一般相对稳定且呈长期上升趋势。因此，绩优股总是受到投资人尤其是从事长期投资的稳健型投资人的青睐。

与绩优股相对应，绩差股指的是业绩较差公司的股票。这类上市公司或者由于产业前景不好，或者由于经营不善等，有的甚至进入亏损行列。其股票在市场上的表现萎靡不振，股价走低，交易不活跃，年终分红也差。投资人在考虑选择这些股票时，要有比较高的风险意识，切忌盲目跟风投机。

仙股是我国香港股市形容垃圾股的名字，通常是指股价低于 1 港元的股票。

20. 大盘股、小盘股和新股、次新股。

（1）大盘、小盘是根据个股股本的数量来进行划分的，不同的机构区分标准可能不同。目前证券业内比较公认的看法是：股本在5亿元以上的个股称为大盘股；1亿～5亿元的个股称为中盘股；不到1亿元的称为小盘股。就市盈率而言，相同业绩的个股，小盘股的市盈率比中盘股高，中盘股要比大盘股高。特别是在市场疲软时，小盘股机会会较多。在牛市时大盘股和中盘股较适合大资金的进出，因此，盘子大的个股比较看好。由于流通盘大，对指数影响大，大盘股往往成为市场调控指数的工具。投资人选择个股时，一般熊市应选小盘股和中小盘股，牛市应选大盘股和中大盘股。

（2）新股、次新股是以上市时间的早晚划分。上市不满半年的股票为新股；上市一年半之内的股票为次新股；其余的股票为老股。这样的划分对选股有益。新股和次新股上市后许多没有经过炒作，再加上新股和次新股相对质地优良，有较好的经营业绩和题材支撑，如大比例送配等，颇受市场青睐。因此，这类板块的股票往往成为主力热炒的对象。

21. 龙头股和指标股。

（1）龙头股指的是某一时期在股票市场的炒作中对同产业板块的其他股票具有影响和号召力的股票，它的涨跌往往对其他同产业板块股票的涨跌起引导和示范作用。龙头股并不是一成不变的，它的地位往往只能维持一段时间。

（2）指标股是指对大盘指数影响较大的股票。总股本大的股票一般都是指标股，沪、深综合指数都是按照总股本计算的，总股本大的股票，权重就大，其涨跌对大盘综合指数的影响就大。由于沪、深市场各类成分指数都是按照流通股权重计算的，所以部分流通盘大的股票也是指标股。

22. 股灾。股灾是股市灾害或股市灾难的简称。它是指股市内在矛盾积累到一定程度时，由于受到某个偶然因素影响突然爆发股价暴跌，从而引起社会经济巨大动荡，并造成巨大损失的异常经济现象。

股灾不同于一般的股市波动，也有别于一般的股市风险。一般来说，股灾具有以下特点。

（1）突发性。世界各个国家和地区发生的每次股灾，几乎都有一个突发性暴跌阶段。

（2）破坏性。股灾毁灭的不只是一个百万富翁、一家证券公司和一家银行，而是影响一个国家乃至世界经济，使股市丧失应有的功能。一次股灾造成的经济损失，远超过火灾、洪灾或强烈地震的经济损失，甚至不亚于一次世界大战的经济损失。

（3）联动性。一是经济链条上的联动性，股灾会加剧金融、经济危机；二是区域上的联动性，一些主要股市发生股灾，将会导致区域或世界性股市暴跌。

（4）不确定性。在股灾发生之前，人们很难准确预测或判断股灾会在什么时候发生、股市暴跌幅度有多大以及持续时间有多长，也很难预期股灾对金融和经济乃至人们的社会心理产生多大的负面影响。股灾的不确定因素很多，就如同地震难以准确预测一样。

股灾对金融市场的影响很大。作为金融市场一部分的证券市场，每次股灾必将对整个金融市场带来重大影响。股灾表现为股票市值剧减，使流入股市的大部分资金化为乌有；股灾会加重经济衰退、工商企业倒闭破产，也间接波及银行，使银行不良资产增加；在股市国际化的国家和地区，股灾导致股市投资机会减少，会促使资金外流，引发货币贬值，严重冲击着金融市场。

股灾会从多个方面导致金融市场动荡，引发或加剧金融危机，从而使整个金融市场陷入极度混乱状态。

股灾对经济发展的影响也很巨大。股市是国民经济的“晴雨表”，股灾的发生往往是经济衰退的开始。股灾使人们对经济前景极度悲观，导致投资锐减，社会总需求下降，生产停滞，国民收入减少，经济陷入恶性循环。

（三）B股问题

1. B股的定义。B股即人民币特种股票，是以人民币标明流通面值、以外币认购的特种股票，1995年底改称境内上市外资股，为便于与人民币普通股票（即A股）相区别而简称B股。现在中国有两个B股市场，分别设在上海和深圳。

B股作为人民币特种股票，面值用人民币标价，但是买卖清算和行情揭示时，沪市B股使用美元，深市B股则使用港币。在发行及股息红利发放时，B股以人民币确定其金额，而以美元现汇或港币现汇分别进行折算和支付。对B股的有关汇率确定，发行价折算汇率按承销首日中国人民银行公布的上一个日历星期美元现汇或港币现汇兑人民币的中间价的平均价计算；发放股息红利折算汇率由股东大会决议日后第一个工作日中国人民银行公布的美元现汇或港币现汇兑人民币的中间价计算。B股股东和A股股东享有同等的权利和义务，即同股同权。

2. 境内居民个人开设B股账户。

（1）投资人选择一家具有B股结算会员资格的证券公司营业部，作为自己买卖证券的代理人。

（2）投资人持开户证券公司在国内商业银行开立的B股保证金账户，到个人开立外币存款的银行，把投资金额划入该证券公司B股保证金账户（沪B是1 000美元或以上，深B为等值1 000美元以上的港币）。外币存款如果是其他外币，银行会根据客户指令用当日的汇率进行币种转换。

（3）投资人持中华人民共和国身份证、银行出具的进账凭单客户联在每个工作日的交易时间（上午9:00至11:30；下午1:00至3:00）前往证券公司处办理开户手续，填写开户申请表。

（4）证券公司对投资人填写的开户申请表的内容进行审核，并确认填写内容的准确性、有效性。根据每日开户回报信息，对开户成功的投资人，证券公司会于开户当天按照规定格式打印B股开户确认书，加盖开户代理机构的开户专用章后交投资人本人。对未成功开户的投资人，证券公司会根据开户回报信息答复投资人开户失败的原因并退回不合格申请。

3. 开设B股账户应注意的问题。银行根据账户管理的有关规定，把外汇存款分为现钞存款和现汇存款账户。现钞存款是指境内居民个人持有的外币现钞存入境内商业银行的存款；现汇存款是指境外汇入外汇或携入的外汇票据转存境内商业银行的存款。这两种账户主要是在进账和出账的管理规定上有区别，而两种存款均可在B股市场开户。从B股市场取回投资或投资收益时，将转入银行的现钞存款账户。

开设B股投资账户，如果定期存款还不到期，要考虑自己的利息损失。

投资B股，资金账户只能用美元或港元开户，以其他外币投资时，需转换为美元或港币，应该考虑是否满意当日的汇率。

4. 办理划转资金。

首先，凭本人有效身份证明文件到外汇存款银行将现汇存款或外币现钞存款划入拟开户的证券经营机构在同城、同行的B股保证金账户，境内商业银行应当向境内居民个人出具进账凭证，并向有关证券经营机构出具对账单。

其次，凭本人有效身份证明和本人进账凭证到证券经营机构开立B股资金账户，开立沪B资金账户的最低金额为等值1 000美元，深B为等值1 000美元的港币，没有规定上限。

最后，凭B股资金账户开户证明在经证券交易所证券登记结算公司委托的证券经营机构或其他机构开立B股股票账户。境内居民个人办理上述手续时必须由本人办理。

5. 如何提取B股资金账户中的资金？境内居民个人开立的B股资金账户中的资金只能划回（股东）账户，或新开外币现钞账户存储，不能回到原现汇账户，境内居民个人也不得从（证券公司）B股资金账户直接提取外币现钞，如果境内居民个人去银行提取外币现钞，应当按照《境内居民个人外汇管理暂行办法》及其他外汇管理规定中有关外币现钞的规定，从原外币现钞账户或新开立的外币现钞账户中提取。

必须注意，划款时，证券公司以客户在证券公司预留的身份证件确认客户身份，若证件有变更，需变更在证券公司的客户信息。变更手续是，股东或代理人携带股东开户时预留的证件或复印件和最新证件原件，到证券公司进行变更。

6. B股交易是否要办理指定交易手续？境内居民个人进行B股交易，只能通过具有资格从事B股业务的境内有关证券公司和信托投资公司进行。境内居民个人进行B股交易实行指定交易制度，不得在境外B股证券经营机构办理指定交易。在取得B股账户的同时，其指定交易一并完成。各B股经营机构在受理B股交易委托前，须确认境内居民个人已指定在该机构交易；境内居民个人如需变更指定交易，需先在原指定交易的机构撤销指定，然后到其他机构处办理指定交易。撤销和指定交易的办理由B股经营机构规定格式生成指定交易变更数据文件，通过操作平台传送至登记公司，登记公司完成撤销和重新指定，T+1日生效。

7. B 股的清算交收程序。

(1) T+0 日。中国证券登记结算公司根据交易市场的 B 股当日成交报告编制各结算会员的清算交收表，并以《交收通知书》的形式送交有关的结算会员(包括 B 股托管银行)。《交收通知书》包括发生在 T+0 日的各 B 股账户逐笔交易清单、交易及清算费用清单和应收应付交收款清单。

结算会员在交易市场闭市前可以就当日已经发生的错误交易向交易所和中国证券登记结算公司提出更改申请。

(2) T+1 日。结算会员须在 T+2 日之前根据《交收通知书》就其应履行的交收事项向中国证券登记结算公司送交交收指令，交收指令按交收方式的不同分为净额交收指令和逐笔交收指令，B 股托管银行最迟须在 T+2 日下午 3:00 前向中国证券登记结算公司发送交收指令。

B 股托管银行对其客户的每笔交易的交收，可以选择“银货对付”的交收，也可以选择“免付款”的交收。对托管银行的“免付款”交收，其交收款由完成交易的结算会员交收。

(3) T+2 日。中国证券登记结算公司根据结算会员的交收指令，进行交收指令的预对盘，并在对盘后向结算会员发送《（T+2）预对盘结果报告》。对任一交收方持有异议的交收事项以及需要更改的交收事项，公司将于同日通知有关结算会员，请其进行确认。

一般结算会员针对错误交易而不能履行交收责任的交收，则由授权代理的基本结算会员代行交收。

结算会员均须保证于 T+3 日将其已确认（根据确认的交收事项）的应付交收款汇入中国证券登记结算公司指定的美元账户。

(4) T+3 日（下午）。中国证券登记结算公司根据实际收到的交收款入账报告，进行交收款对盘，并根据最后的对盘结果向结算会员发送《对盘结果报告》。T+3 日的对盘结果生成股票交收的最终清单。

对结算会员未确认的交收，均由中国证券登记结算公司在 T+3 日完成正常交收后作待交收处理。中国证券登记结算公司在根据最后对盘结果实施买卖方账户间股票过户的同时，向结算会员指定的银行账户汇付应付结算会员的交收款。中国证券登记结算公司通过花旗银行美元账户向结算会员汇出的资金，可以满足收款人“当日资金安排”的要求。

在完成 T+3 日的股票与资金的交收后，中国证券登记结算公司向结算会员发送《交收确认书》；结算会员应根据中国证券登记结算公司的 T+3 日《交收确认书》向投资人做出 B 股交易交收的最后确认。

（四）股票投资操作问题

1. 如何买入或卖出？买入或卖出股票可以通过以下三种方式进行。

(1) 拨打券商开设的委托电话；

(2) 通过自助终端进行委托；

（3）通过网上交易系统进行委托。

2. 如何确认是否成交？只要到证券营业部查阅证券交易所反馈给券商的成交回报单，或者在规定的时间里进行股票交割，便可知道是否成交。也有不少券商专为进行自助委托的客户提供股票成交查询，通过拨打电话或者自助终端、网上交易系统一查便知。

3. 如何计算印花税？我国对股票交易征收的印花税，目前是根据一笔股票交易的成交金额按一定的比例对卖出方计征的。目前这个比例为1‰。按规定，计征印花税只对A股和B股交易适用，各类基金、权证、国债现券及回购以及企业债券交易等均不适用。

4. 股票被锁定。股票被锁定是指股票账户里的股票被冻结，通常由以下原因引起：一是股票账户遗失，已被申请挂失冻结；二是该股票账户持有人可能涉嫌违规或有司法诉讼案等。

5. 沪、深交易所股份托管规则的区别。投资人可以同时在上海证券交易所和深圳证券交易所开立股东账户。但是一定要注意两个证券交易所在股票操作上一些规则的不同。目前，在上海证券交易所挂牌的股票实行指定交易，而在深圳证券交易所挂牌的股票实行转托管方式。

深圳证券交易所上市股票是托管在券商处，在异地（或同一地不同证券部）转出股票须办理转托管手续，转托管为T+1日到账，即投资人到证券营业部办理转托管申请手续，先要知道转入方证券营业部的席位号码，然后由转出方证券营业部通过交易所系统报盘方式进行转托管，第二个交易日就可以在实现指定转入的证券营业部（包括本地或异地）卖出股票。

上海证券交易所的指定交易，是指投资人与某个证券营业部签订指定交易协议，指定该营业部为自己买卖股票的唯一交易点。投资人按规定完成指定交易的登记手续后，即可通过指定的证券营业部进行委托、交易、结算、查询及享有其他市场服务。投资人有权撤销指定交易营业部或重新选择新的证券营业部。

6. 交割单是否应该保存？交割单是交易所和券商知会委托投资人具体成交细节的一种通知凭单，仅起备忘作用，不具有司法约束力，是否保存随投资人的意愿。事实上，每笔成交细节全部已经记录在交易所的电脑系统和证券登记结算公司的股东账户之内，可随时查询。

7. 委托价和成交价为什么会不一致？以下三种情况可能会出现委托价和成交价不一致。

（1）在参加集合竞价时，如果委托价格高于集合竞价决定价格，则按决定价格成交。

（2）在参加连续竞价时，当委托买入申报价格高于市场即时的最低卖出申报价格时，取即时揭示的最低卖出申报价为其成交价。

（3）在参加连续竞价时，当委托卖出申报价格低于市场即时的最高买入申报价格时，取即时揭示的最高买入申报价为其成交价。

8. 如何参加配股？上市公司配股是按照以下工作程序进行操作的。

（1）根据上市公司指定的股权登记日，在该股当天交易结束后，进行数据库拷盘，制作该公司当天在册的股东名册，在册的股东将享有配股权力。

（2）配股前，进行配股席位的确定，将该席位作为该上市公司配股权的唯一卖方，这项工作通常由证券交易所和上市公司及其配股承销商共同完成。

（3）配股前，根据经中国证监会批准的配股比例，计算出每个股东可获得的配股数量，并将其托管在指定的配股席位上。这部分工作由证券交易所的交易部和电脑系统来完成。

（4）配股缴款。投资人在配股缴款期间，按自己拟配的数量及规定的配股价格，委托买入参加配股。投资人应特别注意配股代码的正确填报。

是否参加上市公司的配股，完全取决于投资人个人的意愿。

9. 如何申购新股？上海主板市场每一申购单位为1 000股，申购数量不少于1 000股，超过1 000股的必须是1 000股的整数倍；上海科创板新股申购单位为500股，申购数量以500股的倍数递增。深圳市场无论主板、中小板还是创业板，申购单位均为500股，每一证券账户申购委托不少于500股，超过500股的必须是500股的整数倍。除法规规定的证券账户外，每一个证券账户只能申购一次，重复申购除第一次申购为有效申购外，其余申购由证券交易所交易系统自动剔除。上网申购期内，投资人按委托买入股票的方式，以发行价格填写委托单。一经申报，不得撤单。申购配号根据实际有效申购进行，每一有效申购单位配一个号，对所有有效申购单位按时间顺序连续配号。

10. 新股中签率是怎样产生的？在新股申购结束后，将由主承销商对有效申购数量进行确认，然后根据股票发行数量和有效申购数量计算出新股中签率。

具体包括以下两种情形。

（1）当投资人的有效申购数量小于或等于股票发行数量时，投资人通常可按各自的有效申购数量认购，余额部分由承销商包销。

（2）当投资人的有效申购数量大于股票发行数量时，由交易所电脑系统或承销商按每1 000股或500股有效申购确定一个申购配号，顺序排列，然后通过摇号抽签确定中签号码，每一个中签申购配号可认购1 000股股票。中签率计算公式为：

$$中签率=股票发行股数/有效申购股数\times 100\%$$

11. 股票为什么要停牌？对上市公司股票进行停牌，是证券交易所为了维护广大投资人的利益和市场信息披露公平、公正以及对上市公司行为进行监管约束而采取的必要措施。

根据《证券法》的规定，因突发性事件而影响证券交易的正常进行时，证券交易所可以采取技术性停牌的措施；因不可抗力的突发性事件或者为维护证券交易所的正常秩序，证券交易所可以决定临时停市。证券交易所采取技术性停牌或者决定临时停市，必须及时报告国务院证券监督管理机构。

一般来说，股票停牌有以下三个方面的原因：一是上市公司有重要信息公布时，如公布年报、中期业绩报告，召开股东大会、董事会，增资扩股、公布分配方案，重大资产重组、重大收购兼并，投资以及股权变动等；二是证券监管机关认为上市公司需要就有关对公司有重大影响的问题进行澄清和公告时；三是上市公司涉嫌违规需要进行调查时，至于停牌时间长短要视情况来确定。

12. 大盘上不同颜色的线有什么不同的意义？证券行情实时显示系统上所显示的红色、绿色、白色和黄色是软件设计者为了便于分辨和识别而设定的，在不同情况下有不同的含义。在通常采用的分析软件中，行情即时显示屏上出现的红色，表示该股票即时成交价格较前一个交易日收盘价格出现上涨，绿色代表下跌，白色则代表持平或停牌。在股价指数走势图中，出现的白线表示的是加权平均股价指数的走势，它充分体现了每个股票股本大小对综合指数的影响；而出现的黄线则表示算术平均股价指数，它将每个股票综合指数的影响平均看待；当黄线高于白线时，表明小盘股相对大盘股涨得多，反之，表明大盘股相对小盘股涨得多。在个股股价走势图中，出现的白线表示个股实际成交价格的走势，黄线则是指该股票自当天开盘至目前为止的平均成交价格的走势。

13. 如何产生开盘价、收盘价？证券的开盘价为当日该证券的第一笔成交价格。证券的开盘价通过集合竞价方式产生，就是在交易日每日 9:15 ~ 9:25，交易系统接受投资人买卖申报，并按照价格优先、时间优先的原则对买卖申报进行排序，9:25 对买卖申报进行撮合，产生出开盘价。不能产生开盘价的，以连续竞价方式产生。

证券的收盘价通过集合竞价的方式产生。收盘集合竞价不能产生收盘价的，以当日该证券最后一笔交易前一分钟所有交易的成交量加权平均价（含最后一笔交易）为收盘价。当日无成交的，以前一交易日收盘价为当日收盘价。

决定集合竞价的价格有两个原则：第一，必须是使成交量达到最大的价格才能作为决定价格；第二，高于决定价格的买进申报与低于决定价格的卖出申报必须有一方能够成交。

14. 如何解决网络安全问题？为了防止密码被盗、交易指令中途篡改以及交易记录对账不清等问题，以及为防止“黑客”从不可知的网络节点非法侵入券商的内部网络，所有券商网络都使用了防火墙，利用现有的防火墙技术使用户只能隐式地访问资源管理机、动态数据机、静态数据机和交易管理机，其他地址无权访问。同时，建立用户口令保护机制和电子记录保存制度。用户在开始登录时，系统将询问用户账号及密码，验证合法后才提供服务。为保存历史记录，以备查询，中心机房在每收到客户的一条交易指令或者交易回报，都要在数据库中分几个级别、索引进行电子记录，并且该电子记录将不允许隔日改动，以备留档查看。另外，若用户进行实时交易时，用户 IP 地址必须随委托指令捆绑在一起，并在服务端保存三天以上，这样便于电信安全部门查获“网络破坏者”。

15. 如何开通网上交易？只要具备了上网的条件并且已在证券公司的营业部开立资金账户，即可申请网上证券委托。

（1）带有效身份证件、股东账户卡和资金卡，到营业部填写《网上证券交易协议》和《网上证券委托申请表》，一般还需要与证券公司签署《网上交易风险揭示书》。

（2）营业部开户人员将投资人的《网上证券委托申请表》输入电脑后，即可开通投资人的网上交易权限，投资人则可从网上下载证券网上股票交易分析软件和《网上证券委托系统操作说明》，安装相关软件后，就可以进行网上证券委托了。若对开户程序有不清楚之处，可向营业部进行咨询。

16. 如何进行分段买入？分段买入，是投资人为了降低风险而分段逐步买进某种股票的投资策略。

一般的投资人对股票价格走势很难准确把握，如果投资人将全部资金一次性投入，股票大幅上涨，投资人就能获得十分丰厚的利润；但是，一旦预测失误，股价反转下跌，投资人就会蒙受巨大的损失。

由于一次投入存在较大的风险，所以不少投资人往往在股价上涨过程中将资金分次分段逐步投入市场。这样，一旦行情出现下跌，投资人立即停止投入，可以减少损失。例如，某投资人研判某种目前每股 10 元的股票有上涨的可能，但又怕承担过大的风险，而不敢将全部资金一次性投入，故采取了分段买入法的投资策略。在 10 元买进第一批 2 000 股；等股价涨到每股 12 元时，买进第二批 1 000 股；待涨到每股 15 元时再买进第三批 500 股……假如投资人在买进第三批 500 股后，股票价格转而下跌，此时投资人应立即停止投入。如果股价下跌到每股 12 元且股价仍趋向下跌时，投资人可将 3 500 股全部抛出。这样，才能保证本金不受损失且有相应的利润。

分段买入法的优点是能有效降低风险和减少投资损失，当然，也存在着减少投资收益的缺陷。如果市场行情一直看涨，采取一次投入的方法就会比分段买入法获取更多的收益。分段买入法比较适合进行中、长线的股票投资。

17. 如何进行分批买卖？分批买卖指的是当股价下跌到一定程度后，投资人开始进入股市分批购进；而当股价上扬到一定高度后，则开始将持有的股票予以分批售出。

股票投资人总是希望能够在最低价买进和最高价售出。但真正能在市场上如愿以偿的投资人却为数不多。通常在股价下跌到可以入市购进时，许多投资人认为股价会继续下跌，仍然持币待购。当股价强劲反弹上来时，又后悔莫及坐失入市良机。另外，当股价上涨到应该脱手的价位时，还认为股价会继续上扬，而等股价下跌时，不仅卖不出好价钱，有时甚至还难以脱手。

分批买卖法克服了上述只选择一个时点进行买进和卖出的缺陷。由于分批买卖法进行的是多次买进和多次卖出，故而当股价下跌到某一低点时，投资人就可以毫不犹豫地买进，即使是买后股价继续下跌，投资人仍可陆续予以购买。同样，当股价涨至某一高点时，投资人也不会因贪心而舍不得卖出，因为即使股价继续上涨，投资人仍能通过不断卖出而获利，故而不会错失良机。

至于分批买卖的时点，投资人最好根据一些技术分析的手段来予以确定。通常的确定方法是，当一种股票的相对强弱指标低于 20 时表示该种股票价格已经较低，其反弹的可能性很大，此时宜入市分批买进；而当相对强弱指标达到 80

以上时，表明该股票的价格已处在高位，其下跌可能性较大，此时可考虑将所持股票分批卖出。

18. 如何分析开盘？开盘是一个交易日的开始，也是大盘一天走势的基调，除非有特大利多或利空消息刺激，否则，当日内一般不会发生高强度的剧烈震动和大比例的逆反走向。

（1）集合竞价。集合竞价的意义在于按供求关系校正股价，可初步反映出价、量情况及大户进出动态。

①开盘后必须立即查询委托买进笔数和委托卖出笔数的多寡，研判大盘行情会走多或走空。一般而言，如果一开盘买单大于卖单达2倍以上（如买单10万张，卖单5万张），则显示买气十分旺盛；反之，若卖单大于买单2倍以上，则代表空方卖盘十分强大。

②每笔买进张数与笔数之比值为8.0以上，代表有大户买进，如有连续数次8.0以上大比值出现，代表大户入市愿望强烈；反之，如卖单在8.0以上，可迅速抛出手中持股。

③集合竞价是大盘一天走势的预演，价量关系变化及大户进出动向从中可见一斑，因而具有重要的参考价值。

（2）修正开盘。9:30～10:00为修正开盘。若大幅高开则有一定幅度下调，大幅低开则会适当上调。之后，大盘得到修正再按照各自的走势运行。由于人为的拉抬和打压因素，开盘指数与股价都有一定的泡沫性，此时进场风险甚大；须等到修正开盘，消除盘面盲目点后，才能看清大盘的真实情况。如果开盘后两极分化且迟迟未见修正迹象，则可立即确认大盘强弱和收盘涨跌走势。

（3）开盘三线。开盘三线是指开盘后三个阶段的指数线位置。若以10分钟为一个计算单位，则盘面涨跌情况如下。

开盘三线在9:40、9:50和10:00始终在开盘平行线上方游动，且一波比一波高，为涨势盘面。开盘三线一路走低，始终在平行线下方且与平行线的距离越拉越大，此为跌势无疑。

开盘三线还有一些不很明显的态势也要注意。如开盘三线二上一下和一下二上仍趋涨势，而开盘三线一上二下或二下一上则趋跌势，操作者宜密切注视开盘三线变化，灵活掌握，及时做出准确判断。

19. 观察盘中的技巧。沪、深两市每交易日时间为4小时，除掉首尾各半小时为开盘和尾盘时间，其余时间均为盘中时间。在这3小时中，又可分为多空搏斗、多空决胜和多空强化三个阶段。

（1）多空搏斗。如果说开盘仅仅是拉开一日股市序幕的话，那么，盘中则是多空双方正式交手的开始。指数、股价波动的频率越高，则表明多空双方的搏斗越是激烈。若指数、股价长时间平行，则表明多空双方退出观望，无意恋战。多空双方的胜败除依赖自身的实力（资金、信心、技巧）外，还要考虑消息和人气两个因素。

（2）多空决胜。多空双方经过激烈拼斗，此时已打破相持不下的僵局，大盘走势出现明显的倾斜。若多方占优，则步步推高；若空方占优，则每况愈下。占优方将乘胜追击，扩大战果；另一方见大势已去，抵抗力明显减弱。此时，往往是进出的最佳时机。早了，涨跌莫测，充满风险；迟了，痛失良机，后悔莫及。多空决胜由下列因素组成。

①指标股的表现。指标股涨势强劲，大盘无下跌之理；指标股萎靡不振，大盘必然下沉。多头指标股沦为空头指标股，则大盘跌速加快。故指标股历来为多空双方争夺的重点。

②波动次数。股指波动振幅大、次数多，在跌势中则说明趋于上涨，在涨势中则说明趋于下跌。一般情况下，一个交易日中有 7 次以上的较大波动，则有反转契机。

（3）多空强化。将 14:30 前盘中出现的最高点和最低点描出并取其中间值为标准，如果此时指数在中间值和最高点之间，则涨势会进一步强化，尾市有望高收。若此时股价指数在中间值和最低点之间，则往往会导致“杀尾盘”。

多空强化是盘中的最后阶段，在经过多空双方激烈的争斗后，形势已经明朗，盘末会出现强者更强、弱者更弱的局面。

20. 如何分析盘尾？盘尾是多空一日拼斗的总结，故收盘指数和收盘价历来为市场人士所重视。开盘是序幕，盘中是过程，收盘才是定论。尾盘的重要性在于它处于一种承前启后的特殊位置，既能回顾前市，又可预测后市。

尾市收红，且出现长下影线，此为探底获支撑后的反弹，次日以高开居多。“买在最后一分钟”可避当日之风险。尾市收黑，出现长上影线，上档压力沉重，次日低开低走的概率较大。

涨势中尾市放巨量，次日开盘可能会遇抛压，故不易涨。跌势中尾市放巨量，乃恐慌性抛售所致，是大盘将跳空而下的信号。

跌势中尾盘有小幅拉升，涨势中尾盘有小幅回落，此为修正尾盘，并无任何实际意义。

多空双方都会对收盘股指、股价进行激烈的争夺，但需特别强调两点。

其一，当心借技术指标设套作技术骗线，临收盘故意拉高（打压）收盘股指、股价，次日跳空高开（低开），达到次日拉高出货（压价入货）的目的。识别方法：一看有无大成交量配合，高收盘（低收盘），若成交量过小，多（空）方无力量，成交量过大，多（空）方出货（入货），均为“陷阱”。二看有无利多（利空）消息、传言配合，要分析传言的真伪。结合大成交量、利多（空）消息，可初步确认为“多头”（“空头”）行情，可考虑买入（卖出）股票。但为防止上当，既不要“满仓”，也不要“空仓”。

其二，“星期一效应”与“星期五效应”。星期一收盘时，股指、股价收阳线还是阴线，对全周交易影响较大，因为多（空）方首战告捷，往往乘胜追击，连拉数根阳线（阴线）应予警惕。星期五收盘时，股指、股价也很重要，它不仅反映当日的多空胜负，也反映当周的多空胜负。

21. 盘面分析的技巧。从盘面分析，常见的买入信号如下。

（1）股价已连续下跌3日以上，跌幅已逐渐缩小，且成交量也萎缩到底，若突然量变大且价涨时，表示有资金进场。

（2）股价由跌势转为涨势初期，成交量逐渐放大，形成价涨量增，表明后市看好，宜速买进。

（3）市盈率降至银行的报酬率以下时买进。

（4）个股以跌停开盘、涨停收盘时，表示主力拉抬力度极强，行情将大反转，应速买进。

（5）6日RSI大于12日RSI，K线图出现十字星表示反转行情已确定，可速买进。

（6）6日乖离率已降至-3～-5，且30日乖离率已经降至-10～-15时，代表短线乖离率已大，可买进。

（7）移动平均线下降之后，先呈走平趋势后开始上升，此时，股价向上攀升，突破移动平均线便是买进时机。

（8）短期移动平均线（3日）向上移动，长期移动平均线（6日）向下移动，两者形成黄金交叉时为买进时机。

（9）股价在底部盘整一段时日，连续2天出现大长红或3天小红或十字线或下影线较长时代表止跌回升。

（10）股价K线图出现向上“N”形或“W”形的走势是较好的买进时机。

（11）股价由高位大幅下跌至上涨幅度的近1/2，止跌回升时是买进时机。

（12）股价在箱形盘整一段时日，有突发利多消息刺激股价突破盘局时便是买进时机。

（13）股价走势呈锅底形态，且价升量增，步步推高，可择机买入。

（14）大盘指数明显突破敏感区域或重要的压力线，大盘有望进入一个较长的上升时期，可考虑进货。

从盘面分析，常见的卖出信号如下。

（1）在高价区域出现连续3日巨量长黑，代表大盘将反多为空。可先卖出手中持股。

（2）在高位出现连续6～9日小红或小黑或十字线及较长上影线，代表高位向下，再追意愿已不足，久盘必跌。

（3）在高位出现倒“N”形股价走势及倒“W”形（M头）的股价走势大盘将反转下跌。

（4）股价暴涨后无法再创新高，虽有二三次涨跌，大盘较有下跌之可能。

（5）股价跌破底价支撑线之后，若股价连续数日跌破上升趋势线，显示股价将继续下跌。

（6）依据艾略特波浪理论分析，股价自低位开始大幅上涨，比如第一波股价指数由2 500点上涨至3 000点，第二波由3 000点上涨至4 000点，第三波由4 000点直奔5 000点，短期目标已达到，若至5 000点后涨不上去，无法再创新高时，可卖出手中持股。

(7) 股价在经过某一波段下跌之后，进入盘整，若久盘不涨，而且继续下跌时，可迅速抛出手中持股。

(8) 股价在高位持续上升，当资金消耗达到天量时，有可能达到头部，应先卖出。

(9) 短期移动平均线下跌，长期移动平均线上涨交叉时，一般称为“死亡交叉”，此时可先抛出手中持股以观望为好。

(10) 多头市场 RSI 已达 90 以上为超买，可考虑卖出手中持股，空头市场 RSI 达 50 左右即应卖出。

(11) 30 日乖离率为 10～15 时，6 日乖离率为 3～5 时，表示涨幅已高，可卖出手中持股。

(12) 股价高位出现 M 头及三尊头，且股价不涨，成交量放大时，可先卖出手中持股。

22. 如何选择合适的入市时机？一般来讲，投资人在明确目的之后，就可以择机入市了。这时的问题是应该选择在什么时机进入市场。大致有以下三种市场状况是比较适宜的入市时机。

(1) 大盘走势处于低谷，即将由熊转牛。简单地讲，就是在市场行情由低迷转向上涨的时候进入市场是比较适宜的。

(2) 政策面有明显的利好消息出台，市场将有上涨行情。毋庸讳言，目前我国证券市场在相当程度上是受政策调控。尤其在国家宏观经济政策方面比较明朗，某些产业政策已经出台，重大的投资措施即将在短期内实施，广大的投资人顺应政策的导向，入市购买相关投资品种应该是比较明智的投资行为。如果能抓住政策出台前的蛛丝马迹，抢先买进相关股票，或者在政策出台后细细分析研究，紧跟政策大方向入市，必会有很大的投资回报。

(3) 市场出现业绩较好、价位相对较低的股票或者基金板块，这时入市购买也是较为合适的。

入市时机，指的是市场状况存在明显的获利机会，但是，入市获取利润的同时，风险也在所难免，只有风险发生的概率较低时，才是入市的正确时机。

23. 如何把握合适的卖出时机？入市时机把握准确，只是成功的一半，掌握好合适的卖出时机，才是成功的投资人。

投资人的目的如果是既定的利润率，在市场给予的利润率达到一定的程度，而这个利润率在短期内进一步上升的可能性较小时，就是投资人卖出股票的时机。“只有贪婪者才会等着股价到达最高位”，要学会“见好就收”。

严格按照原则办事，可制定盈利—亏损计划：上涨 20% 就获利了结（个别能量特别大的股票除外），下跌成本价 8% 的时候坚决止损。

市场行情指标 KD 线的相互关系是一个重要的分析依据。如果 K 值上冲的位置已远离 D 值的位置，说明行情已经涨过头，应考虑适当试探出仓；如果是在 K 值小于 D 值时购买的，而这时的价位一般又较高，所得的利润率不会低，选择此时出仓是较为适宜的。在行情已经下跌、短期内的利好消息又不足时，即使是在价位较高时进入的，也得割肉出仓，重新选股，要知道，少损失也就是相对获利，因为它为下一轮行情保留了力量。

假如股价在 8～12 天内急速拉升，成交活跃，通常称为“高潮活动期”。这时，考虑卖出股票。

卖出时机掌握得再好，如果仅考虑出货，不同时想着如何适时建仓，也不是好的投资理念。所谓好的卖出时机，只是在一段时期内为了获取现实利润而暂时离市。但长期来看，离市不会获利，只有把资金留在市场中，才是获利的前提。

美国著名投资大师巴菲特有言：“当别人谨慎时你要贪婪，而当别人贪婪时你则应当谨慎。”这是提醒投资人运用逆向思维的方式把握出入市的机会，事实上，许多投资人在大盘刚启动时不敢进入市场，而在行情已经发展到一定程度时才考虑入市，对于这类投资人，更要在实践中好好领会巴菲特的名言，把握好出市和入市的时机。

24. 牛市有哪些操作要领？所谓牛市，简单地讲，就是在宏观经济面较好的推动下整体行情看涨、买盘较多的市场状况。在这种市场现状下，由于大盘走势一般较为乐观，各种对市场的利好消息较为明朗。

投资人在牛市中应注意的操作要领大致有以下四点。

（1）集中操作。由于牛市总的行情是上涨趋势，市场利好、收益的概率相对较大，因此，要把资金相对地集中起来进行操作，应遵循利益最大化原则，将资金主力投向成长性较好的个股并集中投资。有些股票的特征是牛市牛涨、熊市熊跌（通常是指那些股价不同、盘子较小的二线股），那么，在牛市来临时，不妨逢低介入这些股票建仓。这是风险分散理论在实际行情下的特定运用，不可死守教条，当然也要以股票的选择策略较为正确为前提。

（2）分期操作。股市有言：牛久必熊，熊久必牛。牛市之初，行情看涨，投资人应尽量满仓。牛市持续一段时间之后，如果没有利空消息出台，牛市即将进入中期阶段，满仓者应及时调整股种，将资金投向短期移动平均线向上移动且穿过长期移动平均线的个股，而且短期线的斜率越大越是应该选择的对象。一般来说，牛市中只要在所谓“黄金交叉点”处购入个股，其利也稳，其益也丰。牛市发展了一段时日，行情一般将会出现转向，投资人应在预期收益率和实际收益率之间进行比较，结合行情利空和利好的实际状况，适当分批分期减仓，首先要减那些利润率已很高，上冲余地不大的个股，同时选择一些业绩稳健的绩优股，以规避风险。

（3）果断操作。购股坚决，选中即购，不可犹豫不决，此所谓机会就是利润，不可轻失。在消息面较为明朗，理性分析已明确了投资方向和投资品种时，应立即购买。这是因为，在实行涨停板制度的牛市情况下，稍微犹豫不决可能就会错过几个上涨浪，而当再行购买时，利润率的余地就已所剩无几。

（4）冷静操作。持股坚定，不唯小道和谣言，牛市持股莫悔。在股票市场上，不论是牛市还是熊市，都会有波动，投资人必须辨别什么是陷阱，什么是机会。一般投资人常被谣言所吓住，或见风即逃，或听谣即溜，错失了牛市的获利机会。在牛市里，难免有主力操盘，一些机构为了使大盘能够顺利地上涨，在牛市发展到一段时期之后，往往会采取“震仓”手法，将一些持股意志不坚定的投资人恐吓出市。在这种时候，投资人要明确主力的意图。在确定了大盘的牛市走势时，应坚定信心，不为手段和谣言所动。跟定牛市的走势，绝不轻易出仓减仓，这是牛市获利的关键。

25. 熊市有哪些操作要领？所谓熊市，是指行情看跌、股价低迷、指数下挫、卖者较多的市场状况。

熊市的操作根据经验应是将平时的选股标准反过来分析。当然，即使有了一定的分析，实际选择可以出仓的股票时往往要比选择建仓的股票更为困难。因为选择购买股票时，要经过认真考虑，而现在却要将它否定，这当然很难。但是，如果熊市大势已定，曾经看好的股票也要重新考虑。因此，在熊市里，要确立一条理念：减仓为主，伺机而进。在这样的理念下，还要注意以下操作要领。

（1）适当地休息和准备。在熊市里不要将大量精力花在对行情的关注上，而要将眼光更多地盯住政策、产业、企业等市场背后的因素发展动向，为下一轮行情做准备。哥伦比亚大学教授本杰明·格雷厄姆提倡，通过精心研究一家公司公布的资料，集中精力研究其收益、资产和发展前景，掌握不受该企业市场价格支配的企业股票内在价值，当股价大大低于这一价值的时候就应果断地进行投资，并且坚信市场的修正倾向。在熊市时应增加这方面的研究工作。

（2）分期操作。熊市的初期，由于很多信息尚未明朗，一般应采取试探性调整的办法。对一些持有量较大、价位尚在高位波动的股票逐步减磅出货。出货后如判断价格还会上升，不妨逢低适量吸纳。但对于一些价高利大的应坚决出仓，尤其是那些投机因素较多、抗风险能力较弱的个股，一旦熊市发展到一定时期，它们将会顺势狂跌。果断出仓可以避免暴跌的重创。熊市中期，一般的劣绩股都会原形毕露，这时，如果仓中还有这类股票，应果断地将其出清，调换那些下跌幅度较小、抗风险能力较强的股票。之所以这样操作，主要考虑到未来波浪的启动将是由这些股票来带动的。熊市的谷底应考虑购进，一般果断地在熊市末期进仓的投资人往往是最大的赢家。

（3）调整筹码。根据市场热点的变化适时地调整投资品种，增加选择绩优品种，剔除投机品种。

总之，初期进行试探性地出仓；中期出仓坚决，不恋市、不捂市；后期进仓果断，看准时机，立即建仓。熊市也有投资机会，对于承担风险能力较强的投资人不妨伺机速进速出，赚取短期利益。但是，在大势未明之前，一般不宜贪利恋市，以持币观望最为上策，否则，熊市将意味着利益的损失。

26. 为什么要进行投资组合？谚语云：“不要将鸡蛋都放进同一个篮子里。”这是因为，万一这只篮子翻了，鸡蛋岂不全破了？投资的道理异曲同工。投资人进入市场的目的是为了获得利润，然而，市场不是摇钱树，不是只要有投资就会有收益，市场也有亏损的风险。为了不至于在利空市场上全面套牢，将投资的方向和品种适当分散与搭配就是所谓的组合投资。投资组合是一种常用的风险规避方式。一般认为，投资组合就是在银行储蓄、债券、股票、房地产、贵金属和其他投资品种等投资方向上进行搭配与结合。在证券市场上，即使是投资方向也有投资组合的问题，也有人把同一个投资方向的投资组合称为“分散投资”。

进行投资组合的客观依据在于：首先，市场存在的投资机会和种类很多，这就使投资人有可能进行组合投资。其次，不同的投资方向和品种在同一个市场上往往发展状况和趋势是不同的。当股市指数上涨时，并不是所有的股价都上升；而下跌时，也不是所有的股票都下跌。即当此品种的行情上涨时，彼品种的行情则可能在下跌。这样，在集中投资的情况下，很可能会落在下跌行情的品种上，这时，既没有机会获得上涨股票的利润，又身陷下跌股票的泥潭，风险无处避，利益无法获，怎么办？将投资品种分散。

投资人进行分散投资，要注意所分散投资的品种之间相关性越弱越好，否则就达不到风险分散的目的。因为同一品种或相关性强的股票往往会同涨同跌。投资组合中的“弱相关性”问题有三个原则：一是跨产业品种分散。投资人可以选择不同的产业，如同时购进地产类、金融类、化工类、商业类等品种的股票。二是跨地区品种分散。选择来自不同地区的上市公司的股票，增加投资品种对地区性发展政策的抗风险能力。三是跨时间选择投资时机。股市中存在许多机会和风险，如果将资金一股脑地同时投进去，可能会在更大的机会来临时无资可投，丧失良机。投资人可以分期投资，伺机而动。

当然，投资分散理念并不是要求投资人将资金一分一厘地平均分投到不同的品种。即投资组合理论实际上还有一个组合分散度的问题需要把握。一般来说，较为可靠的投资组合是选择 1～3 种投资方式，每种方式选择 2～4 种投资品种。当然，在实际操作之时，还要看投资人的资金量。一般投资人最好选择一两个投资品种，这样有利于集中精力了解投资品种的情况和发展动态。资金量大时，可考虑投机与绩优等品种的组合。还有就是在行情已定、能够确认某一个“篮子”的确不会倒的情况下，投资人就不必再将“鸡蛋”放到可能倒的篮子里，因为投资组合只是防御投资风险的手段，不是最终获取最大利益的目的。

27. 如何识别“多头陷阱”？“多头陷阱”是主力利用资金、消息或其他手段操纵图表的技术形态，使其显现出多头排列的信号，诱使其他投资人买入。

识别“多头陷阱”需要有一定的市场经验，能够将盘面信号与基本面的分析和宏观政策的变动结合起来共同判断。以下两点可以作为规避“多头陷阱”的有效方法。

（1）从图形上分析主力目前的持股状态。主力吸筹的过程总是尽量做到悄悄进行。当一只股票的价格徘徊在相对的低位且成交量渐渐放大时就有主力吸筹的可能。主力卖少买多反复操作，直到手中筹码积累到预定的目标。有时多位主力抢盘控盘，盘中价格上下震荡，以求吸收筹码，并降低持股成本。如果股价已经节节上升，在高位出现成交量放大，盘中价格震荡起伏，主力出货的意愿已经很强烈了。此时如果再出现技术指标多头排列，在 K 线图上显示连拉阳线，投资人就一定要当心，可能存在“多头陷阱”。因此，要注意观察盘面的进一步变化，不要急于购买股票。

（2）留一定时间和空间研判指标的变化。主力以资金、消息和其他手段操纵技术指标来掩盖自己的真实目的，从根本上来讲，是逆势而为，成本很高。因此，主力只能一时做出一段多头排列的技术指标。投资人在看盘时，不仅要看5分钟线、15分钟线，更要看日线，特别是周线和月线。常见主力设置的“多头陷阱”一般都在日线上，但是可以从周线图上发现卖出的信号。此外，还可以通过能量潮OBV线图的成交量的变化趋向观察主力目前的意图。特别是OBV线图显示的卖出信号与K线图上的短期买入信号发生矛盾时，“多头陷阱”的阴谋就能被暴露在光天化日之下。当然，还可以使用其他一些技术分析方法来识别多头排列的真实性。

需要提醒的是，每一种技术分析方法都有它的盲区，也有它的灵敏之处，只有反复验证才能逐步把握区分真伪的本领。此外，当多个技术指标显示相同的信号，彼此可以相互佐证时，判断的准确性就比较高。

28. 为什么要逆向思维？逆向思维在判断牛市和熊市的转换时具有特别重要的作用。牛市和熊市的变化通常呈现出一种周期的格局，这也往往与国民经济的发展周期相联系，而且先于国民经济的发展周期的变化而变化。在经济处于调整的困难时期，股票市场上成交非常稀疏，股价徘徊于低位，让人看不到任何可能的股价增长。然而正是在这个人人都不愿意买股票、宁可卖出却又难以找到买主的时候，股票市场达到了最低点。有远见的投资人开始建仓了，这是一个非常需要智慧和毅力的行为。许多人的从众心态往往让自己不敢相信自己的准确判断，不愿坚决实施买入行为，总想等等再说。当股价继续整理，或者突然向下，让观望的投资人敏感的心情更加动摇，再等等看。当实施买入之后，关注股票的心情更加迫切，然而黎明前的黑暗是最难熬的，一次一次后悔，是不是早该抛出了。此时就需要利用逆向思维的原理，在别人出仓或等待时坚决地开始建仓。

逆向思维还可以对抗市场主力的欺骗。主力在实现其投资目标时，往往让表面现象显现出对买入或卖出特别有利。此时，投资人如能以逆向思维进行操作，则能不为主力所骗，而且能从中获利。

股市名言——“看对行情，把自己吓死；看错行情，把自己逼死”就是浓缩了进行逆向思维投资股票时的心态。

不为主力所欺骗，不为市场所欺骗，这是逆向思维的关键所在。投资人保持自己清醒的判断和坚定意志，自然就能在市场中有很大的获益，不仅是在金钱上，更多的是在自身修养上。

29. 股市中有无套利机会？

（1）套利。套利也叫价差交易，简单地说就是低买高卖，也就是说，当标的品种在不同市场或不同期限出现明显的价格差异时，选择在价格低的市场/时间买进，而在价格高的市场/时间卖出，从而获得利润、降低单一交易风险的一种交易策略。套利可以帮助我们在不确定的市场中获得确定的收益，成为抵御大盘系统性风险的有效工具。

不过要注意，计算套利利润空间的时候应该把费用成本因素考虑在内。对于资金量较小的普通投资人而言，一般情况下当套利空间超过2%的时候才具有实际操作意义。

（2）股市提供的套利机会。综合而言，二级市场上的套利机会可以分为比价效应带来的套利机会和非比价效应带来的套利机会两大类。具体可以细分为以下方面。

①认沽权证与正股之间的套利。由于认沽权证锁定了卖出股票的价格，因此，一旦股票的市场价格和对应的认沽权证的市场价格之和低于认沽权证的行权价格时，无风险套利机会就出现了。

另外，如果通过分析研究可以确定上市公司没有到期回购股票的动机，则当股票价格低于认沽权证价格的时候，简单地买股票也可以实现套利。

②股票与基金之间的套利机会。某股票停牌期间，持有该股票的基金并不停牌。因此，当外资收购、重组等重大利好导致股票停牌时，则申购重仓持有该股票的基金不失为一种变通的套利手段。一旦股票复牌飙升，该基金净值也随之水涨船高。

③股票与转债之间的套利机会。可转债都约定了转股条件。当转债成本加上转股价格低于股票价格时，就可以买进转债转成股票获得无风险收益。尤其是股票价格出现暴涨的时候，这种机会会增多。

④IPO交叉持股的套利机会。新股申购的中签概率相对较小，如果转换思维，适当购买持有准新股的已上市股票，反而容易获得不错的套利收益。

⑤A－B股套利和A－H股、A－S股套利。由于不同市场对股改的反应不一，会有阶段性的套利空间出现。但是，同股同价是必然趋势。因此，A股和B股、H股、S股之间的价格差异就提供了套利机会，尤其是B股合并在即，其中机会更加明显。

⑥封闭式基金资产净值与交易价格的套利机会。封闭式基金的套利机会主要来自基金净值与市场价格之间的差异，也就是我们所说的贴水率或者折价率。

封闭式基金到期无论是实施清盘还是封转开，价值依据都是其单位净值。当封闭式基金以较高的折价率在二级市场交易时，买入封闭式基金并持有到期就可能获得比较可观的投资回报。当然，要使套利获得成功，前提是对基金的净值趋势、大盘点位等有一个较理性的分析判断。

⑦ETF与一篮子股票的折溢价套利模式。

正向套利：当ETF溢价交易时（也就是ETF的价格高于一篮子股票的加权价值），利用申购赎回机制买入一篮子股票，按照加权价值申购成ETF，再将ETF按照溢价价格卖出，赚取差价。

反向套利：当ETF折价交易时（也就是ETF的价格低于一篮子股票的加权价值），可以以市价卖出一篮子股票，并同时以较低的市价买入ETF，然后用ETF换回一篮子股票，赚取差价。

⑧收购兼并孕育的套利机会。当产业出现资本性或产业性收购兼并的时候，

股价低于净资产或者低于重置成本的并购对象就成为理想的套利目标。若是并购方或者拟回购的大股东给出明确的收购价格，则套利的盈利空间可以进一步明确。

此外，大股东给出增持方案或者反收购计划的，也可以用作套利机会的参考。

30. 行情震荡的标志是什么？震荡行情分为低位震荡、中位震荡和高位震荡。投资人对不同位置所产生的震荡应该区别对待，操作方法也应完全不相同。

（1）低位震荡。低位震荡是指股价已连续下跌很大幅度，并持续了较长时间，浪形上至少下跌了三至五浪，成交量处于极度萎缩状态；股价的最高价和最低价差价最小。如此时产生震荡行情，常是主力进行震荡建仓的时刻，这时的表现经常是：股价数次上下穿越5日移动平均线；K线在盘中成为阴线，但尾市上涨，留下的K线不管阴阳，多带下影线，如K线形态的双针探底；RSI指标在低位小幅波动；成交量忽大忽小，极不规则。

（2）中位震荡。中位震荡是指股价已产生了一波上升行情，由于短线获利比较多，需要获利回吐，主力也要在此位置震出一部分跟风盘。这时的表现是：股价常打破5日移动平均线，有时甚至打破10日移动平均线；形态上以三角形和矩形居多；RSI指标在40~50；短线指标变动频繁。

（3）高位震荡。高位震荡往往出现在头部区域，主力通过震荡拉高出货，高位震荡的幅度往往较大。常见的表现是：阴阳线的长度大；K线常带较长的上线和下线；5日移动平均线被轻易上穿或下穿；乖离率忽上忽下；成交量放巨量之后常出现高位震荡；形态上以“M”形、头肩顶、喇叭形、菱形居多。

31. 谷底出现的标志有哪些？在投资操作中，正确地判断谷底非常重要。当股指或股价经过长时间的下跌，出现底部形态时，可以通过以下标志发现底部已经形成。

（1）当股价连续大幅下跌之后，股价走出下降通道的上轨，并形成“W”底、圆形底、头肩底形态时。

（2）股价在连续大幅下跌之后，K线形态出现早晨之星、锤头、曙光初现、“T”形、倒“T”形、十字星等时。

（3）股价经过较长时间的下跌，成交量逐步萎缩并急剧减少，随后出现地量时。

（4）股价大幅下跌后出现地量，成交量又温和增加，股价小幅上涨时。

（5）当股价大幅下跌，股价经过盘整后，重新站在5日移动平均线之上，并且5日移动平均线和10日移动平均线形成黄金交叉时。

（6）当差离值（DIF）和异同移动平均线（MACD）在0轴之下形成黄金交叉和W形态时。

（7）MACD绿色柱状逐步增大后一段时间，绿色柱状停止增加，开始缩短时。

（8）MACD绿色柱状逐步缩短，由绿翻红时。

(9) KDJ 指标在 20 之下形成黄金交叉、W 形时。

(10) KDJ 指标在 20 之下形成底背离时。

(11) 抛物线停损指标 SAR 在股价之下翻红时。

(12) 强弱指标 10 日 RSI 在 20 之下形成 W 形时。

(13) 强弱指标 10 日 RSI 在 20 之下形成底背离时。

(14) 股价暴跌，10 日乖离率指标在 -10 ~ -30 时。

(15) 心理线 PSY 指标在 20 以下时。

(16) 股价运行出下降压力线时。

32. 波峰出现的标志有哪些？波峰出现时，是卖出股票的好时机。在股票市场中，“会买的只是徒弟，会卖的才是师傅”。这就是说，卖出股票要比买入股票难得多。市场中有“底部百日，头部三天”的说法，买入股票的时间和机会多得是，卖出股票的时间和机会少得多。

当股票价格已连续上升或经过了数浪的上升，出现如下情况时，常表示波峰已经出现。

(1) 当股价连续上升后，K 线在高位出现黄昏之星、吊颈、射击之星、穿头破脚、乌云盖顶、双飞乌鸦等 K 线形态时。

(2) 当股价连续上涨，或经过数浪上涨后，形态上出现“M”形、头肩顶形、菱形、喇叭形、倒“V”形、圆弧顶形形态时。

(3) 强弱指标 10 日 RSI 在 80 以上形成“M”形时。

(4) 强弱指标 10 日 RSI 在 80 以上形成顶背离时。

(5) 5 日 RSI 在 80 以上下穿 10 日 RSI 时。

(6) 股价经过三至五浪大幅上涨后，5 日移动平均线下穿 10 日移动平均线，形成死亡交叉时。

(7) KDJ 指标在 80 以上形成“M”形和头肩顶形时。

(8) KDJ 指标在 80 以上形成顶背离时。

(9) 股价大幅上涨后，DIF 和 MACD 在 0 轴之上形成死亡交叉时。

(10) DIF 和 MACD 在 0 轴之上形成“M”形时。

(11) MACD 红色柱状十分陡峭，红色柱状不能放大时。

(12) MACD 红色柱状逐步缩短，由红翻绿时。

(13) 心理线指标 PSY 达到 80 以上并下穿 80 时。

(14) 10 日乖离率指标达到 10 ~ 20 时。

(15) 已连续出现三个向上跳空缺口时。

(16) 股价突破上升支撑线时。

(17) 抛物线停损指标 SAR 在股价翻绿时。

33. 多头市场有哪些特征？

(1) 小盘股先发动涨势，不断出现新的高价。

(2) 不利股市的消息频传，但是股价却跌不下去时，为多头买进时机。

(3) 利多消息一经宣布，股价即上涨。

（4）股价不断地以大幅上扬、小幅回档再大幅上扬的方式波段推高。

（5）个股不断以板块轮涨的方式将股价指数节节推高。

（6）人气不断汇集，投资人追高的意愿强烈。

（7）新开户的人数不断增加，新资金源源不断涌入。

（8）法人机构、大户进场买进。

（9）除息、除权的股票很快就能填息或填权。

（10）移动平均线均呈多头排列，日、周、月、季线呈平行向上排列。

（11）6 日 RSI 介于 50 ~ 90。

（12）经济形势明显好转，政府公布的利好消息频传。

（13）本地股市和周边股市同步不断上扬，区域间经济呈活跃趋势。

34. 空头市场有哪些特征？

（1）市场普遍看好，人气沸腾，投资人疯狂抢进，乃空头市场即将来临的先兆。

（2）有利好消息传出，股价不涨反跌。

（3）市场不利消息不断传出，行情呈兵败如山倒之势，纷纷跌停挂出。

（4）法人机构、大户大量出货。

（5）投资人纷纷弃权，而即将除息除权的股票亦毫无表现。

（6）人气涣散，追高意愿不强。

（7）6 日 RSI 介于 20 ~ 50。

（8）宏观经济指标呈明显下降趋势，周边市场纷纷下跌，政府对资本市场采取紧缩政策，物价上涨迅速。

35. 密切注意“除权”行情。“除权”是上市公司的股份经送股或转增股本后，总股本增多，每股收益相对于送增股本以前摊薄，股价随即降低，形成除权缺口。

缺口是技术分析的重要研究对象，对股价未来走势的研判有相当重要的作用。除权缺口是缺口形态的一种，有其自身的特点。上市公司送增股本，是对股东的回报，但这种回报对股东来说又是一种强制再投资行为，因而股票在除权时的价格决定了股东再投资的成本，此时对股东来说是被动选择价格的，股票价格同股票除权前后的变化状况密切相关。股票除权前后的价格变化往往较大，这就给研判这段行情的投资人提供了短期机会。

通常有两种典型的走势：一种是贴权行情；另一种是填权行情。

（1）贴权行情。除权前，主力早已得知送配股的利好消息，建仓已完毕，正好拔高股价准备出货，而除权送股方案仅仅作为主力吸引中小股民买入的诱饵。投资人通常都有这样的心态，明天或后天就要送股了，原先的 1 000 股马上就成了 1 500 股或 2 000 股，从数量上看收益率是很高的，因此，已买入的不会去抛，还没有买入的则认为含权股票颇具投资价值，立即买入，股价在除权之前飞快上升，并伴随着巨大的成交量，在不知不觉中主力从容出场，也许还剩一小部分，仍可以在除权后全部卖出。股价在形成除权缺口后，一路走低，形成一轮贴权的行情，反观这一波抢权然后贴权的行情，主力在数月之前有明显的成交放量的吸筹过程，正好与除权前后放量出场的过程相对应。

（2）填权行情。明明有极好的送增股方案，而且公司的业绩也不错，但股价在市场上的走势疲软。其他股票都在涨，该股票却无动于衷；其他股票跌时，它跌得更快。往往此时正是主力在其中作祟。由于主力筹码尚未收满，不得不借助手中的资金和筹码，将股价保持为弱势，让没有耐心的投资人舍此而转向其他热门股，主力则乘势吸纳股票。当主力掌握足够的筹码后，就会不断推高股价，使之走出一轮强劲的填权行情。因此，密切关注除权前后的股价变化，可以使投资人主动地把握股价走势，不轻易为主力所骗。

36. 注意相关市场的动态。金融市场是一个高度相关的市场，某一市场的变化和风险会非常迅速地向其他市场转移，形成短期和长期的影响。关注相关市场的动态，有利于投资人快速预计股票市场可能的变化，合理调整自己的投资组合。

常见的相关市场有债券市场和国债回购市场。

（1）债券市场。随着国家发行国债的规模和品种不断完善，债券市场的利率越来越成为国家资金中长期利率的风向标或衡量器。国债市场的变化全面反映和实现国家的货币管理政策。债券和股票市场的相关表现在两个方面。

①联动效应。国家对资金供应量的调控会在债券市场的操作上表现出来，然后通过银行来影响机构投资人的资金量，从而反映为股票市场随着债券市场的变化同向变动。当国家采取紧缩的货币政策时，会在公开市场上抛出国债，收回资金。这样国债的价格就会下跌，银行的贷款资金也随之收紧。为了满足国家的法定和日常的头寸准备要求，又会相应地收缩对机构大户的资金，从而股票市场的资金供给呈更大比率的降低，这样，股票市场的价格也随之降低。在这样的调控措施下，债券价格的下跌就会带来股票价格的下跌。反之，如果国家对准备金比率予以降低，或在公开市场或其他债券市场上买入债券，债券的价格会大幅上升。此时作为机构大户随着银行资金的宽裕就可以增加资金购买股票，从而推动股票价格稳步上升。这样，债券市场同股票市场呈现出价格的齐升齐降。

②互补效应。如果政府没有通过公开市场操作对资金总量进行调控，那么，等量的资金就会在股票市场和债券市场之间相互流动。如果资金由债券市场向股票市场流动，债券市场的资金套现压力导致价格在下跌，而股票市场的价格被不断流入的资金推动着上涨，两个市场就呈现一种背离的走势。反之亦反是。

正确区分债券市场和股票市场的两种关系运动，投资人可以从中获得中长期的较大收益，特别是债券市场常常领先于股票市场的走势，这一点在市场走势逆转时相当明显。

（2）国债回购市场。国债回购市场的各品种特别是短期品种异常明显地反映了股票市场的资金需求。最常见的是，在申购新股时，国债回购市场的成交量大幅放大，并且短期品种回购利率异常上升。新股发行量越大，这种效应就越明显。在无新股申购时，资金就出现特别放量的情况。随后的 3 天、7 天、14 天、

28天，常常会有一个回购利率的大幅回调。如果没有新股申购，同样出现短期品种的回购利率上升并且带有巨量，说明短期内股票市场的资金充裕，会有一波上升的行情。但在中央银行把回购资金与股市隔离开以后，这种相关性已有较明显的降低。

第四节　证券投资基金

一、证券投资基金的含义

证券投资基金是一种利益共享、风险共担的集合投资方式，即通过发行基金单位，集中投资人的资金，由基金托管人托管，由基金管理人管理和运用资金，从事以有价证券为主的金融工具投资，以获得投资收益和资本增值。

证券投资基金在不同国家或地区称谓有所不同，美国称为“共同基金”，英国和中国香港地区称为“单位信托基金”，日本和中国台湾地区称为“证券投资信托基金”。目前在我国内地则统称为“证券投资基金”。

二、证券投资基金的类型

（一）按基金的组织方式分类

按基金的组织方式可以将证券投资基金分为契约型基金和公司型基金。

1. 契约型基金。契约型基金又称单位信托基金，是由基金投资人、管理人、托管人三者通过签订基金合同、发行基金份额而设立的一种基金。基金投资人的权利主要体现在基金合同的条款上，而基金合同条款的主要方面通常由基金法律所规范。契约型基金起源于英国，后在中国香港、新加坡、印度尼西亚等国家和地区得到迅速发展。

契约型基金是基于契约原理而组织起来的代理投资行为，没有基金章程，也没有董事会，而是通过基金契约来规范三方当事人的行为。基金管理人负责基金的管理操作。基金托管人作为基金资产的名义持有人，负责基金资产的保管和处置，对基金管理人的运作实行监督。

2. 公司型基金。公司型基金，是指投资人为了共同投资目标而组成的以营利为目的的股份制投资公司，并将形成的公司资产投资于有价证券的证券投资基金。公司型基金是按照公司法以公司形态组成的，通过发行股份的方式募集资金，是具有法人资格的经济组织。投资人通过认购股份成为公司的股东，凭其持有的股份依法享有投资收益。

公司型基金的设立程序类似于一般股份公司，基金公司本身依法注册为法人，但不同于一般股份公司的是，它是委托专业的财务顾问或管理公司来经营与管理，基金公司的组织结构与一般股份公司类似，设有董事会和持有人大会，基金资产由公司所有，投资人则是这家公司的股东，承担风险并通过股东大会行使权利。

3. 契约型基金与公司型基金的区别。

（1）法律依据不同。契约性基金是依照基金契约组建，信托法是其设立的依据，基金本身不具有法人资格。公司型基金是按照公司法组建的，具有法人资格。

（2）资金的性质不同。契约型基金的资金是通过发行基金份额筹集起来的信托财产。公司型基金的资金是通过发行普通股票筹集的公司法人的资本。

（3）投资人的地位不同。契约型基金的投资人没有管理基金资产的权力，购买基金份额后成为基金契约的当事人，投资人既是基金的委托人，基于对基金管理人的信任，将自己的资金委托给基金管理人管理和营运，又是基金的受益人，享有基金的受益权。公司型基金的投资人购买基金的股票后成为公司的股东，通过股东大会享有管理基金公司的权力。

（4）基金营运依据不同。契约型基金依据基金契约营运基金。公司型基金依据基金公司章程营运基金。

由此可见，契约型基金和公司型基金在法律依据、组织形态以及有关当事人扮演的角色上是不同的。但对投资人来说，投资于公司型基金和契约型基金并无多大区别，它们的投资方式都是把投资人的资金集中起来，按照基金设立时所规定的投资目标和策略，将基金资产分散投资于众多的金融产品上，获取收益后再分配给投资人。

从世界基金业的发展趋势看，公司型基金除了比契约型基金多了一层基金公司组织外，其他各方面都与契约型基金有趋同化的倾向。

（二）按基金运作方式分类

按基金运作方式可以将证券投资基金分为封闭式基金和开放式基金。

1. 封闭式基金。封闭式基金是指基金的发起人在设立基金时限定了基金单位的发行总额，筹集到这个总额后，基金即宣告成立，并进行封闭，在一定时期内不再接受新的投资，故又称为固定型投资基金。基金单位的流通采取在证券交易所上市的办法，投资人日后买卖基金单位都必须通过证券经纪商在二级市场上进行竞价交易。

封闭式基金的期限是指基金的存续期，即基金从成立起到终止之间的时间。决定基金期限长短的因素主要有两个：一是基金本身投资期限的长短，如果基金是进行中长期投资（如创业基金）的，其存续期就可长一些，反之，如果基金是进行短期投资（如货币市场基金），其存续期可短一些。二是宏观经济形势，一般来说，经济稳定增长，基金存续期可长一些；若经济波浪起伏，则应相对地短一些。在现实经济生活中，存续期还应考虑基金发起人和众多投资人的要求来确定。基金期限届满即为基金终止，管理人应组织清算小组对基金资金进行清产核资，并将清产核资后的基金净资产按照投资人的出资比例进行公正合理的分配。

如果基金在运行过程中，因为某些特殊的情况，使基金的运作无法进行，报经主管部门批准，可以提前终止。提前终止的一般情况有：

（1）国家法律和政策的改变使该基金的继续存在变为非法或者不适宜；

（2）管理人因故退任或被撤换，无新的管理人承继的；

（3）托管人因故退任或被撤换，无新的托管人承继的；

（4）基金持有人大会上通过提前终止基金的决议。

2. 开放式基金。开放式基金是指基金管理公司在设立基金时，发行基金单位的总份额不固定，可视投资人的需求追加发行。投资人也可根据市场状况和各自的投资决策，或者要求发行机构按现期净资产值扣除手续费后赎回股份或受益凭证，或者再买入股份或受益凭证，增持基金单位份额。为了应付投资人赎回实现变现的要求，开放式基金一般都从所筹资金中留出一定比例的资金，以现金形式保持这部分资产。

3. 封闭式基金与开放式基金的区别。

（1）期限不同。封闭式基金通常有固定的封闭期，通常在5年以上，一般以10年或15年居多，经受益人大会通过并经主管机关同意可以适当延长期限。而开放式基金没有固定期限，投资人可随时向基金管理人赎回基金单位。

（2）发行规模限制不同。封闭式基金在招募说明书中列明其基金规模，在封闭期限内未经法定程序认可不能再增加发行。开放式基金没有发行规模限制，投资人可随时提出认购或赎回申请，基金规模就随之增加或减少。

（3）基金单位交易方式不同。封闭式基金的基金单位在封闭期限内不能赎回，持有人只能在证券交易场所出售给其他投资人。开放式基金的投资人则可以在首次发行结束一段时间后，随时向基金管理人提出申购或赎回申请，方式灵活，除少数开放式基金在交易所挂牌外，大部分开放式基金不上市交易。

（4）基金单位的交易价格计算标准不同。封闭式基金与开放式基金的基金单位除了首次发行价都是按面值加一定百分比的申购费计算外，其后的交易计价方式有明显不同。封闭式基金的交易价格受市场供求关系的影响，常出现溢价或折价现象，并不必然反映基金的净资产值。开放式基金的交易价格则取决于基金每单位净资产值的大小，其申购价一般是基金单位资产值加一定的申购费，赎回价是基金单位净资产值减去一定的赎回费，不直接受市场供求影响。

（5）投资策略不同。封闭式基金的基金单位数不变，资本不会减少，因此，基金可进行长期投资，基金资产的投资组合能有效在预定计划内进行。开放式基金因基金单位可随时赎回，为应付投资人随时赎回兑现，基金资产不能全部用来投资，更不能把全部资本用来进行长线投资，必须保持基金资产的流动性，在投资组合上需保留一部分现金和高流动性的金融商品。

从发达国家金融市场来看，开放式基金已成为世界投资基金的主流。世界基金发展史从某种意义上说就是从封闭式基金走向开放式基金的历史。

（三）按投资目标分类

按投资目标可以将证券投资基金分为成长型基金、收入型基金、平衡型基金。

1. 成长型基金。成长型基金是基金中最常见的一种，它追求的是基金资产的长期增值。为了达到这一目标，基金管理人通常将基金资产投资于信誉度较高、有长期成长前景或长期盈余的成长型公司的股票。成长型基金又可分为稳健成长型基金和积极成长型基金。

2. 收入型基金。收入型基金主要投资于可带来现金收入的有价证券，以获取当期最大收入为目的。收入型基金资产成长的潜力较小，损失本金的风险相对也较低，一般可分为固定收入型基金和股票收入型基金。固定收入型基金的主要投资对象是债券和优先股，因而尽管收益率较高，但长期成长的潜力很小，而且当市场利率波动时，基金净值容易受到影响。股票收入型基金的成长潜力比较大，但易受股市波动的影响。

3. 平衡型基金。平衡型基金将资产分别投资于两种不同特性的证券上，并在以取得收入为目的的债券及优先股和以资本增值为目的的普通股之间进行平衡。这种基金一般将25% ~50%的资产投资于债券及优先股，其余的投资于普通股。平衡型基金的主要目的是从其投资组合的债券中得到适当的利息收益，与此同时又可以获得普通股的升值收益。投资人既可获得当期收入又可得到资金的长期增值，通常是把资金分散投资于股票和债券。平衡型基金的特点是风险比较低，缺点是成长的潜力不大。

（四）按投资标的分类

按投资标的可以将证券投资基金分为债券基金、股票基金、货币市场基金、混合型基金。

1. 债券基金。债券基金以债券为主要投资对象，债券比例须在80%以上。由于债券的年利率固定，因而这类基金的风险较低，适合于稳健型投资人。

债券基金收益会受货币市场利率的影响，当市场利率下调时，其收益就会上升；反之，若市场利率上调，则基金收益下降。除此以外，汇率也会影响基金的收益，管理人在购买非本国货币的债券时，往往还会在外汇市场上做套期保值。

2. 股票基金。股票基金以股票为主要投资对象，股票比例须在60%以上。股票基金的投资目标侧重于追求资本利得和长期资本增值。基金管理人拟订投资组合，将资金投放到一个或几个国家甚至是全球的股票市场，以达到分散投资、降低风险的目的。

投资人之所以选择股票基金，原因在于可以有不同的风险类型供选择，而且可以克服股票市场普遍存在的区域性投资限制的弱点。此外，还具有变现性强、流动性强等优点。由于聚集了巨额资金，几只甚至一只基金就可以引发股市动荡，所以各国政府对股票基金的监管都十分严格，不同程度地规定了基金购买某一家上市公司的股票总额不得超过基金资产净值的一定比例，防止基金过度投机和操纵股市。

3. 货币市场基金。货币市场基金是以货币市场工具为投资对象的一种基金。货币市场基金通常被认为是无风险或低风险的投资。其投资对象一般期限在一年内，包括银行短期存款、国库券、公司债券、银行承兑票据及商业票据等。通常，货币基金的收益会随着市场利率的下跌而降低，与债券基金正好相反。

4. 混合型基金。混合型基金是在投资组合中既有成长型股票、收益型股票，又有债券等固定收益投资的基金。混合型基金设计的目的是让投资人通过选择一款基金品种就能实现投资的多元化，而无须去分别购买风格不同的股票型基金、债券型基金和货币市场基金。

混合型基金会同时使用激进和保守的投资策略，其回报和风险要低于股票型基金，高于债券和货币市场基金，是一种风险适中的理财产品。一些运作良好的混合型基金回报甚至会超过股票基金的水平。混合型基金在进行资产配置时，股票、债券和货币的投资比例无明确限制。

（五）按投资理念分类

按投资理念可以将证券投资基金分为主动型基金和被动型基金。

1. 主动型基金（积极型基金）。主动型基金以寻求取得超越市场的业绩表现为目标，其基金管理人根据市场状况，依照集体决策进行主动投资。

2. 被动型基金（消极型基金）。被动型基金选取特定的指数成分股作为投资的对象，不主动寻求超越市场的表现，而是试图复制指数的表现。基金管理人严格按照各成分股在样本指数中的比重进行投资。

（六）按资金来源和流向分类

按资金来源和流向可以将证券投资基金分为国内基金、国际基金、离岸基金、海外基金。

1. 国内基金。国内基金的资金来源于国内并投资于国内金融市场，国内基金在一国基金市场上占主导地位。

2. 国际基金。国际基金的资金来源于国内但投资于境外金融市场。由于各国经济和金融市场发展不平衡，因而在不同国家会有不同的投资回报，通过国际基金的跨国投资，可以为本国资本带来更多的投资机会以及在更大范围内分散投资风险，但国际基金的投资成本和费用一般也较高。国际基金有国际股票基金、国际债券基金和全球商品基金等种类。

3. 离岸基金。离岸基金是从国外筹集并投资于国外金融市场的基金，其特点是两头在外。为了吸引全球投资人的资金，离岸基金的资产注册登记一般不在母国，而是选择在有“避税天堂”之称的地方注册，如卢森堡、开曼群岛、百慕大等，因为这些国家和地区对个人投资的资本利得、利息和股息收入都不征税。

4. 海外基金。海外基金是从国外筹集并投资于国内金融市场的基金。海外基金通过发行基金份额，把筹集到的资金交由指定的投资机构，集中投资于特定国家的股票和债券，把所得收益作为再投资或作为红利分配给投资人，它所发行的基金份额在国际著名的证券市场挂牌上市。海外基金已成为发展中国家利用外资的一种较为理想的形式，一些资本市场没有对外开放或实行严格外汇管制的国家可以利用海外基金。

除了上述几种类型的基金，证券投资基金还可以按募集对象不同分为公募基金和私募基金；按投资货币种类不同分为美元基金、英镑基金、日元基金等；按收费与否分为收费基金和不收费基金；按投资计划可变更性分为固定型基金、半固定型基金、融通型基金；还有专门支持高科技企业、中小企业的风险基金；因交易技巧而著称的对冲基金、套利基金以及投资于其他基金的基金中基金等。

（七）特殊类型的基金

1. 指数基金。指数基金是20世纪70年代以来出现的新的基金品种。为了使投资人能获取与市场平均收益相接近的投资回报，产生了一种功能上近似或等于所编制的某种证券市场价格指数的基金。其特点是：它的投资组合等同于市场价格指数的权数比例，收益随着当期的价格指数上下波动。当价格指数上升时基金收益增加，反之收益减少。基金因始终保持当期的市场平均收益水平，因而收益不会太高，也不会太低。指数基金的优势是：第一，费用低廉。指数基金的管理费较低，尤其是交易费用较低。第二，风险较小。由于指数基金的投资非常分散，可以完全消除投资组合的非系统风险，而且可以避免由于基金持股集中带来的流动性风险。第三，以机构投资人为主的市场中，指数基金可获得市场平均收益率，可以为股票投资人提供更好的投资回报。第四，指数基金可以作为避险套利的工具。对于投资人尤其是机构投资人来说，指数基金是他们避险套利的重要工具。指数基金由于其收益率的稳定性和投资的分散性，特别适用于社保基金等数额较大，风险承受能力较低的资金投资。

2. 交易型开放式指数基金（ETF）。交易型开放式指数基金属于开放式基金的一种特殊类型，它综合了封闭式基金和开放式基金的优点，投资人既可以向基金管理公司申购或赎回基金份额，同时，又可以像封闭式基金一样在证券市场上按市场价格买卖ETF份额，不过，申购赎回必须以一篮子股票换取基金份额或者以基金份额换回一篮子股票。由于同时存在证券市场交易和申购赎回机制，投资人可以在ETF市场价格与基金单位净值之间存在差价时进行套利交易。套利机制的存在，使ETF避免了封闭式基金普遍存在的折价问题。

3. 上市开放式基金（LOF）。上市型开放式基金（listed open-ended fund, LOF）发行结束后，投资人既可以在指定网点申购与赎回基金份额，也可以在交易所买卖该基金。不过投资人如果是在指定网点申购的基金份额，想要上网出售，须办理转托管手续。同样，如果是在交易所网上买进的基金份额，想要在指定网点赎回，也要办理转托管手续。根据深圳证券交易所已经开通的基金场内申购赎回业务，在场内认购的 LOF 不需办理转托管手续，可直接卖出。

4. QDII 基金。国内机构投资人赴海外投资资格认定制度（Qualified Domestic Institutional Investors，QDII）由香港特区政府最早提出，与预托证券（CDR）、国外机构投资人到内地投资资格认定制度（Qualified Foreign Institutional Investors，QFII）一样，是在外汇管制下内地资本市场对外开放的权宜之计，以便在资本账项目未完全开放的情况下，国内投资人往海外资本市场进行投资。

5. 黄金基金。黄金基金是指以黄金或者其他贵金属及其相关产业的证券为主要投资对象的基金。其收益率一般随贵金属的价格波动而变化。

6. 衍生证券基金。衍生证券基金是指以衍生证券为投资对象的证券投资基金，主要包括期货基金、期权基金和认购权证基金。由于衍生证券一般是高风险的投资品种，因此，投资这种基金的风险较大，但预期的收益水平比较高。

三、证券投资基金的特点

（一）专业理财

基金资产由专业的基金管理公司负责管理，基金管理公司配备有大量的专业投资人员，这些专业投资人员都经过专门训练，具有丰富的证券投资和其他项目投资的经验。他们善于利用专业知识、运用技术手段分析市场，全面解析与市场有关的信息，能对金融市场上各种品种的价格变动趋势作出比较客观的预测，最大限度地避免投资决策的失误，提高投资成功率。对于没有时间，或者对市场不太熟悉，没有能力专门研究投资决策的投资人来说，投资基金，实际上就可以获得专业人员在市场信息、投资经验、金融知识和操作技术等方面所拥有的优势，从而尽可能地规避盲目投资带来的风险。

（二）集合投资

我国目前的基金份额基本上都确定为每份 1 元，有些基金招募时不设最低申购额度，投资人可以根据自己的财力状况决定购买数量，从而解决了中小投资人“钱不多、入市难”的问题。因此，基金可以最广泛地吸收社会闲散资金，集合各方财力参与证券投资，不仅分享上市公司成长红利，而且还可以依靠资金优势及声誉在谈判中处于有利地位，获得规模效益的好处，降低投资成本。

（三）分散风险

以科学的投资组合降低风险、提高收益是基金的另一大特点。在投资活动中，风险和收益总是并存的，因此，“不能将所有的鸡蛋都放在一个篮子里”，这是证券投资的箴言。但是，要实现投资资产的多样化，需要一定的资金实力，对小额投资人而言，由于资金有限，做到这一点并不容易，而基金则可以凭借其雄厚的资金实力，在法律允许的范围内进行科学组合，分散投资于多种投资工具，将某些证券跌价造成的损失用其他证券涨价的盈利来弥补，利用不同的投资对象之间的互补性，达到分散投资风险的目的。

（四）流动性强

对于封闭式基金而言，买卖程序非常简便，在开市时间，随时都可以通过证券交易系统进行委托。对于开放式基金而言，每天都会进行公开报价，投资人依据公开报价，既可以向基金管理公司直接购买或赎回基金，也可以通过证券公司或银行等代理机构购买或赎回，流动变现不存在障碍。

四、证券投资的基金管理人与托管人

证券投资基金的基金管理人是指具有专业的投资知识与经验，根据法律、法规及基金章程或基金契约的规定，经营管理基金资产，谋求基金资产不断增值，以使基金持有人收益最大化的机构。

基金管理人主要负责基金资产的投资运作，在不同的基金市场上名称有所不同，例如，美国的“投资顾问公司”或“资产管理公司”，日本的“证券投资信托委托公司”“投资信托公司”“投资顾问公司”，中国台湾地区的“证券投资信托公司”，中国大陆则将其称为“基金管理公司”。在我国，按照相关规定，基金管理人由基金管理公司担任。基金管理公司通常由证券公司、信托投资公司等发起成立，具有独立的法人地位。作为专业从事基金资产管理的机构，基金管理公司的最主要职责就是，按照基金契约的规定，制定基金资产投资策略，组织专业人士，选择具体的投资对象，决定投资时机、价格和数量，运用基金资产进行有价证券投资。

基金托管人是投资人权益的代表，是基金资产的名义持有人或管理机构。为了保证基金资产的安全，按照资产管理和资产保管分开的原则运作基金，基金设有专门的基金托管人保管基金资产。

五、证券投资基金风险

证券投资基金虽然有集合投资、专业管理、分散投资、降低风险的特点，但投资人投资于基金仍要面对以下风险。

（一）市场风险

基金主要投资于证券市场，投资人购买基金，相对于购买股票而言，由于能有效地分散投资和利用专业优势可能对控制风险有利。分散投资虽能在一定程度上消除来自个别公司的非系统性风险，但无法消除市场的系统性风险。因此，证券市场价格因经济、政治等各种因素的影响而产生波动时，将导致基金收益水平和净值发生变化，从而给基金投资人带来风险。

（二）管理能力风险

基金管理人作为专业投资机构，虽然比普通投资人在风险管理方面具有某些优势，比如能较好地认识风险的性质、来源和种类，能较准确地度量风险，并通常能够按照自己的投资目标和风险承受能力构造有效的证券组合，在市场变动的情况下，及时地对投资组合进行更新，从而将基金资产风险控制在预定的范围内等，但是，不同的基金管理人的基金投资管理水平、管理手段和管理技术存在差异，从而对基金收益水平产生影响。

（三）技术风险

当计算机、通信系统、交易网络等技术保障系统或信息网络支持出现异常情况时，可能导致基金日常的申购或赎回无法按正常时限完成、注册登记系统瘫痪、核算系统无法按正常时限显示基金净值、基金的投资交易指令无法即时传输等风险。

（四）巨额赎回风险

这是开放式基金所特有的风险。如果因市场剧烈波动或其他原因而连续出现巨额赎回并导致基金管理人出现现金支付困难时，基金投资人申请巨额赎回基金份额，可能会遇到部分顺延赎回或暂停赎回等风险。

六、证券投资基金与股票、债券的区别

（一）反映的经济关系不同

股票反映的是所有权关系，债券反映的是债权债务关系，而证券投资基金反映的则是信托关系，但公司型基金除外。

（二）筹集资金的投向不同

股票和债券是直接投资工具，筹集的资金主要投向实业，而证券投资基金是间接投资工具，筹集的资金主要投向有价证券等金融工具。

（三）风险水平不同

股票的直接收益取决于发行公司的经营效益，不确定性强，投资于股票有较大的风险。债券的直接收益取决于债券利率，而债券利率一般是事先确定的，投资风险较小。证券投资基金主要投资于有价证券，投资选择灵活多样，从而使基金的收益有可能高于债券，投资风险有可能小于股票。因此，基金能满足那些不能或不宜直接参与股票、债券投资的个人或机构的需要。

七、证券投资基金的产生与发展

证券投资基金起源于19世纪60年代，迄今为止，它大致经历了产生、发展、成熟三个阶段。

1868~1920年是证券投资基金产生的阶段。19世纪60年代，随着第一次产业革命的成功，英国成为全球最富裕的国家，它的工业总产值占世界工业总产值的1/3以上，国际贸易额占世界总贸易额的25%，因此，国内资金充裕，利率较低，与此同时，美国、德国、法国等国家正开始进行工业革命，需要大量的资金支持，在这种背景下，英国政府为了提高国内投资人的收益，出面组织了由专业人士管理运作的以投资美国、欧洲及殖民地国家证券为主要对象的“外国和殖民地政府信托投资”。它标志着证券投资基金开始起步。

1921年至20世纪70年代是证券投资基金发展的阶段。如果说第一次产业革命属于轻工业革命的话，第二次产业革命则是重工业革命，在这场革命中，钢铁、汽车、电力、石化等产业迅速兴起。经过19世纪70年代到20世纪初30多年的历程，美国经济超过了英国，国民生产总值位居世界第一位。尤其是第一次世界大战后，美国经济更是空前繁荣。在此背景下，1921年4月，美国设立了第一家证券投资基金组织——美国国际证券信托基金，这标志着证券投资基金发展中“英国时代”的结束和“美国时代”的开始。1924年3月21日，马萨诸塞投资信托基金设立，意味着美国式证券投资基金真正起步。

20世纪80年代以后是证券投资基金趋于成熟的阶段。成熟在这里包含三层含义：一是证券投资基金在整个金融市场中占重要的地位；二是证券投资基金成为一种国际化现象；三是证券投资基金在金融创新中得到了快速的发展，有力地促进了金融运行机制的创新。

1991年10月，证券投资基金在中国证券市场起步，“武汉证券投资基金”与“深圳南山风险投资基金”分别由中国人民银行武汉分行和深圳南山区政府批准成立，成为第一批基金。但是，此时的投资基金仍处于初级阶段。1997年10月，《证券投资基金管理暂行办法》出台，标志着中国证券投资基金业进入了规范发展的阶段。1998年3月，金泰、开元证券投资基金的设立，标志着规范的证券投资基金开始成为中国基金业的主导方向。

2001年华安创新投资基金作为第一只开放式基金，成为中国基金业发展的又一个阶段性标志。

八、证券投资基金投资实务

（一）为什么要买基金

目前，我国银行储蓄存款的基准利率水平已经比较低，与CPI相比，投资人实际上已经进入负利率时代，对于投资人而言，将资金放在银行里已明显不具备更强的竞争力。而对于其他投资渠道，如股票、期货交易，一般的投资人根本无法把握。基金作为一种集合投资的渠道，基金管理人较一般投资人而言，具备更专业的研究能力，能为投资人获取更稳健的投资回报，从长期而言，购买基金是一个重要的理财途径。

与此同时，投资人购买基金，其安全性也是有保障的。以开放式基金为例，投资人以购买基金份额的形式进行投资，投资人的投资作为基金资产，将成为独立于基金管理公司、基金托管银行的自有资产。目前，在中国基金资产只能独立存放于托管银行的独立账户中，而国内有托管业务资格的是经过严格审核的银行，如中国工商银行、中国农业银行、中国银行、中国建设银行、交通银行、招商银行等。这些信誉良好的银行可以作为投资人投资资金的保管人，严格按照法律法规和基金契约的规定保管基金资产，确保不被挪作他用，并对基金管理公司的运作进行监督。

另外，从基金的运作模式来看，基金目前都是透明化运作。基金管理公司向投资人公开招募说明书，定期报告包括半年报告、年度报告、基金投资组合公告、基金净值公告及公开说明书等，使投资人充分了解基金的经营情况。

（二）股票基金有哪些特点

股票基金是指以股票为投资对象的投资基金，是投资基金的主要种类。股票基金具有以下特点。

1. 与其他基金相比，股票基金的投资对象具有多样性，投资目的也具有多样性。

2. 与投资人直接投资于股票市场相比，股票基金具有分散风险、费用较低等特点。对于一般投资人而言，个人资本毕竟是有限的，难以通过分散投资种类而降低投资风险。但若投资于股票基金，投资人不仅可以分享各类股票的收益，而且也可以通过投资于股票基金将风险分散于各类股票上，大大降低了投资风险。此外，投资人投资了股票基金，还可以享受基金大额投资在成本上的相对优势，降低投资成本，提高投资效益，获得规模效益的好处。

3. 从资产流动性来看，股票基金具有流动性强、易变现的特点。股票基金的投资对象是流动性极好的股票，基金资产质量高、容易变现。

4. 对投资人来说，股票基金经营稳定、收益可观。一般来说，股票基金的风险比股票投资的风险低，收益较稳定。不仅如此，封闭式股票基金上市后，投资人还可以通过在交易所交易获得买卖差价。基金期满后，投资人享有分配剩余资产的权利。

（三）如何选择股票基金

1. 看投资取向。要看基金的投资取向是否适合自己，特别是对没有运作历史的新基金公司所发行的产品。基金的不同投资取向代表了基金未来的风险和收益程度，因此，应选择适合自己风险收益偏好的股票基金。

2. 看基金公司的品牌。买基金是买一种专业理财服务，所以提供服务的公司本身的素质非常重要，而因种种原因，普通居民不可能全面了解每家基金公司和每只基金的情况，因此，基金公司的品牌非常重要。

（四）债券基金与银行存款有什么不同

银行存款是保管现金的安全方式，适合短期支付需要，如消费或意外支出。银行存款的特点是安全又很容易变现，可以随时取回资金，而且有一定的利息收入。但是，存款利率通常很低，难以抵销通货膨胀，提前支取还有一定的利息损失。因此，银行存款不适合作为长期投资。债券基金通过投资国债、金融债、企业债等债券可获得稳定的利息收入，长期来看，收益水平高于银行存款；同时，保持较低风险，比较适合谨慎但又希望有较高收益的投资人的需要，如退休人士。而且开放式基金可以随时通过基金管理公司、代销银行或券商的网点买卖，变现比较方便。

（五）债券基金和股票基金有什么区别

1. 投资品种不同。股票基金的证券组合主要以股票为对象，但也不排除有一定数量（如20%以下）的非股票证券。债券基金的证券组合主要以各类债券（甚至包括国际债券）为对象，但也不排除有一定数量（如20%以下）的非债券证券。

2. 风险、收益不同。债券基金的资金主要投资于可流通的国债、地方债券和公司债券，所以债券基金显现出低风险、低收益的特征。股票基金主要投资于上市股票，而股票的波动性远远大于债券，因此，相对于债券基金，股票基金表现出较大的风险性和收益性。

3. 费用不同。由于债券投资管理不如股票投资管理复杂，因此，债券基金的管理费也相对较低。

（六）投资债券基金是否有风险

投资债券基金短期也会有风险。债券基金主要投资于国债、公司债券。目前，在交易所上市的国债、企业债、可转债的市场价格除受债券本身的债券票面利息、债券偿还期限的影响，还受利率、市场供需、投机因素的影响，在债券市场价格波动较大的时候，一旦出现投资的债券市场价格低于买入价时，债券基金的净值出现下跌，短期内投资债券基金就可能会赔钱。但在较长的时间段内，由于债券的票面利息是固定的，债券每年能取得稳定的债券付息，在债券付息积累到一定程度时完全可以抵销债券二级市场价格波动的损失，投资债券名义上一般不会赔钱。

（七）指数基金有哪些优点

从理论上讲，指数基金的运作方法简单，基金管理成本低廉，只要选择某一种市场指数，根据构成该指数的每一种证券在指数中所占的比例购买相应比例的证券，长期持有。但是，市场指数是根据某一时刻证券价格进行数学处理而得到的一个抽象指标，而指数基金并不能直接购买指数，而是要在实际市场条件下通过购买相应的证券来实现，由于交易成本及时间差等因素，指数基金的表现并不能够与其所追踪的指数完全一样，必然存在一定的差异，因此，指数基金同样需要基金管理人进行专业的管理。

指数基金的优点主要表现在以下四个方面。

1. 分散风险。一方面，由于指数基金广泛地分散投资，任何单只股票的价格发生波动都不会对指数基金的整体表现构成大的影响；另一方面，由于指数基金所盯住的指数一般都具有较长的历史可以追踪，因此，在一定程度上指数基金的风险是可以预测的，这使指数基金自身就能够避免遭受到不可预测的风险。

2. 费用低廉。这是指数基金最突出的优势。费用主要包括管理费用、交易成本和销售费用三个方面。管理费用是指基金经理人进行投资管理所产生的成本；交易成本是指在买卖证券时发生的经纪人佣金等交易费用。由于指数基金采取持有策略，不用经常换股，这些费用远远低于积极管理的基金，其费用差异有时达到1%，将对基金收益产生较大影响。

3. 监控投入不必过于繁杂。运作指数基金不用进行主动的投资决策。指数基金管理人的主要任务是监控对应指数的变化，以保证指数基金的组合构成与之相适应。

4. 延迟纳税。由于指数基金采取了一种购买并持有的策略，所持有股票的换手率很低，这样，每年所缴纳的资本利得税（在美国等发达国家中，资本利得属于所得纳税的范围）很少，再加上复利效应，延迟纳税会给投资人带来很多好处，尤其在累积多年以后，这种效应就会更加突出。

从以上四点可以看出，指数基金独特的优势在于：仅以市场指数为目的，排除了选择个股和入市时机的管理风险，通过充分投资和较低费用，达到风险高度分散并取得小幅超过平均水平的投资收益，适合那些愿意稳定分享证券市场成长的投资人的需求。

（八）指数基金是如何运作的

指数基金的投资管理过程主要包括构建指数基金初始证券组合、现金红利再投资、证券权重调整及基金绩效监控等。

1. 构建指数基金初始证券组合。基金管理人在确定了所追踪的市场指数之后，将根据所采取的追踪指数方法在市场上买入证券，构建基金初始证券组合。

2. 现金红利再投资。一旦初始头寸建立之后，基金经理的一项主要工作就是对基金收到上市公司派发的现金红利及时进行再投资。从理论上讲，基金经理应该每天把收到的现金红利按比例分配到指数中的每一只证券上，但是，这种做法成本太高，现实的做法是每隔一段时间，比如1个月，定期将收到的现金红利（及其他现金收入，例如开放式基金从新股东处收到的现金）进行再投资。

3. 证券权重调整。一旦所追踪市场指数中的证券权重发生变化，指数基金也必须及时做相应的调整，以保证基金与指数的一致性。大多数市场指数都会定期进行调整，把一些不再符合入选指数标准的证券剔除，而代之以其他更符合标准的证券。此外，即使那些没有调整的股票，其权重也可能发生变化。例如，某家上市公司可能配售新股，另一些上市公司可能回购部分股份。一般而言，成熟资本市场中这些变化并不十分频繁，但在新兴资本市场中这些变化是十分频繁的，因此，指数基金所做的相应的调整工作是必须加以重视的。

4. 基金绩效监控。为保持指数基金的投资绩效与所追踪的市场指数相一致，基金经理需定期对基金追踪市场指数的准确度进行评估。一般来说，没有哪只基金的表现会与其追踪的市场指数完全一致，交易成本、零散股票数量买入的限制（买入股票的数量必须是100股的整数倍）等多种原因都会引起指数基金的业绩相对于市场指数表现出一定的偏差。但是，基金管理人要监视这种偏差，确保这种偏差稳定地保持在一定的范围之内。如果出现不正常的偏差，基金经理应分析问题之所在，并采取相应的措施。

在大多数情况下，指数基金投入运行以后，基金经理的主要工作就是上述几个过程的不断重复，以确保指数基金与市场指数相一致。标准的指数基金不主张对市场指数的运行方向进行预测，因而总是长期持有市场指数的证券组合，获取与市场指数相当的投资收益。

（九）保本基金有哪些特点

保本基金主要有以下特点：

（1）公开承诺本金安全，但保本期内申购份额与保本期间的赎回均不享有保本承诺；

（2）主要投资于债券，较少部分可以进行股票投资；

（3）费率一般较债券基金高；

（4）第三方担保本金安全。

过去几年，随着全球利率下调，境外投资人开始注重资产的安全性，而不再狂热地追逐高风险、高收益，于是保本基金吸引了许多投资人的视线，美国以及我国香港等成熟市场均出现了大量资金流入保本基金的态势。

境外的保本基金形式多样。其中，基金提供的保证有本金保证、收益保证和红利保证，具体比例由基金公司自行规定。一般本金保证比例为100%，但也有低于100%或高于100%的情况。至于是否提供收益保证和红利保证，则各基金情况不同。通常保本基金有担保人，为投资人提供到期后获得本金和收益的保障。

对于看重资产安全性的投资人，保本基金确实有很大的吸引力，但以下事项应认识清楚。

首先，保本基金有保本周期。在美国，平均保本周期为7年。在我国香港，起初的保本周期为4～5年，近期很多保本基金的保本周期长至10年，但附加了在4年或5年期末可赎回的机会。通常投资人必须在一段较短的期限内买入基金，而在保本周期到期日之前不享有保证承诺的权利。如果投资人在到期日前急需资金，不得不取出保本基金的投资，其本金和收益将不能得到保证。倘若当时市场行情不好，提前赎回就可能造成亏损。当然，上述情况不一定会发生，但投资人需要周全地考虑。

其次，“保本”性质一定程度上限制了基金收益的上升空间。保本基金的投资通常分为保本资产和收益资产两部分。在境外，为实现到期日保证金额的保本资产部分采取“消极投资”，通常投资于零息债券等政府债券、信用等级较高的债券或大额定期存单，期限相当于保本周期，到期金额为保本金额。收益资产部分则进行“积极投资”，投向股票或期权、期货等金融衍生工具。因为保本基金中债券的比例较高，其收益上升空间有一定限制。保本资产部分比重越大，积极投资部分比重越小，额外收益的空间也就越小。

最后，应仔细考察保本基金的费用。其中，支付给担保人的保证费用究竟是由基金资产支付还是由基金管理人自行支付，需要重点关注。

（十）买卖基金如何办手续

封闭式基金的基金单位像普通上市公司的股票一样在证券交易市场挂牌交易，因此，与买卖股票一样，买卖封闭式基金的第一步就是到证券营业部开户，其中包括基金账户和资金账户（也就是所谓的保证金账户）。

如果是以个人身份开户，就必须带上自己的身份证；如果是以公司或企业的身份开户，则必须带上公司的营业执照副本、法人证明书、法人授权委托书和经办人身份证。

在开始买卖封闭式基金之前，必须在已经选定的券商联网的银行存入现金，然后到证券营业部将钱转到自己的保证金账户里。在这之后，可以通过证券营业部委托申报买入和卖出基金单位。

必须注意的是，如果已有股票账户，就不需要另外再开立基金账户了，原有的股票账户可以用于买卖封闭式基金。但是，基金账户却不可以用来买卖股票，只能用来买卖基金和国债。

与封闭式基金一样，买卖开放式基金也必须先办理开户手续，拥有开放式基金账户，然后才能买卖开放式基金。开放式基金的开户手续包含三个要点：首先，到基金管理公司、拥有基金代销资格的银行或证券营业部等基金销售网点填写开户申请表，办理开户。其次，如果是以个人身份开户，要带上身份证等证件和印鉴，如果是以企业或公司的身份开户，则要带上公司的营业执照副本、法人证明书、法人授权委托书、经办人身份证和印鉴等，办理开户手续。最后，必须预留一个接受赎回款项的银行存款账户。

在开户之后，只要按照销售机构规定的方式准备好购买基金的资金，并且填写和提交《申购申请表》，就可以买入开放式基金。同样，只要到销售网点填写并提交《赎回申请表》，便能卖出基金。在提出卖出申请后的7日内，赎回资金会划到客户指定的银行存款账户。

（十一）开放式基金为什么会暂停申购、赎回

流动性强是开放式基金的特色之一，也就是说，在任何一个正常营业日的营业时间内，投资人想申购或赎回开放式基金时，基金管理公司就会把基金卖给投资人或是从投资人那儿把基金赎回去。正因为有这个特点，才可以放心地把钱投资在开放式基金上，而不用担心在需要钱的时候却卖不掉基金。但是，值得注意的是，还是有一些状况可能会迫使基金管理公司暂停基金申购、赎回，在这种情况下，投资人的申请可能会被延后几天处理。哪些状况可能会使基金管理公司暂停基金申购、赎回？为了确实保障基金投资人的权益，证监会规定只有在发生如下五种非常极端的情况时，基金管理公司才可以暂停受理客户提出的申购基金要求：（1）天灾或战争等不可抗力的情况；（2）证券交易所在交易时间内非正常地停市；（3）基金资产规模过大，使基金管理公司没办法找到合适的投资品种；（4）可能对现有基金持有人的利益造成损害；（5）基金管理人、基金托管人、基金销售代理人和注册与过户登记人的技术保障或人员支持等不充分。而且，如果基金管理公司在不得已的情况下暂停了客户的购买要求，必须把相应的购买款项全额退还给客户。基于相同的理由，证监会还规定，除非发生下列情形，基金管理公司不可以拒绝接受或暂停基金投资人将基金卖回给基金管理公司的申请：（1）不可抗力；（2）证券交易所在交易时间内非正常停市；（3）因市场剧烈波动或其他原因而出现投资人连续巨额地将基金卖回给基金管理公司的情况（这种情况称为“巨额赎回”），导致基金的现金支付出现困难。并且，在发生上述情形之一时，基金管理公司必须在当日立刻向中国证监会备案。对于已经接受的基金变现申请，基金管理公司应该足额支付；如果暂时不能支付，基金管理公司应该按每个申请人已被接受的申请量占已接受的申请总量的比例分配给申请人，但是，其余部分仍然必须在后续工作日予以兑付。同时，在出现连续巨额赎回的情形时，对已经接受的申请可以延期支付款项，但是，最长不得超过正常支付时间20个工作日，并且必须在指定媒体上公告。

从上面的说明应该可以看出，基金管理公司是不可以任意地暂停基金买卖的，而发生暂停基金买卖的状况都是极为罕见的，例如天灾等。而在这些罕见的极端状况下，把钱投资在别的地方并不会更安全。此外，在不得不暂停基金买卖时，基金管理公司会随时以公告的方式让投资人了解到最新的状况。并且，基金管理公司暂停基金买卖是有明确的时间限制的，不可能无止境地或是随意地暂停下去。因此，完全没有必要因为基金可能会暂停买卖而感到担心，买卖基金的权利受到法律法规非常周到的保护。

（十二）基金之间可以转换吗

基金转换是开放式基金所独有的功能。有些基金管理公司旗下管理了两只以上的开放式基金，并且在这些基金之间提供免费或低成本相互转换的服务。基金

管理公司如果对基金转换收取一定的转换费，金额一般会低于将基金份额赎回再买入另一只基金时支付的赎回费与申购费的总和。

这种自由转换的机制是非常有价值的，尤其体现在这些基金之间的投资特性差异很大的时候。例如，在股票基金和债券基金之间，可以利用股票市场和债券市场间此消彼长的机会，通过两只基金间的自由转换规避风险和提高收益。

因此，如果运用得当，基金转换机制可以很大程度地提高基金投资的灵活度。

（十三）如何选择开放式基金

目前市场上有很多不同类型的基金，而即使是相同类型的基金，在投资对象、投资策略等方面也存在许多差异，因此，要正确地选择一只基金确实需要一些技巧。在选择基金的时候，应该注意浏览各类报刊、销售网点公告或基金管理公司的信息，了解基金的收益、费用和风险特征，以判断该基金是否符合自己的投资目标。具体说来，应该考虑以下六点。

（1）基金以往是否一直保持良好的业绩。

（2）基金管理公司是否值得信赖，基金经理是否具有足够的专业知识和丰富的投资经验。

（3）基金的投资目标是否与自己的投资目标相符。例如，每个人的投资目标与年龄、收入、家庭状况等因素有很大的关系，一般而言，年轻时适合选择风险高、收益高的基金，而即将退休时适合选择风险较低、收益稳定的基金。

（4）基金的投资期限是否与自己的需求相符。一般来说，投资期限越长，越不用担心基金价格的短期波动，从而可以选择投资较为积极的基金品种。如果投资期限较短，则应该尽量考虑一些风险较低的基金。

（5）所能承受风险的大小。一般来说，高风险投资的回报潜力也较高。然而，如果对市场的短期波动较为敏感，便应该考虑投资一些风险较低、收益较为稳定的基金，假使投资倾向较为进取，并不介意市场的短期波动，同时希望赚取较高的回报，那么，一些较高风险的基金或许更合适。

（6）基金的费用水平是否适当。

如果能使用以上评估要点对市场上的各只基金进行仔细比较，相信一定能够从数量众多的基金中挑选出最适合自己的基金。

（十四）如何选择基金管理公司

在选择值得投资的基金时，充分了解管理基金的基金管理公司是非常重要的。要选择一家诚信、优秀的基金管理公司，应对基金管理公司的信誉、以往业绩、管理机制、背景、财力、人力资源、规模等方面有所了解。下面是三个可以用来判断基金管理公司好坏的依据。

1. 规范的管理和运作。规范的管理和运作是基金管理公司必须具备的基本要素，是基金资产安全的基本保证。判断一家基金管理公司的管理和运作是否规范，可以参考以下三方面因素：一是基金管理公司的治理结构是否规范合理，包括股权结构的分散程度、独立董事的设立及其地位等；二是基金管理公司对旗下基金的管理、运作及相关信息的披露是否全面、准确、及时；三是基金管理公司有无明显的违法违规记录。

2. 历年来的经营业绩。基金管理公司的内部管理及基金经理人的投资经验、业务素质和管理方法，都会影响到基金的业绩表现，有些基金的投资组合是由包括多个基金管理人员和研究人员的基金管理小组负责的，有的基金则由一两个基金经理管理。后一种投资管理形式受到个人因素的影响较大，如果遇到人事变动，对基金的运作也会产生较大的影响。对于基金投资有一套完善的管理制度及注重集体管理的基金公司，决策程序往往较为规范，行动起来也比较有针对性。在这种情况下，它们以往的经营业绩较为可靠，也更具持续性，可以在挑选基金时作为参考。

3. 市场形象、服务的质量和水平。基金管理公司的市场形象、为投资人提供服务的质量和水平，也是选择基金管理公司时可以参考的因素。对于封闭式基金而言，基金管理公司的市场形象主要通过旗下基金的运作和净值增长情况体现出来。市场形象较好的基金管理公司，旗下基金在二级市场上更容易受到投资人的认同与青睐；反之，市场形象较差的基金管理公司，旗下基金往往会受到投资人的冷落。对于开放式基金而言，基金管理公司的市场形象还会通过营销网络分布、收费标准、申购情况、赎回情况、对投资人的宣传等方面体现出来。在投资开放式基金时，除了考虑基金管理公司的管理水平外，还要考虑到相关费用、申购与赎回的方便程度以及基金管理公司的服务质量等诸多因素。

（十五）投资基金如何获得利润

投资基金的获利来源主要有两个：一是买卖基金的价格差异所产生的资本利得；二是基金分红所产生的投资收益。如果投资的是开放式基金，资本利得来源于基金投资的股票或债券升值和获取股息、利息等因素导致基金单位净值的增长；如果是封闭式基金，资本利得则来源于市场供求关系变化导致基金价格的上涨，使得卖出基金单位时可以取得价差收入，这个价差收入扣除买卖基金时的相关手续费用，就是真正的资本利得收益。除了资本利得收益以外，在投资期间所取得的基金分红也会增加自己的收入，这同样是投资基金获利的组成部分。因此，投资于基金的总收益就等于资本利得收益加上分红收益。

投资基金的获利模式与基金种类有关，基金的类型越偏重于积极的成长型，风险越高，获利来源更多的是以资本利得为主；而如果基金的类型偏重稳定收益型，则获利来源将以分红收益为主。

（十六）如何评估基金业绩

基金投资收益状况是通过两个部分来体现的：一是基金净值的增长情况；二是基金的分红情况。因此，只要知道了基金的净值增长率和分红比率，就可以知道基金的投资收益率。但要注意的是，仅是一个简单的收益率数字，并不能用来完全表达基金的业绩。还需要考虑其他因素对收益率的影响以及收益率长期的变化趋势，才能客观地判断基金的真实业绩表现。

简单来看，基金的投资收益状况越好，基金资产的运营效率就越高，基金的表现就越好，而实际获得的收益也就越高。但是，如果在这个时候就对一只基金业绩的好坏做出判断，那么犯错误的可能性就会很大。基金的表现好，可能是因为基金经理管理得好，也可能是因为市场走势非常好，或者是因为承担的风险特别高，所以需要把单只基金的表现跟多个标准来做比较，才能比较公正地评判基金的表现。

1. 将基金收益与股票大盘走势做比较。如果一只基金在大多数时间内的业绩表现都比大盘指数好，那么，就可以说这只基金的管理是有效的，管理这只基金的管理公司是拥有出色的研究和投资能力的。

2. 将基金收益与其他同类基金的收益进行比较。不同类别的基金应该区别对待。因为风险不同，不能把不同类别基金的业绩进行直接比较。一般而言，从长期来看，风险越高、操作手法越激进的基金，就应该产生越高的投资收益作为回报。

3. 将基金收益与自己的预期做比较。根据基金的投资原则和基金经理的操作理念，看看基金的表现是否符合自己的预期。当基金表现与自己的预期极不相符时，应该回过头来看看基金经理是否违反了基金契约上承诺的投资原则和投资理念。

4. 将基金的当期收益与历史收益做比较。只有稳定的业绩才是真正的业绩，偶尔的成功可能只是运气，偶尔的失败也可能只是暂时的。应该从较长的时间段来综合评判基金的业绩表现。

5. 借助一些专家的评判结果。专业的评估报告通常会提供一些专门的评估指标，例如夏普比率、特雷诺比率等。这些经风险调整过的业绩指标可以对风险不同的基金进行比较，是对基金经理的管理能力比较好的度量。

（十七）以什么方式投资基金较合适

一旦决定投资多少资金在某一只基金后，还必须做一个重要的投资决定，那就是以什么方式买基金，是一次把所有的资金都投入呢？还是一小笔一小笔地分次买入？

如果选择以单笔方式将资金一次性地投入，那么必须要注意买卖的时点。运用单笔的投资方式，获利或亏损将在很大程度上取决于投入的时点。如果能充分掌握低买高卖的原则，就会有丰厚的获利；但是，如果投资时点不佳，也有可能发生亏损。

单笔买进的投资方式还可分成“长期投资型”和“适时进出型”两种。“长期投资型”是将资金长期投资在基金上，定期检视投资状况，但基本上不会频繁进出。“适时进出型”则是在后市看好的时候将资金投入，而当市场行情反转时，立即将基金赎回。如果具备相当的投资经验和风险承受能力，可以采用适时进出型的投资策略，否则，最好还是采取长期投资策略，免得被交易手续费侵蚀掉所有的投资收益。

另外，也可以选择定期定额投资法。所谓定期定额投资法，就是无论行情好坏，每月或在其他固定时点上都投资一笔钱在基金上。定期定额投资法有一点像“零存整取”的投资行为，特别适合一般工薪阶层利用每月为数不多的节余，为自己累积退休金或为小孩储备教育基金。

（十八）基金净值下跌了怎么办

基金净值下跌有很多种原因，可能是因为大市变坏，也可能是因为基金公司的管理水平下降。净值下跌的情况也有很多种，可能是暂时性的，也可能是长期性的。当基金净值下跌时，首先要做的事情是进行谨慎的分析与判断，因为不同的原因和情况应该有不同的应对方法。

如果基金净值下降是因为基金管理公司出现重大异动，在短期内又没有改善的迹象，那就应该考虑卖出该基金。但如果基金净值下跌是因为市场形势发生了变化，那最好不要贸然做出决定，因为市场变化是难以预测的，证券市场是一种在波动中螺旋式上升的市场，短期内可能风险很大，但是长期的走势还是与经济发展的基本面一致。在长期向上的趋势下，市场短期的波动是很难把握的，应该以平常心对待市场的短期波动，通过长期投资，追求资本的稳定增值。

（十九）投资基金应该选净值高的还是净值低的

基金净值的高低并不是选择基金的主要依据，基金净值未来的成长性才是判断投资价值的关键。

基金净值的高低，除了受到基金经理管理能力的影响之外，还受到很多其他因素的影响。若是基金成立已经有一段相当长的时间，或是自成立以来成长迅速，基金的净值自然就会比较高；如果基金成立的时间较短，或是进场时点不佳，都可能使基金净值相对较低。因此，如果只以现时基金净值的高低作为是否要购买基金的标准，常常会做出错误的决定。购买基金时看基金净值未来的成长性，才是正确的投资方针。

（二十）基金的净值增长率和累计净值增长率

净值增长率和累计净值增长率都是评价基金收益的指标。净值增长率指的是基金在某一段时期内（如1年内）资产净值的增长率，可以用它来评估基金在某一时期内的业绩表现；累计净值增长率指的是基金目前净值相对于基金成立时净值的增长率，可以用它来评估基金成立至今的业绩表现。

自20世纪70年代以来，基金净值增长率和累计净值增长率已成为国际著名基金评价公司和基金投资人的常用评价指标，用于评判基金管理人的投资水平。其中，在计算基金净值增长率时，如果当期基金分红会使基金净值下降，那么，必须将分红金额加回到期末基金净值中。在基金没有分红的情形下，基金的累计净值增长率就等于基金成立以来净值的增长率；在有分红的情形下，则必须以每次分配点为界分别计算各时间段的净值增长率（计算时要将分红金额加回到各个期末的基金净值中去），再计算整个时间段的累积净值增长率。这样，就能把分红因素考虑进去。

（二十一）基金折价

封闭式基金净值的计算与开放式基金是一样的，但与开放式基金不同的是，封闭式基金的交易价往往与它的净值不同，甚至经常出现较大的差异。封闭式基金的价格低于净值的情况称为“折价”，其价格高于净值的情况称为“溢价”。

封闭式基金偶尔可能出现微小的溢价，但在大多数情况下处于折价状态，这是正常现象，因为管理基金涉及一些成本，会略微减少基金资产。折价幅度的大小会影响封闭式基金的投资价值，购买折价的基金一旦折价缩小或转变为溢价，报酬则相对可观。因此，除了投资目标和管理水平外，折价比率是评估封闭式基金的另一个重要因素。

（二十二）基金分红

根据《证券投资基金管理暂行办法》的规定，基金管理公司必须以现金形式分配至少 90% 的基金净收益，并且每年至少要分配一次。基金净收益是指基金收益扣除按照有关规定可以在基金收益中扣除的费用后的余额，包括基金投资所得红利、股息、债券利息、买卖证券差价、银行存款利息以及其他收益。此外，因为运用基金资产带来的成本或费用的节约也应该计入基金收益。

由于封闭式基金一般在存续期内不再发行新的基金单位，因此，收益分配只能采用现金形式，开放式基金则大多可以选择领取现金或是分红再投资。分红再投资方式是将应分得的现金收益直接用于转购基金单位，相当于上市公司以股票股利形式分配收益。实际上，对于这两种分红方式而言，在分红时实际分得的收益是完全相等的。

基金分红是指基金将收益的一部分以现金方式派发给基金投资人，这部分收益原来就是基金单位净值的一部分，因此，投资人实际上拿到的也是自己账面上的资产，这也就是分红当天（除权日）基金单位净值下跌的原因。

分红并不是越多越频繁越好，应该选择适合自己需求的分红方式。对于开放式基金，如果想实现收益，通过赎回一部分基金单位同样可以达到现金分红的效果。因此，基金分红与否以及分红次数的多寡并不会对投资收益产生明显的影响。

至于封闭式基金，由于基金单位价格与基金净值常常不一样，因此，要想通过卖出基金单位来实现基金收益，有时候是不可行的。在这种情况下，基金分红就成为实现基金收益唯一而可靠的方式。因此，选择封闭式基金时，应更多地考虑分红的因素。

（二十三）伞型基金

伞型基金实际上就是开放式基金的一种组织结构。在这一组织结构下，基金发起人根据一份总的基金招募书发起设立多只相互之间可以根据规定的程序进行转换的基金，这些基金称为子基金，而由这些子基金共同构成的基金体系就合称为伞型基金。进一步来说，伞型基金不是一只具体的基金，而是同一基金发起人对由其发起、管理的多只基金的一种经营管理方式，因此，通常认为“伞型结构”的提法可能更为恰当。

（二十四）对冲基金

对冲基金意为“风险对冲过的基金”，起源于20世纪50年代初的美国。其操作的宗旨是，利用期货、期权等金融衍生产品以及对相关联的不同股票进行空买空卖、风险对冲的操作技巧，在一定程度上规避和化解证券投资风险。

在一个最基本的对冲操作中，基金管理者在购入一种股票后，同时购入这种股票的一定价位和时效的看跌期权。看跌期权的效用在于，当股票价位跌破期权限定的价格时，卖方期权的持有者可将手中持有的股票以期权限定的价格卖出，从而使股票跌价的风险得到对冲。在另一类对冲操作中，基金管理人首先选定某类行情看涨的产业，买进该产业中看好的几只优质股，同时以一定比率卖出该产业中较差的几只劣质股。如此组合的结果是，如该产业预期表现良好，优质股涨幅必然超过其他同产业的股票，买入优质股的收益将大于卖空劣质股而产生的损失；如果预期错误，此产业股票不涨反跌，那么较差公司的股票跌幅必大于优质股，则卖空盘口所获利润必高于买入优质股下跌造成的损失。正因为如此的操作手段，早期的对冲基金可以说是一种基于避险保值的保守投资策略的基金管理形式。

经过几十年的演变，对冲基金已失去其初始的风险对冲的含义，对冲基金的称谓也徒有虚名。对冲基金已成为一种新的投资模式的代名词，即基于最新的投资理论和极其复杂的金融市场操作技巧，充分利用各种金融衍生产品的杠杆效用，承担高风险、追求高收益的投资模式。

第五节　金融衍生工具

一、金融衍生工具的含义

金融衍生工具又称金融衍生产品，是与基础金融产品相对应的一个概念，指建立在基础产品或基础变量之上，其价格随基础金融产品的价格（或数值）变动的派生金融产品。这里所说的基础产品是一个相对的概念，不仅包括现货金融产品（如债券、股票、银行定期存款单等），也包括金融衍生工具。作为金融衍生工具基础的变量则包括汇率、各类价格指数甚至天气（温度）指数等，金融衍生工具以杠杆和信用交易为特征。

二、金融衍生工具的基本特征

衍生品市场的快速崛起成为市场经济史中较引人注目的事件。过去，通常把市场区分为商品（劳务）市场和金融市场，进而根据金融市场工具的期限特征把金融市场分为货币市场和资本市场。衍生品的普及改变了整个市场结构：它们连接起传统的商品市场和金融市场，并深刻地改变了金融市场与商品市场的截然划分；衍生品的期限可以从几天扩展至数十年，已经很难将其简单地归入货币市场或资本市场，其杠杆交易特征撬动了巨大的交易量，其无穷的派生能力使所有的现货交易都相形见绌；衍生工具最令人着迷的地方还在于其强大的构造特性，不但可以用衍生工具合成新的衍生品，还可以复制出几乎所有的基础产品，它们所具有的这种不可思议的能力已经改变“基础产品决定衍生工具”的传统思维模式，使基础产品与衍生品之间的关系成为不折不扣的“鸡与蛋孰先孰后”的不解之谜，金融衍生工具的特征也因此显得尤为突出。

1. 联动性。这是指金融衍生工具的价值与基础产品或基础变量紧密联系，其联动关系既可以是简单的线性关系，也可以是非线性函数关系或是分段函数关系。

2. 杠杆性。金融衍生工具交易一般只需要支付少量保证金或权利金就可以签订远期大额合约或互换不同的金融工具。例如，若期货交易保证金为合约金额的10%，则期货交易者可以控制10倍于所交易金额的合约资产，实现以小搏大的效果。在收益可能成倍放大的同时，交易者所承担的风险与损失也会成倍放大，基础工具价格的轻微变动也许就会带来交易者的大盈大亏。金融衍生工具的杠杆性效应一定程度上决定了它的高投机性和高风险性。

3. 跨期性。金融衍生工具是交易双方通过对利率、汇率、股价等因素变动趋势的预测，约定在未来时间按照一定条件进行交易或选择是否交易的合约。无论是哪一种金融衍生工具，都会影响交易者在未来一段时间内或未来某时点上的现金流，跨期交易的特点十分突出。这就要求交易双方对利率、汇率、股价等价格因素的未来变动趋势作出判断，而判断的准确与否直接决定了交易者的交易盈亏。

4. 不确定性或高风险性。金融衍生工具的交易后果取决于交易者对基础工具（变量）未来价格（数值）的预测和判断的准确程度。基础工具价格的变幻莫测决定了金融衍生工具交易盈亏的不稳定性，这是金融衍生工具高风险性的重要诱因。基础金融工具价格不确定性仅仅是金融衍生工具风险性的一个方面，国际证监会组织在1994年7月公布的一份报告（ISOCOPD35）中认为，金融衍生工具还伴随着以下六种风险：（1）交易中对方违约，没有履行承诺造成损失的信用风险；（2）因资产或指数价格不利变动可能带来损失的市场风险；（3）因市场缺乏交易对手而导致投资人不能平仓或变现所带来的流动性风险；（4）因交易对手无法按时付款或交割可能带来的结算风险；（5）因交易或管理人员的人为错误或系统故障、控制失灵而造成的操作风险；（6）因合约不符合所在国法律，无法履行或合约条款遗漏及模糊导致的法律风险。

三、金融衍生工具的分类

（一）根据原生工具划分

根据原生工具，大致可以分为货币或汇率衍生工具、利率衍生工具、股票衍生工具。货币或汇率衍生工具包括远期外汇合约、外汇期货、外汇期权、货币互换等；利率衍生工具包括短期利率期货、债券期货、债券期权、利率互换、互换期权、远期利率协议等；股票衍生工具包括股票期权、股票价格指数期权、股票价格指数期货、认股权证、可转换债券、与股权相关的债券等。

（二）根据交易形式划分

根据交易形式即合约类型，可以分为远期、期货、期权和互换四大类。远期合约和期货合约都是交易双方约定在未来某一特定时间、以某一特定价格买卖某一特定数量和质量资产的交易形式。期货合约是期货交易所制定的标准化合约，对合约到期日及其买卖的资产的种类、数量、质量做出了统一规定。远期合约是根据买卖双方的特殊需求由买卖双方自行签订的合约。互换合约是一种交易双方签订的在未来某一时期相互交换某种资产的合约。更为准确地说，互换合约是当事人之间签订的在未来某一期间内相互交换它们认为具有相等经济价值的现金流的合约。较为常见的是利率互换合约和货币互换合约。互换合约中规定的交换货币若是同种货币，则为利率互换；若是异种货币，则为货币互换。

（三）根据交易方法划分

根据交易方法即是否在交易所上市，可分为场内交易和场外交易。场内交易，又称交易所交易，指所有供求方集中在交易所进行竞价交易的交易方式。在场内交易的金融衍生工具主要有期货和期权。场外交易指交易双方直接成为交易对手的交易方式。这种交易方式有许多形态，可以根据每个使用者的不同需求设计出不同内容的产品。同时，为了满足客户的具体要求，出售衍生产品的金融机构需要有高超的金融技术和风险管理能力。但是，由于每次交易的清算是由交易双方相互负责进行的，场外交易参与者仅限于信用程度高的客户。在场外交易的金融衍生工具主要有远期、期权和互换。互换交易和远期交易是具有代表性的场外交易的衍生产品。

四、金融衍生工具的功能

（一）避险保值

金融衍生工具有助于投资人认识、分析各种风险构成和正确定价，使投资人能根据各种风险的大小和自己的偏好更有效地配置资金，有时甚至可以根据特殊需要设计出特制的产品。衍生市场的风险转移机制主要通过套期保值交易发挥作用，通过风险承担者在两个市场的相反操作来锁定自己的利润。一般那些以适当的抵销性金融衍生工具交易活动来减少或消除某种基础金融或商品的风险，目的在于牺牲一些资金（因为金融衍生工具交易需要一定的费用）以减少或消除风险的个人或企业称为对冲保值者。此类主体的活动是金融衍生市场较为主要的部分，充分体现了该市场用于进行财务风险管理的作用。

（二）投机功能

与避险保值正好相反的是，投机的目的在于多承担一点风险去获得高额收益。投机者利用金融衍生工具市场中保值者的头寸并不恰好互相匹配对冲的机会，通过承担保值者转嫁出去的风险的方法，博取高额投机利润。还有一类主体是套利者，其目的与投机者差不多，但不同的是，套利者寻找的是几乎无风险的获利机会。由于金融衍生市场交易机制和衍生工具本身的特征，尤其是杠杆性、虚拟性特征，使投机功能得以发挥。不过，如果投机活动过盛的话，也可能造成市场内不正常的价格震荡，但正是投机者的存在才使得对冲保值者意欲回避和分散的风险有了承担者，金融衍生工具市场才得以迅速完善和发展。

（三）价格发现

价格发现是金融衍生市场的外部性功效。在金融衍生工具的价格发现中，其中心环节是由价格决定，价格是通过供给和需求双方在公开竞价过程中达成的，所形成的价格又可能因价格自相关产生新的价格信息来指导金融衍生工具的供给和需求，从而影响下一期的价格决定。这种价格不仅有指示性功能，而且有助于金融产品价格的稳定。

（四）降低交易成本

由于金融衍生工具具有以上功能，从而进一步形成了降低社会交易成本的功效。市场参与者一方面可以利用金融衍生工具市场减少以至于消除最终产品市场上的价格风险；另一方面又可以根据金融衍生工具市场所揭示的价格趋势信息制定经营策略，从而降低交易成本，增加经营收益。同时，拥有不同目的而从事交易的参与者可以在市场交易中满足自己的需求，最终形成双赢的局面。

五、金融衍生工具的缺陷

1. 金融衍生工具的价格受基础证券价格变动的影响非常大，基础证券价格的小幅变动会在金融衍生工具上急剧放大，使市场价格风险加大。

2. 金融衍生工具的设计十分复杂，有时实用性较差，投资人很难理解和把握。

3. 金融衍生工具具有高杠杆性，影响面广，一旦某一环节出现问题，将产生多米诺骨牌效应。

六、金融衍生工具的产生和发展

金融衍生工具产生于20世纪70年代，自出现以来，发展迅速。

（一）金融衍生工具产生的主要原因

1. 20世纪70年代高通货膨胀率以及普遍实行的浮动汇率制度，使规避通货膨胀风险、利率风险和汇率风险成为金融交易的一项重要需求。

2. 各国政府逐渐放松金融管制以及通信技术、信息处理技术的进步等有利条件促进金融衍生工具飞速发展。先进技术的出现，使实施套期保值、套利和其他风险管理策略的成本费用得以大大降低，从而也使金融衍生工具供给量大大增加。

3. 金融业的竞争日益加剧促使金融机构不断进行金融创新，推出新的金融衍生工具。

4. 20世纪70年代以来，期权定价模型等衍生工具估价模型和技术取得突破并有了长足的进展，这有利于投资人更为准确地对金融衍生工具进行估价和风险管理，有利于金融衍生工具的发行和使用，从而促进金融衍生工具的正常发展。

（二）金融衍生工具的发展

1. 日趋复杂化、多样化并迅猛发展。金融衍生工具的品种日益复杂和多样化。几乎每个月都有一种新型的金融衍生工具产生。金融衍生工具也日渐复杂，当今金融衍生工具所对应的基础工具已经包括了金融衍生工具本身。同时，金融衍生工具以惊人的速度迅猛发展，金融衍生工具的发行量也呈高速增长。

2. 利率衍生工具发展最快。就发行量而言，利率期货、期权、互换比其他品种的金融衍生工具要高出很多，发展也最快。

3. 银行已成为主要使用者。金融衍生工具的使用者可以分为两大类：一类是最终使用者，包括公司、政府、机构投资人和金融机构等；另一类是经纪人，主要有银行、证券公司、保险公司以及高信誉的公司（比如能源公司）等。一个机构既可以是最终使用者也可以作为经纪人。比如，银行在其资产负债管理中运用金融衍生工具套期保值即为最终使用者，而为满足客户的需要运用金融衍生工具时则为经纪人。银行在利率互换和货币互换业务中的业务量均占全球业务量的1/2。

4. 衍生工具交易地区相对集中。就全球有组织交易所交易的金融衍生工具而言，美国是较为集中的地区，占全球交易量的1/2；欧洲占1/3强；日本拥有10%左右的交易量。在场外交易市场中，英国是全世界金融衍生工具交易最活跃的市场，日均交易总额为3 510亿美元，约占全球交易金额的30%；美国日均交易金额达到1 640亿美元，约占15%。

七、主要金融衍生工具理论与实务

（一）股指期货

1. 股指期货的含义及其特点。股指期货即股票指数期货交易，是指以股票指数为交易标的的期货交易。与其他期货品种相比，股指期货品种具有以下特点。

（1）股指期货标的物为相应的股票指数。

（2）股指期货报价单位以指数点计，合约的价值以一定的货币基数与股票指数报价的乘积来表示。

（3）股指期货的交割采用现金交割，即不是通过交割股票而是通过结算差价用现金来结清头寸。

2. 股指期货与股票投资的区别。

（1）杠杆效应不同。股指期货交易是“以小博大”，又称杠杆交易，实行的是保证金交易制度，进行股指期货投资交易只需要很少的资金投入，通常是股指期货合约总价值的10%左右，就可以参与交易。而交易者在进入证券市场进行股票交易必须是全额投资。

（2）成本高低不同。股指期货交易手续费一般只有股票交易的1/10左右，成本很低，股指期货交易量一般超过股票交易。

（3）交易方式不同。股指期货与股票交易相比，一个显著的特点是股指期货交易采取双向交易方式，可以“买空卖空”，也就是说，无论股指期货合约价格处于上涨还是下跌都有盈利的机会。举例来说，当股票指数期货价格上涨时，可以先行在低价买进，待价格上涨后再卖出平仓，如股指期货价格从1 500点涨到2 000点，就可以实现盈利500点；若是在股指期货价格下跌时，可以在高位先行卖出，再等到股指期货价格下跌后，再于低位买进平仓，同样可以盈利。如股指期货价从2 000点下跌到1 500点，也可以实现盈利500点。在我国股票交易中，《证券法》明确规定不允许买空、卖空。

（4）交易目的不同。股票交易的目的是实现股票所有权的转移及在转移中获利。而股指期货交易的目的除了投资获利外，主要目的是进行规避风险及资产配置。

(5) 持有时间有所不同。股票可以持有较长时间，而股指期货合约有到期日，在保证金不足时可以进行强制平仓。

3. 股指期货的基本功能。

(1) 价格发现。股指期货交易以集中撮合竞价方式产生未来不同到期日期的股票指数期货合约价格，反映对股票市场未来走势的预期。同时，国外学者通过大量实证研究表明，股指期货价格一般领先于股票现货市场的价格，并有助于提高股票现货市场价格的信息含量。因此，股指期货与现货市场股票指数一起可起到国家宏观经济景气“晴雨表”的作用。

(2) 套期保值。股指期货能满足市场参与者对股市风险对冲工具的强烈需求，促进一级市场和二级市场的发展。具体表现在：第一，严格来说，个股的价格风险只能通过相应的股票期货进行风险对冲，但当股票市场出现系统性风险时，个股或股票组合投资就可通过股指期货合约进行套期保值。第二，股票承销商在包销股票的同时，为规避股市总体下跌的风险，可通过预先卖出相应数量的股指期货合约以对冲风险、锁定利润。第三，当上市公司股东、证券自营商、投资基金、其他投资人在持有股票时，可通过卖出股指期货合约对冲股市整体下跌的系统性价格风险，在继续享有相应股东权益的同时维持所持股票资产的原有价值，减轻集中性抛售对股票市场造成的恐慌性影响，促进股票二级市场的规范与发展。

(3) 资产配置。股指期货具有资产配置的功能，具体表现在：第一，引进做空机制。做空机制使投资人的投资策略从等待股票价格上升的单一模式转变为双向投资模式，使投资人的资金在行情下跌中也能有所作为而非被动闲置。第二，便于发展机构投资人，促进组合投资、加强风险管理。第三，增加市场流动性，提高资金使用效率，完善资本市场的功能等。

4. 股指期货的风险类型与成因。股指期货市场的风险规模大，涉及面广，具有放大性、复杂性与可预防性等特征。股指期货风险类型较为复杂，从风险是否可控的角度划分，可分为不可控风险和可控风险；从交易环节可分为代理风险、流动性风险、强制平仓风险；从风险产生主体可分为交易所风险、经纪公司风险、投资人风险和政府风险；从投资人面临的风险可分为市场风险、信用风险、流动性风险、操作风险和法律风险。

(1) 市场风险。市场风险是因价格变化使持有的期货合约的价值发生变化产生的风险，是期货交易中最常见、最需要重视的一种风险。导致期货交易的市场风险一般可分为自然环境因素、社会环境因素、政治法律因素、技术因素、心理因素等。

(2) 信用风险。信用风险是指由于交易对手不执行履约责任而导致的风险。期货交易由交易所担保履约责任而几乎没有信用风险。现代期货交易的风险分担机制使信用风险的发生概率很小，但在重大风险事件发生或风险监控制度不完善时也会发生信用风险。

(3) 流动性风险。流动性风险可分为两种：一种可称作流通量风险；另一种可称作资金量风险。流通量风险是指期货合约无法及时以合理价格建立或了结头寸的风险。这种风险在市况急剧走向某个极端时或者因进行了某种特殊交易想处理资产但不能如愿以偿时容易产生。通常以市场的广度和深度来衡量股指期货市场的流动性。广度是指在既定价格水平下满足投资人交易需求的能力，如果买卖双方均能在既定价格水平下获得所需的交易量，那么市场就是有广度的；而如果买卖双方在既定价格水平下均要受到成交量的限制，那么市场就是窄的。深度是指市场对大额交易需求的承接能力，如果追加数量很小的需求可以使价格大幅度上涨，那么，市场就缺乏深度；如果数量很大的追加需求对价格没有大的影响，那么市场就是有深度的。较高流动性的市场，稳定性也比较高，市场价格更加合理。资金量风险是指当投资人的资金无法满足保证金要求时，其持有的头寸面临强制平仓的风险。

(4) 操作风险。操作风险是指因信息系统或内部控制方面的缺陷而导致意外损失的可能性。操作风险包括：因负责风险管理的计算机系统出现差错，导致不能正确地把握市场风险，或因计算机的操作错误而破坏数据的风险；储存交易数据的计算机因灾害或操作错误而引起损失的风险；因工作责任不明确或工作程序不恰当，不能进行准确结算或发生作弊行为的风险；交易操作人员指令处理错误、不完善的内部制度与处理步骤等所造成的风险。

(5) 法律风险。法律风险是指在期货交易中由于相关行为（如签订的合同、交易的对象、税收的处理等）与相应的法规发生冲突致使无法获得当初所期待的经济效果甚至蒙受损失的风险。如有的机构不具有期货代理资格，投资人与其签订经纪代理合同就不受法律保护，投资人如果通过这些机构进行期货交易就有法律风险。

5. 股指期货交易流程。期货交易的完成是通过期货交易所、结算公司、经纪公司和投资人这四个组成部分的有机联系进行的。投资人先选择一个期货经纪公司，在该经纪公司办理开户手续。当投资人与经纪公司的代理关系正式确立后，就可根据自己的要求向经纪公司发出交易指令。经纪公司接到投资人的交易订单后，下单进入交易所交易系统进行交易。结算公司进行每日结算，并通知经纪公司。经纪公司同样向投资人提供结算清单。若投资人账面出现亏损、保证金不足时须追加保证金。若投资人到合约最后交易日没有平仓，则必须进行现金交割。因此，股指期货交易流程经历开户与下单、竞价交易、结算与现金交割四个阶段。

6. 股指期货的套期保值。股指期货交易的基本功能之一是规避风险，而规避风险是通过套期保值交易实现的。它指的是股票投资人买进或卖出与股票现货价值相当但交易方向相反的期货合约，以期在未来某一时间通过卖出或买进期货合约，从而补偿因股票市场价格不利变动所带来的损失。股指期货套期保值交易可分为多头套期保值与空头套期保值交易两种。

(1) 多头套期保值。当投资人担心在资金到位之前或抛出股票之后股市出现上涨，可先买入股指期货合约，进行多头套期保值交易。例如，某年3月10日，某投资人认定股市将出现上涨，准备进行1 000万元投资，但资金要到6月10日才能到位，为避免股价上涨带来的损失，他可以在期货市场进行多头套期保值交易。

（2）空头套期保值。当投资人持有股票而担心股市下跌带来市值损失时，可先卖出股指期货合约，进行空头套期保值交易。例如，假设在5月，某投资人持有一批股票，但他不知道股票价格走势到底如何。如果股票行市下跌，他将遭受损失；如果股票行市上扬，他将盈利。可他希望投资价值保持不变，且又得到经济增长带来的好处，于是他便在期货市场上做空头套期保值。

7. 股指期货的投机交易。股指期货的投机交易是指投资人根据自己对股票指数价格变动趋势的预测，通过看涨时买进、看跌时卖出以获取差价利润的交易行为。其基本做法可分为买空与卖空交易两种。

（1）买空股指期货。投资人预测股指将上涨，于是买入某一月份的股指期货合约，一旦股指上涨后再卖出先前买入的股指期货从中获取差价。例如，某年1月，一投资人买入10手6月份的上证50指数期货合约，当时期货价格是3 500点。到了6月1日，上证50指数期货合约价格上涨至4 000点，该投资人估计涨势已快到尽头，于是卖出先前买入的期货，按照1个指数点300元计算，结果获利150万元。当然，如果投资人的预测与股指实际走势相反，他将出现亏损。例如，到了6月1日，上证50指数期货合约价格下跌至3 000点，该投资人估计股指还将下跌，于是卖出先前买入的期货，结果他会亏损150万元。

（2）卖空股指期货。投资人预测股指将下跌，于是预先卖出某一月份的股指期货合约，一旦股指下跌后再买入先前卖出的股指期货从中获取差价。例如，某年10月，一投资人预测S&P500指数将下跌，于是卖出10手12月的S&P500指数期货合约，当时期货价格是1 300点。到了11月1日，S&P500指数期货合约价格果然下跌至1 200点，该投资人估计股指将回升，于是买入先前卖出的期货，结果获利50万美元。反之，如果投资人的预测错误，他将出现亏损。

除了以上基本做法外，投资人还可通过不同月份、不同市场间及股指期货与股票市场间的差价进行投机交易以获利。可见，股指期货的投机交易为投资人提供了一种能够双向交易的高效率投资工具。这种投机交易能够极大地增加市场的流动性，吸引投机资金大量入市，不但能够促进股指期货交易的活跃，还能带动股票现货市场的活跃。

当然，股指期货的投机交易不是万能的，利用不当也会产生一定的弊端，如投机者预测的股指价格一旦错误，就会产生较大亏损，投机者为了获利，有时会人为制造一些虚假信息，或联手造市等影响市场功能的正常发挥，因此，对于股指期货的投机交易必须进行有力的监管与引导。

8. 股指期货投机交易的策略。

（1）充分了解期货合约。为了尽可能准确地判断期货合约价格将来的变化趋势，在决定是否购买或卖出期货合约之前，应对其种类、数量和价格做全面、准确和谨慎的研究。只有对合约有了足够的认识，才能决定下一步准备购买的合约数量。在买卖合约时切忌贪多，即使有经验的交易者也很难同时进行多种不同类别的期货合约交易，应通过基本分析或技术分析或将两种技巧方法加以综合运用，始终将市场主动权掌握在自己手中。

（2）确定获利和亏损限度。一般情况下，个人倾向是决定可接受的最低获利水平和最大亏损限度的重要因素。通过对期货合约进行预测，应该把现实的和潜在的各种可获利的交易策略结合起来，获利的潜在可能性应大于所冒的风险。既然从事投机交易就同时面临着盈利和亏损两种可能，那么，在决定是否买空或卖空期货合约的时候，交易者应该事先为自己确定一个最低获利目标和所期望承受的最大亏损限度，做好交易前的心理准备。

（3）确定投入的风险资本。在确定了获利目标和亏损限度后，还要确定用于风险投资的资金额度。一般来说，对普通投资人而言，股指期货的投机资本规模不应影响到投资人日常生活的需要；对机构投机者而言，股指期货的投机资本不应超过公司调整后净资本的3倍。为了尽可能增加获利机会，增加利润，必须考虑要分散资金投入方向，而不是集中用于某一笔交易，这样有利于减少风险性；持仓合约数量应限定在自己可以完全控制的风险范围之内，并留有余地，为可能出现的新的交易机会留出一定数额的资金。

（4）进行有效行情分析后入市。根据国际经验，股指期货市场往往比股票市场对突发事件的反应更敏感，投资人往往在得到消息后，先在期货市场建立相应的头寸。另外，股指期货推出初期，往往有较多的套利机会。因此，投资人在进行有效的行情分析后，必须把握机遇，入市交易。

（5）设置止损点，有效控制风险。这一原则要求投机者在交易出现损失并且损失已经达到事先确定数额时立即对冲了结，认输离场。过分的赌博心理只会造成更大的损失。投机者即使投资经验非常丰富，也不可能每次投资都会获利。损失出现并不可怕，怕的是不能及时止损，酿成大祸。股指期货与股票交易不同，股票被套住可以一捂到底，等待下一次解套，而股指期货如果出现严重亏损，若保证金不足，将被强制平仓，不但有可能使保证金全部亏掉，还可能会出现更大的亏损，投资人必须引起足够的重视。投机者可先确定在每一笔交易中所愿意承担的风险，再设定一个止损点。止损点必须与当前的价格保持适当的距离。如果投机者设定的止损点与当前价格偏离太远，则投机者亏损的概率将较小，但亏损的绝对数量却会较大；如果止损点比较接近当前价格，则投机者亏损的概率将较大，但亏损的实际数量将较小。

9. 股指期货的指数套利交易。指数套利交易利用股指期货的市场价格和理论价值之间的差来获取利润。套利既提供了风险对冲的机会，又有助于合理价格水平的形成。假设股票指数为I，到股指期货截止的天数为T，银行年利率为r，若在T段时期内有股息D元，股指期货的理论值F应为：

$$F = I \times (1 + T/365 \times r) - D$$

这个公式其实就是指数套利的理论和实际操作依据。当指数套利的交易价格与其理论值偏离到一定的程度时，股指期货和指数间的套利交易必然会出现。简单来说，当股票指数为I时，股指期货的理论值为F，而市场上股指期货的交易价格大于F时，便可以卖出股指期货，买进指数成分股来复制指数，并维持该投资组合到股指期货截止日为止以达到获利目的。举例来说，在某时刻，有一股票指数为1 000，该指数为期半年的股指期货交易价格为1 040，假定银行6个月的利率为5%，6个月内无任何股息，那么，此时的股指期货理论值 = 1 000 × (1 + 0.5 × 5%) = 1 025。由此可见，股指期货是处于“升水”，这时，股指期货套利者可以沽出股指期货，同时按权重买入指数成分股来被动复制指数。半年的维持成本为25，假设半年后指数收盘价为900，那么，套利者在股指期货上获利额 = 1 040 - 900 = 140，而在复制指数上的损失额 = 1 025 - 900 = 125，因此，套利者净收入额 = 140 - 125 = 15。指数套利经常采用程序交易方法进行，即通过一个计算机系统进行交易。

10. 影响股指期货价格的因素。股指期货价格受多种因素影响，其中，既有宏观经济方面的因素，也有投资人或投机者心理方面的因素。

（1）期货合约的多空供求关系。股指期货本身没有具体的实物资产相对应，因此，它的价格变化受期货市场合约供求关系的影响很大。当空头供大于求时，期货合约价格下跌；当多头供大于求时，期货合约价格就会上升。

（2）现货股票市场的走向直接影响股指期货的价格。尤其是股指期货标的指数中、大盘股的股价变化往往会对股票指数的涨幅影响很大，从而也带动股指期货价格的变化。股指期货的投资人往往非常关注股指中大盘股或者活跃板块股的股价变化趋势。尤其是其中权重较大股票的现金分红、增发、配售等活动，对其数量、时间甚至可能性有较好的把握。

（3）投资人的心理因素。通常人们所说的“人气”反映了交易者对市场的信心程度，或者说他们对未来股票市场的信心。当“人气”高涨时，即使当时的股市指数不高，股指期货市场价格也会上涨；反过来说，如果“人气”低落，即使当时的股市指数很高，股指期货市场价格也会下跌。

（4）股市周期。由于股指期货的价格是基于现货市场股市形成的，而股市大盘变动又受经济周期的影响，因此，随着经济周期的变化，股指期货的价格也会出现上涨和下跌的行情。

（5）政策变化。政府制定的方针政策也会直接影响股票指数期货的价格。除此之外，很多宏观变量，如通货膨胀、汇率、利率变动等，均会从不同程度上影响股指期货合约的价格。

11. 如何控制股指期货交易风险。

（1）加强对各类市场因素的分析，提高判断预测能力，通过灵活的交易手段降低交易的风险。

（2）控制好资金和持仓的比例，避免被强行平仓的风险。

（3）充分掌握股指期货交易的知识和技能，制定正确的投资策略，将风险控制在自己可承受的范围内。

(4) 规范自身交易行为，增强风险意识和心理承受能力，保持冷静的头脑。

(5) 在充分交流和了解的基础上，选择经营规范的经纪公司，并及时认真检查自己每笔交易的具体情况和自己交易的资金情况。

(6) 在遇到自身利益受到不公平、不公正的侵害的时候，投资人可以向中国证监会及其他有关机构进行投诉，要求对有关事件和问题进行调查处理。

12. 股指期货的产生与发展。股指期货交易是现代资本市场发展的产物。20世纪70年代，随着布雷顿森林体系的解体、石油危机的影响，西方各国经济发展十分不稳定，汇率、利率波动剧烈，股票市场价格大幅波动，促使人们重新审视期货市场品种创新的问题。在这种背景下，为规避金融市场的风险，金融期货应运而生。1972年芝加哥商业交易所（CME）率先推出了外汇期货，1975年芝加哥期货交易所（CBOT）推出了GNMA利率期货，1982年美国堪萨斯期货交易所（KCBT）推出了价值线指数期货合约。目前，金融期货品种的交易量已占到全球期货交易量的80%，而股指期货是金融期货中历史最短、发展最快的金融衍生产品。特别是进入20世纪90年代以后，随着全球证券市场的迅猛发展，国际投资日益广泛，投、融资者及作为中介机构的投资银行对于套期保值工具的需求猛增，这使得股指期货的数量增长很快，无论是市场经济发达国家，还是新兴市场国家，股指期货交易都呈现良好的发展势头。

1997年下半年，始于东南亚的金融危机造成股市、汇市剧烈波动并迅速波及全球。有些人把股指期货与股灾联系起来，认为股指期货是造成股灾的原因之一。而实际上大量研究表明股指期货与股灾没有必然联系。造成股灾的主要原因是，一些国家国内经济出现了泡沫，经济存在严重隐患所致，东南亚金融风波及其他股市风险事件与股指期货交易无必然的联系。开展股指期货交易后，由于期货价格对宏观经济形势变化的反应较现货市场价格更为敏感和超前，故股市风险很有可能首先在期货市场上显示，从而引起人们的关注。

时任美联储主席格林斯潘于1988年5月19日在美国国会听证会上如此总结股指期货的作用及其与股灾的关系：许多股票衍生品的批评者没有意识到，事实上这些工具的市场成长得如此之快并不是因为其成功的推销策略，而是因为它们给使用者提供了经济价值。股票衍生工具使养老基金和其他机构投资人可以保值和迅速低成本地调节头寸，因而在资产组合管理中扮演了重要的角色。另外，值得注意的是，我们通常看到期货市场对于新信息比现货市场反应得更快。一些人因此认为必然是期货价格变动导致了现货市场变动。但是，在期货市场调节组合头寸的成本明显低于现货市场，在期货市场建立新的头寸速度更快。因此，资产管理人自然倾向于在收到新的信息的时候首先在期货市场交易，而套利活动确保了现货市场价格不会滞后于期货市场太远。

（二）权证

1. 权证的含义。权证是指标的证券发行人或其以外的第三人发行的，约定持有人在规定期间内或特定到期日，有权按约定价格向发行人购买或出售标的证券，或以现金结算方式收取结算差价的一种权利。

权证实质上反映的是发行人与持有人之间的一种契约关系，持有人向权证发行人支付一定数量的价金之后，就从发行人那里获取了一种权利。这种权利使得持有人可以在未来某一特定日期或特定期间内以约定的价格向权证发行人购买/出售一定数量的资产。购买股票的权证称为认购权证，出售股票的权证称为认沽权证。

2. 权证的类别。

（1）按买卖方向分为认购权证和认沽权证。认购权证持有人有权按约定价格在特定期限内或到期日向发行人买入标的证券；认沽权证持有人则有权卖出标的证券。

认购权证与认沽权证的区别在于：第一，所持有“正股 + 权证”组合的风险不同。由于认购权证和认沽权证对正股的敏感度不同，随着正股股价的上升，认购权证的价格上升，认沽权证的价格下跌。从“正股 + 权证”组合的敏感度来看，认购权证会加剧组合的系统风险，而认沽权证会对冲正股股价波动的部分风险。第二，对流通股股东的补偿不同。在正股股价下跌时，认沽权证的价格上涨，会对流通股股东的损失给予补偿，从而降低流通股股东的盈亏平衡点；而认购权证能让流通股股东在未来可能的业绩增长中分得一杯羹，但是，如果股价贴权，则在短期内不能给流通股股东多少补偿。第三，到期价值不同。对于认沽权证，如果在快到期时权证为价内权证，即股价小于行权价，权证的持有者为了行权必然会买进正股，有可能会使股价向行权价靠拢，从而使权证丧失价值；而对于认购权证，在快到期时，若为价内权证，持有者只需准备现金以便向大股东按行权价买进股票，而不会对流通股的股价产生影响。只不过在行权后，市场上可流通的股票突然增加，投资人想尽快获利了结的话，正股遭遇短期抛压，股价必然又会下跌，从而使投资人遭受损失。第四，认沽权证可以让投资人构建多种投资组合，而认购权证在市场上缺乏做空机制的条件下只能成为投机者炒作的工具。

（2）根据行权限制可分为欧式权证、美式权证和百慕大式权证。欧式权证就是只有到了到期日才能行权的权证；美式权证就是在到期日之前随时都可以行权的权证；百慕大式权证就是持有人可在设定的几个日子或约定的到期日有权买卖标的证券。持有人获取的是一个权利而不是责任，其有权决定是否履行契约，而发行者仅有被执行的义务，因此，为获得这个权利，投资人需付出一定的代价（权利金）。权证与远期或期货的区别在于，前者持有人所获得的不是一种责任，而是一种权利；后者持有人需有责任执行双方签订的买卖合约，即必须以一个指定的价格，在指定的未来时间，交易指定的相关资产。

（3）按发行人不同可分为股本权证和备兑权证。股本权证一般是由上市公司发行；备兑权证一般是由证券公司等金融机构发行。

（4）按权证行使价格是否高于标的证券价格分为价内权证、价平权证和价外权证。

（5）按结算方式可分为证券给付结算型权证和现金结算型权证。权证如果采用证券给付方式进行结算，其标的证券的所有权发生转移；如果采用现金结算方式，则仅按照结算差价进行现金兑付，标的证券所有权不发生转移。

3. 影响权证价格的因素。在实际交易中，权证价格受到正股价、正股价波幅、权证期限及其执行价格、市场利率和现金股利等多方面因素的影响。

（1）正股市价。权证是以正股为基础而产生的衍生产品，正股市价是确定权证发行价格及其交易价格走势的最主要因素。通常，权证发行时正股价越高，认购（沽）权证的发行价格也就越高（低）。类似地，权证发行后随着正股价格的上升（下跌），认股权证的交易价格相应上升（下跌）；而认沽权证的交易价格走势则刚好相反，随着正股价格的上升（下跌）认沽权证的交易价格相应下跌（上升）。但上述分析只能在一定范围内成立，因为权证（发行或交易）价格的上涨，意味着权证投资成本向正股的投资成本趋近，其回报率会变小，权证逐渐失去其高杠杆特性。

（2）权证有效期。权证的有效期（发行时已确定）越长，认购（沽）证变为价内的概率就越大，发行价格通常也就越高。而随着到期日的趋近，该概率渐小，权证二级市场的交易价格则相应下降。

（3）权证行权价格。权证所约定的行权价格越高，意味着该行使价格可能与认购（沽）权证发行或交易时的正股市价之间的价差空间越小（大），则该权证持有人未来行使权证认购（售出）正股所获利润空间越小（大）。故行权价格越高的认购（沽）证，其发行或交易价格往往越低（高）。

（4）正股的波动幅度。正股波动性越大，无论对于认购证还是认沽证，都意味着权证变为价内的概率就越大，因而权证的发行或交易价格都会越高。

（5）市场利率。市场利率的高低，决定着正股投资成本的大小。利率水平越高，投资正股的成本越大，因而认购证变得较具吸引力，而认沽证的吸引力则相应变小，故认购（沽）证的发行或交易价格就会越高（低）。

（6）预期股息。一般而言，由于权证无法享有现金股利，因而预期股息越高，对认购权证越不利（对认沽证则相反），故认购（沽）证的发行或交易价格就越低（高）。但需要指出的是，根据某些权证的（行使）价格调整条款或是交易所有关规则，遇正股派息时往往会对权证行使价格做相应调整，因而预期股息的高低对权证价格及其走势的影响不大。

此外，权证的价格往往还受到权证的市场供求、发行人业绩等因素影响。

4. 权证交易的涨跌幅计算。根据《权证暂行管理办法》第22条的规定，权证交易实行价格涨跌幅限制，涨跌幅按下列公式计算：

权证涨幅价格＝权证前一日收盘价格＋（标的证券当日涨停价格－标的证券前一日收盘价）×125%×行权比例

权证跌幅价格＝权证前一日收盘价格－（标的证券前一日收盘价－标的证券当日跌停价格）×125%×行权比例

当计算结果小于或等于零时，权证跌停价格为零。

另外，应该注意的是，股票在上市首日无涨跌幅限制，而权证则仍根据以上公式计算涨跌停价格，公式中的“权证前一日收盘价格”则以权证的开盘参考价代替。

5. 权证与股票的区别。

（1）权证有存续期，一旦存续期满将因行权或其他原因而消失，而股票只要不退市可以一直存续。

（2）权证引入了做空机制，其中认沽权证可以通过标的股票的下跌而获利，而我国目前对股票交易还不允许买空、卖空。

（3）权证的风险和收益远远大于股票，股票即使退出主板到特别转让市场，也能有其相应的价值，而权证到期不行权或不结算就会血本无归，权证盈利时也可能是数千倍的。

（4）权证交易采取 T+0 日交易，涨跌幅限制也较标的股票相应放大，股票目前实行的是 T+1 日交易，正常上市公司的股票每日涨跌幅限制为 10%，ST 类上市公司的股票每日涨跌幅限制为 5%。

6. 权证的理论价值。权证定价方法有很多，最常用的是 Black-Scholes 模型（简称 BS 模型）。由于 BS 模型较复杂，中国权证网为投资人提供了计算器，投资人只需输入相应的参数即可完成运算。

BS 模型只适用于欧式权证，如果是美式权证，可在计算模型的下拉框中选用二叉树模型进行计算。

7. 投资权证会面临哪些风险？权证是一种衍生产品，由于高杠杆性，其风险要比股票的风险大。对于一般投资人来说，投资权证主要会面临以下风险。

（1）时间价值损耗的风险。随着到期日的临近，权证的时间价值会逐渐衰退，特别是越接近到期日的权证，此风险越大。

（2）标的股价变动的风险。权证的高杠杆性在带给投资人高收益的同时也带来高风险。此风险的大小可以用实际杠杆比率来衡量。

（3）流动性风险。这是指在权证价格急速下跌或者权证临近到期日时，投资人可能会无法以即时价格将权证卖出可能带来的风险。

（4）信用风险。这是指权证到期时，如果处于价内状态，发行人因某种原因拒绝履约给投资人带来的风险。由于目前券商创设权证实行的是全额担保，因此，创设权证不存在这种风险。

（5）权证供求关系变化的风险。供求关系变化若出现剧烈变化，一般将导致权证价格大幅波动，特别是目前权证的涨跌幅限制比较宽，可能使投资人在短时间内损失严重。

8. 权证的风险指标有哪些？对于权证风险的衡量，通常是比较专业的，一般使用以下指标。

（1）Delta 值。即对冲值，衡量标的股票的价格变动对权证价格的影响幅度，计算公式为权证价格变动值除以股票价格变动值，数值在 ±1 之间。例如，Delta 值为 0.6 表示股价上升或下跌 1 元时，权证价格理论上将上升或下跌 0.6 元，至于实际的变动幅度则由市场实际供求状况决定。

（2）Gamma 值。衡量权证 Delta 值变化的速度，计算公式为权证 Delta 值除以标的股价格变动值。接近平价的权证 Gamma 值最大，而深度价内或价外的权证其 Gamma 值几乎为零。

（3）Vega 值。衡量标的股票价格波动率对权证价格的影响程度，计算公式为权证价格变动值除以标的股票价格波动率变动值，其数值介于零到无穷大，且会随着时间的消逝而下降。到期日越近且接近于平价的权证，Vega 值会越大。

（4）Theta 值和 Rho 值。它们分别衡量时间和利率变动对权证价格的影响程度。Theta 值表示时间价值损失的大小，且随着到期日的临近，Theta 值越来越大，即时间价值损耗得越来越快。

实际上，对于普通投资人而言，这五个指标一般很少用到。相比之下，投资人更需要关注的一个重要指标是波动率，它的变动往往会对投资人的收益带来较大影响。

9. 如何运用历史波动率？计算历史波动率的目的一般只是想知道在过去某段时间内股价波动水平的高低。历史波动率数值高，表示在该段时间内股价波动的幅度大，以此为标的权证价值相对越大。相反，如果历史波动率数值低，则代表在该段时间内股价走势相对平稳，权证价值相对越低。

投资人可选用不同的时间长度去计算历史波动率。但究竟使用什么样的历史数据才是最有效的问题却没有准确的答案。常用的方法是选择与权证存续期相同的历史数据进行计算。

需要注意的是，使用历史波动率计算出来的权证价格一般都低于权证的市场价格，这主要是由于：历史波动率反映过去，只能作为未来标的股价波动率的参考，权证的发行商或做市商必须以高于历史波动率的波动率来报价，才能规避未来波动率可能加大的风险与弥补成本。因此，一般来说，隐含波动率都会大于历史波动率。

10. 隐含波动率的用途。

用途一：衡量权证的贵贱。

权证和股票不一样，单从权证价格无法判断权证的高低贵贱，因为不同的权证其标的、行权价格、到期时间是不同的。投资人通常需要考虑权证的隐含波动率。一般而言，投资人可以比较几只到期日相近、标的相同或类似产业股票的权证的隐含波动率，隐含波动率较低的权证相对更具有投资价值。而对标的、到期日、行权价格等相差较大的权证，投资人不能仅以隐含波动率的高低去衡量贵贱。

关于隐含波动率的数值，一般投资人难以快速计算，一个较好的方法是“观察权证价格相对于标的股价的升跌幅”，如果标的股价只上涨一点而权证价格大幅上升，或标的股价下跌较小但权证价格却大幅下跌，则隐含波动率便可能较大。

用途二：选择隐含波动率较为稳定的权证。

对于大多数投资人来说，都希望权证走势能够紧贴标的股票走势，以达到自己实现高杠杆投资标的股票的目的。此时，权证的发行人或做市商能有效维持隐含波动率的稳定性十分重要。

由于其他条件不变时隐含波动率主要由市场供求关系决定，因此，当发行商“有心无力”维持其稳定性时，投资人就要加倍小心，市场上对权证的过分需求会导致隐含波动率高企，从而使权证价格远高于合理价值，也有可能因市场供求关系变化而导致隐含波动率迅速回落，从而使权证价格迅速下跌。因此，投资人要注意观察，选择隐含波动率稳定的权证进行投资。

事实上，如果投资人感到技术上有困难，一个较好的选择就是购买那些有信誉的大券商发行的权证，因为它们会考虑到自身信誉而尽力维护所发行权证的隐含波动率的稳定性。

11. 如何买卖权证？投资人买卖权证前需要在其券商处了解相关业务规则和可能产生的风险，并签署由证券交易所统一制定的风险揭示书。只有签署风险揭示书后，投资人才能在交易所认可的具有交易所会员资格的证券公司的营业部买卖权证。

权证的买卖与股票相似，投资人可以通过券商提供的诸如电脑终端、网上交易平台、电话委托等申报渠道输入账户、权证代码、价格、数量和买卖方向等信息就可以买卖权证。所需账户就是股票账户，已有股票账户的投资人不用开设新的账户。

12. 权证的存续期。与股票不同，权证具有一定的期限，到期就会终止交易。因此，投资人应该通过权证发行说明书、上市公告书、权证发行人发布的提示性公告等各种途径及时关注和了解权证的存续期限，以避免到期没有卖出权证或没有行权而遭受损失。

13. 权证行权时如何结算？权证的结算方式主要有现金结算方式和证券给付方式。

（1）现金结算方式。权证持有人在权证期满如果行权，按行权价格与标的证券的结算价格及行权费用之差价，收取现金。

（2）证券给付方式。若认购权证采用证券给付方式，则权证行权时持有人支付约定的价格获取相应的证券。

14. 权证买卖应以什么做参考？认沽权证的内在价值可以作为买入信号，认购权证的内在价值则基本不能；任何权证的理论价值都基本不具有买卖参考意义。这是因为：权证理论价值的计算，都是建立在市场可以无限放空等严格条件下的，目前的权证价格主要由市场供求关系决定，当市场出现集体抛售时，权证价格可能低于理论价值。

认沽权证理论上存在价格的下限，是其内在价值（行权价 - 标的股价），因为当认沽权证价格低于内在价值时，市场上会有投资人利用“认沽权证 + 标的股票”来进行低风险套利，从而使其价格回升至内在价值附近。而认购权证则有可能低于其内在价值，主要原因是，目前的认购权证主要是欧式权证，不能随时行权，且标的股票不能放空，因此，不存在将其拉升的市场力量。

思考题

1. 有价证券的种类。
2. 债券期限的划分标准。
3. 债券的主要票面要素有哪几个？
4. 债券的基本特征。
5. 公司债券有哪些特点？
6. 可转换公司债的特征。
7. 股票的特征。
8. 股票与债券的区别。
9. 送股与转增股份的区别。
10. 证券投资基金及其特点。
11. 证券投资基金与股票、债券的区别。
12. 指数基金有哪些优点？
13. 如何客观分析保本基金？
14. 金融衍生工具的主要功能有哪些？
15. 金融衍生工具的缺陷。

第二章 证券市场

第一节 证券市场概述

一、证券市场的含义

证券市场是股票、债券、基金等有价证券发行和交易的场所，是资金供求双方筹资与投资的场所，是完整市场体系的重要组成部分。证券市场作为资本市场的基础和主体，实现了资金供求的良好对接，有效化解了资金供求矛盾。证券市场不仅能够调节资金运动，而且对整个经济运行产生了重要影响。

二、证券市场的特征

1. 证券市场是价值直接交换的场所。有价证券是价值的直接代表，在本质上只是价值的一种表现。虽然证券交易的对象是各种各样的有价证券，但证券市场本质上是价值的直接交易场所。

2. 证券市场是财产权利直接交换的场所。证券市场上的交易对象是作为经济权益凭证的股票、债券、投资基金等有价证券，它们本身仅是一定量财产权利的代表，所以证券市场实际上是财产权利直接交换的场所。

3. 证券市场是风险直接交换的场所。有价证券既是一定收益权利的代表，同时也是一定风险的代表。有价证券的交换，在转让出一定收益权的同时，也把该有价证券所特有的风险转让出去。因此，从风险的角度分析，证券市场也是风险直接交换的场所。

三、证券市场与一般商品市场的区别

1. 交易对象不同。一般商品市场的交易对象是各种具有不同使用价值、能满足人们某种特定需求的商品。而证券市场的交易对象是作为经济权益凭证的股票、债券、投资基金等有价证券。

2. 交易目的不同。购买商品的目的主要是满足某种消费的需要。证券交易的目的是实现投资收益或筹集资金。

3. 交易对象的价格决定不同。商品市场的价格，其实质是商品价值的货币表现，取决于生产商品的社会必要劳动时间。而证券市场的证券价格实质上是利润的分割，是预期收益的市场表现，与市场利率的关系密切。

4. 市场风险不同。一般商品市场由于实行的是等价交换原则，价格波动较小，市场前景的可预测性较强，因而风险较小。而证券市场的影响因素复杂多变，价格波动大且有不可预测性，投资人的投资能否取得预期收益具有较大的不确定性，所以风险较大。

四、证券市场的分类

为了便于分析，理论界对证券市场有若干分类方法，这些方法相互间并不矛盾，各有侧重。

（一）按证券的性质划分

按证券的性质不同，可将证券市场划分为股票市场、债券市场、基金市场和金融衍生品市场。股票市场是股票发行和买卖流通的场所；债券市场是发行和买卖债券的场所；基金市场为各类证券投资基金的认购、申购、赎回等提供配套服务，保证基金“交易”渠道畅通；金融衍生品市场以杠杆交易为特征，在派生出来的新的金融工具如期货合同、期权合同等的交易中发挥职能。

（二）按组织形式划分

按组织形式的不同，可将证券市场划分为场内市场和场外市场。

场内市场是指由证券交易所组织的集中交易市场，有固定的交易场所、固定的工作人员和固定的交易活动时间，在多数国家它是全国唯一的证券交易场所，因此，它是全国最重要、最集中的证券交易市场。证券交易所接受和办理符合有关法律规定的证券上市，投资人则通过证券商在证券交易所进行证券买卖。证券交易所不仅是买卖双方公开交易的场所，而且为投资人提供多种服务，交易所随时向投资人提供关于在交易所挂牌上市的证券交易情况，如成交价格和数量等；提供发行证券企业公布的财务情况，供投资人参考。交易所制定各种规则，对参加交易的经纪人和自营商进行严格管理，对证券交易活动进行监督，防止操纵市场、内幕交易、欺诈客户等违法犯罪行为的发生。交易所还要不断完善各种制度和设施，以保证正常交易活动持续、高效地进行。

场外市场又称柜台交易市场或店头交易市场，是指在交易所之外由证券买卖双方议价成交的市场。它没有固定的场所，交易主要利用电话进行，交易的证券以不在交易所上市的证券为主，在某些情况下也对在证券交易所上市的证券进行场外交易。场外市场中的证券商兼具证券自营商和代理商的双重身份。作为自营商，它可以把自己持有的证券卖给顾客或者买进顾客的证券，赚取买卖价差；作为代理商，又可以以客户代理人的身份向别的自营商买进或卖出证券。近年来，国外一些场外市场发生很大变化，它们大量采用先进的电子化交易技术，使市场覆盖面更加广阔，市场效率有很大提高。在这方面，美国的纳斯达克市场是典型代表。国外各种场外市场有一个共同特点，即：它们都是在国家法律限定的框架内由成熟的投资者参与，接受政府管理机构的监管。

（三）按具体任务划分

按证券市场的具体任务不同，可将证券市场划分为证券发行市场和证券交易市场，或称为一级市场和二级市场。

一级市场是指有价证券的初级市场，也即发行市场。在这个市场上投资人可以根据自己的意愿认购有价证券。通过一级市场，发行人筹集到了所需的资金，而投资人则通过购买有价证券实现了剩余资金转化为资本的过程。一级市场有以下两个主要特点：第一，发行市场是一个抽象市场，其买卖活动并非局限在一个固定的场所；第二，发行是一次性行为，其价格由发行人与保荐承销商商定，并经有关部门核准，投资人以同一价格购买。

二级市场是指流通市场，是已发行证券进行买卖交易的场所。二级市场的主要功能在于：第一，促进短期闲散资金转化为长期建设资金；第二，调节资金需求，引导资金流向，沟通储蓄与投资的融通渠道；第三，二级市场的股价变动能反映出整个社会的经济情况，有助于提高劳动生产率和促进新兴产业的兴起；第四，维持有价证券的合理价格，交易自由、信息灵通，保证买卖双方的利益都受到严密的保护。已发行的证券一经上市，就进入二级市场。投资人根据自己的判断和需要买进或卖出有价证券，其交易价格由买卖双方通过自由竞价来决定。

二级市场是一级市场的延续，二级市场的交易价格影响和制约一级市场新发行证券的发行价格；而一级市场的发行规模、种类、数量，决定着二级市场交易的规模、种类、数量。

（四）我国目前证券市场层次

1. 主板市场。主板市场是上海证券交易所和深圳证券交易所最先设立的市场，对发行人的营业期限、股本大小、盈利水平、最低市值等方面的要求标准较高，上市企业多为大型成熟企业，具有较大的资本规模以及稳定的盈利能力。主板市场是资本市场中最重要的组成部分，很大程度上能够反映经济发展状况，有“国民经济晴雨表”之称。

2. 中小板市场。中小板市场是相对于主板市场而言的，是构筑多层次资本市场的重要举措，有些条件达不到主板市场要求的公司在中小板市场上市，中小板市场在发展过程中显示出了巨大活力。

3. 创业板市场。创业板市场是与主板市场不同的一类证券市场，是专为暂时无法在主板上市的创业型公司和高科技产业公司提供融资渠道和成长空间的证券交易市场，创业板市场是对主板市场的重要补充，在资本市场占有重要的位置。

4. 科创板市场。科创板市场是独立于现有主板市场的新设板块，在该市场内进行注册制试点。设立科创板并试点注册制是提升服务科技创新企业能力、增强市场包容性、强化市场功能的一项资本市场重大改革举措。

第二节　证券市场的构成要素

一、证券市场主体

证券市场主体是指参与筹资、融资活动的证券发行人和证券投资人。

证券发行人是指为筹措资金而发行债券和股票等金融工具的政府及其机构，以及按照《中华人民共和国证券法》等国家有关法律规定具备发行有价证券条件的股份有限公司和有限责任公司。证券发行人是有价证券发行的主体，如果没有证券发行人，证券发行及其后的证券交易就无从展开，证券市场也就不可能存在。

证券投资人是指通过证券进行投资的各类机构法人和自然人，相应地，证券投资人可分为机构投资人和个人投资人两大类。具体包括企业、金融机构、社会基金、外国投资人、个人投资人等。我国证券市场上，尽管个人投资人占有相当大的比重，但机构投资人的队伍和影响力正在逐步壮大。

（一）机构投资人

机构投资人主要有政府机构、金融机构、企业和事业法人及各类基金等。

1. 政府机构。作为政府机构，参与证券投资的目的主要是调剂资金余缺和进行宏观调控。各级政府及政府机构出现资金剩余时，可通过购买政府债券、金融债券投资于证券市场。中央银行以公开市场操作作为政策手段，通过买卖政府债券或金融债券，影响货币供应量，进行宏观调控。

我国国有资产管理部门或其授权部门持有国有股，履行国有资产保值增值和通过国家控股、参股来支配更多社会资源的职责。

从各国的具体实践来看，出于维护金融稳定的需要，政府还可成立或指定专门机构参与证券市场交易，减少非理性的市场震荡。

2. 金融机构。参与证券投资的金融机构包括证券经营机构、银行业金融机构、保险公司以及其他金融机构。

（1）证券经营机构。证券经营机构是证券市场上最活跃的投资人，以其自有资本、营运资金和受托投资资金进行证券投资。

（2）银行业金融机构。银行业金融机构包括商业银行、城市信用合作社、农村信用合作社等吸收公众存款的金融机构以及政策性银行。受自身业务特点和政府法令的制约，银行业金融机构投资一般仅限于政府债券和地方政府债券，而且通常以短期国债作为其超额储备的持有形式。

（3）保险公司。目前保险公司已经超过共同基金成为全球最大的机构投资人，除大量投资于各类政府债券、高等级公司债券外，还广泛涉足基金和股票投资。

（4）其他金融机构。其他金融机构包括信托投资公司、企业集团财务公司、金融租赁公司等。这些机构通常也在自身章程和监管机构许可的范围内进行证券投资。

我国现行法规规定，银行业金融机构可用自有资金及规定的可用于投资的表内资金进行证券投资，但仅限投资于国债。对于因处置贷款质押资产而被动持有的股票，只能单向卖出。银行业金融机构经批准后，也可通过理财计划募集资金进行有价证券投资。

保险公司除投资于国债之外，还可以在规定的比例内投资于证券投资基金和股权性质的证券。

信托投资公司可以受托经营资金信托业务和投资基金业务。企业集团财务公司达到相关监管规定的，也可申请从事证券投资业务。目前尚未批准金融租赁公司从事证券投资业务。

3. 企业和事业法人。企业可以用自己的积累资金或暂时不用的闲置资金进行证券投资。企业可以通过股票投资实现对其他企业的控股或参股，也可以将暂时闲置的资金通过自营或委托专业机构进行证券投资以获取收益。我国现行的规定是，各类企业可参与股票配售，也可投资于股票二级市场；事业法人可用自有资金和有权自行支配的预算外资金进行证券投资。

4. 各类基金。基金性质的机构投资人包括证券投资基金、社保基金、企业年金和社会公益基金。

（1）证券投资基金。证券投资基金是指通过公开发售基金份额筹集资金，由基金管理人管理，由基金托管人托管，为了基金份额持有人的利益，以资产组合方式进行证券投资活动的基金。《中华人民共和国证券投资基金法》规定，我国的证券投资基金可投资于股票、债券和国务院证券监督管理机构规定的其他证券品种。

（2）社保基金。在大多数国家，社保基金分为两个层次：一是国家以社会保障税等形式征收的全国性基金；二是由企业定期向员工支付并委托基金公司管理的企业年金。由于资金来源不一样，且最终用途不一样，这两种形式的社保基金管理方式也完全不同。全国性社会保障基金属于国家控制的财政收入，主要用于支付失业救济和退休金，是社会福利网的最后一道防线，对资金的安全性和流动性要求非常高，这部分资金的投资方向有严格限制，主要投向国债市场。而由企业控制的企业年金，资金运作周期长，对账户资产增值有较高要求，但对投资范围限制不多。

在我国，社保基金也主要由两部分组成：一部分是社会保障基金。其运作依据是2001年底颁布的《全国社会保障基金投资管理暂行办法》，其资金来源包括国有股减持划入的资金和股权资产、中央财政拨入资金、经国务院批准以其他方式筹集的资金及其投资收益；同时，确定从2001年起新增发行彩票公益金的80%上缴社保基金。其投资范围包括银行存款、国债、证券投资基金、股票、信用等级在投资级以上的企业债、金融债等有价证券，其中，银行存款和国债投资的比例不低于50%，企业债、金融债不高于10%，证券投资基金、股票投资的比例不高于40%。风险小的投资（约占60%）由社保基金理事会直接运作，风险较高的投资（约占40%）则委托专业性投资管理机构进行投资运作。另一部分是社会保险基金。它是指社会保险制度确定的用于支付劳动者或公民在患病、年老伤残、生育、死亡、失业等情况下所享受的各项保险待遇的基金，一般由企业等用人单位（或雇主）和劳动者（或雇员）或公民个人缴纳的社会保险费以及国家财政给予的一定补贴组成。社会保险基金一般由养老、医疗、失业、工伤、生育五项保险基金组成。在现阶段，我国社会保险基金的部分积累项目主要是养老保险基金，其运作依据是劳动和社会保障部的各相关条例和地方规章。

（3）企业年金。企业年金是指企业及其职工在依法参加基本养老保险的基础上自愿建立的补充养老保险基金。按照我国现行法规，企业年金可由年金受托人或受托人指定的专业投资机构进行证券投资。

（4）社会公益基金。社会公益基金是指将收益用于指定的社会公益事业的基金，如福利基金、科技发展基金、教育发展基金、文学奖励基金等。我国有关政策规定，各种社会公益基金可用于证券投资，以求保值增值。

（5）QFII。QFII是一国在货币没有实现完全可自由兑换、资本项目尚未开放的情况下，有限度地引进外资、开放资本市场的一项过渡性制度。这种制度要求外国投资人若要进入一国证券市场必须符合一定的条件，得到该国有关部门的审批通过后汇入一定额度的外汇资金，并转换为当地货币，通过严格监管的专门账户投资当地证券市场。2019年9月16日，国家外汇管理局宣布，经国务院批准，决定取消QFII/RQFII投资额度限制。同时，RQFII试点国家和地区限制也一并取消。

（二）个人投资人

个人投资人是指从事证券投资的社会自然人，是证券市场上最广泛的投资人。个人进行证券投资应具备一些基本条件，这些条件包括国家有关法律、法规关于个人投资人投资资格的规定和个人投资人必须具备一定的经济实力。

二、中介机构

证券市场中介机构是指为证券的发行与交易提供服务的各类机构，包括证券公司和其他证券服务机构，通常把两者合称为证券中介机构。中介机构是连接证券投资人与筹资人的桥梁，证券市场功能的发挥很大程度上取决于证券中介机构的活动。通过它们的经营服务活动，沟通了证券需求者与证券供应者之间的联系，不仅保证了各种证券的发行和交易，还起到维持证券市场秩序的作用。

证券公司是依法设立可经营证券业务的具有法人资格的金融机构。证券公司的主要业务有承销、经纪、自营、投资咨询、购并、受托资产管理、基金管理等。证券公司一般分为综合类证券公司和经纪类证券公司。

证券服务机构指依法设立的从事证券服务业务的法人机构，主要包括财务顾问机构、证券投资咨询公司、会计师事务所、资产评估机构、律师事务所、证券信用评级机构等。

三、自律性组织

自律性组织是指按照规定实施自我监管以保证市场公平、有效的组织。一般包括证券交易所、产业协会等。目前，我国的自律性组织主要有上海证券交易所和深圳证券交易所、中国证券业协会、证券登记结算机构。

（一）证券交易所

证券交易所是提供证券集中竞价交易场所的机构。目前，中国内地有两个证券交易所，即上海证券交易所和深圳证券交易所。根据《中华人民共和国证券法》的规定，证券交易所是提供证券集中竞价交易场所的不以营利为目的的法人。其主要职责有：提供交易场所与设施；制定交易规则；监管在该交易所上市的证券以及会员交易行为的合规性、合法性，确保交易的公开、公平和公正。

（二）证券业协会

证券业协会是证券行业的自律性组织，是社会团体法人。证券业协会的权力机构为由全体会员组成的会员大会。《中华人民共和国证券法》规定，证券公司应当加入证券业协会。证券业协会应当履行协助证券监督管理机构组织会员执行有关法律，维护会员的合法权益，为会员提供信息服务，制定规则，组织培训和开展业务交流，调解纠纷，就证券业的发展开展研究，监督检查会员行为，以及证券监督管理机构赋予的其他职责。

（三）证券登记结算机构

证券登记结算机构是为证券交易提供集中登记、存管与结算业务，不以营利为目的的法人。按照《证券登记结算管理办法》的规定，证券登记结算机构实行行业自律管理。我国的证券登记结算结构为中国证券登记结算有限责任公司。

四、监管机构

监管机构是指按照证券法规和其他相关规定对证券发行、交易活动及市场参与者行为实施监督和管理的机构。目前，我国对证券市场进行监管的机构是中国证券监督管理委员会及其派出机构。它是国务院直属的证券管理监督机构，依法对证券市场进行集中统一监管。它的主要职责是：负责行业性法规的起草，负责监督有关法律法规的执行，负责保护投资人的合法权益，对全国的证券发行、证券交易、中介机构的行为等依法实施全面监管，维持公平而有秩序的证券市场。

第三节　证券市场的功能

一、筹资功能

证券市场的筹资功能是指证券市场为资金需求者筹集资金的功能。这一功能的另一个作用是为基金供给者提供投资对象。在证券市场上交易的任何证券，既是筹资的工具也是投资的工具。在经济运行过程中，既有资金盈余者，也有资金短缺者。资金盈余者为了使自己的资金价值增值，就必须寻找投资对象。在证券市场上，资金盈余者可以通过买入证券而实现投资。而资金短缺者为了发展自己的业务，就要向社会寻找资金。为了筹集资金，资金短缺者可以通过发行各种证券来达到筹资的目的。

二、定价功能

证券市场的一个基本功能就是为资本决定价格。证券是资本的存在形式，因此，证券的价格实际上是证券所代表资本的价格。证券的价格是证券市场上证券供求双方共同作用的结果。证券市场的运行形成了证券需求者的竞争和证券供给者的竞争。这种竞争的结果是：能产生高投资回报的资本，市场的需求越大，其对应的证券的价格越高；反之，证券的价格越低。因此，证券市场提供了资本的合理定价机制。

三、资本配置功能

证券市场的资本配置功能是指通过有价证券价格引导资本的流动从而实现资本合理配置的功能。在证券市场上，证券价格的高低是由该证券所能提供的预期报酬率的高低来决定的。证券价格的高低实际上是该证券筹资能力的反映。而能提供高报酬率的证券一般来自那些经营好、发展潜力大的企业，或者是来自新兴产业的企业。由于这些证券的预期报酬率高，因而其市场价格相应地也就越高，其筹资能力就越强。这样，证券市场就引导资本流向能产生高报酬的企业或产业，从而使资本产生尽可能高的效率，进而实现资本的合理配置。

四、转换机制功能

企业如果要通过证券市场筹集资金，就必须改制成为股份公司。股份公司的组织形式是社会化大生产和现代市场经济发展的产物，这种企业组织形式对企业所有权和经营权进行了分离，并且有一系列严格的法律、法规对其进行规范，使企业能够自觉地提高经营管理水平和资金使用效率。而且企业成为上市公司之后，会一直处于市场各方面的监督和影响之中。股东的投资收益与企业效益息息相关，因此，必然会关心企业的生产经营和发展前景，企业股票价格的涨跌会直接影响企业形象，而且长期经营不善的企业会成为被收购兼并的对象，证券监管部门和市场中介机构也会对企业实施一定的监督、制约，这些都是企业健康发展的促进因素。

企业上市之后，有利于形成“产权清晰，权责明确，政企分开，管理科学”的现代企业治理结构，有利于企业经营管理的规范化、科学化和制度化，有利于健全企业的风险控制机制和激励机制。

五、宏观调控功能

证券市场是国民经济的晴雨表，它能够灵敏地反映社会政治、经济发展的动向，为经济分析和宏观调控提供依据。证券市场的动向是指市场行情的变化，通常用证券价格指数来表示。如果在一段时间内国家政治稳定、经济繁荣，整体发展态势良好，证券价格指数就会上升；反之，如果政治动荡、经济衰退，或发展前景难以预测，证券价格指数就会下跌。

政府可以通过证券市场行情的变化对经济运行状况和发展前景进行分析预测，并且利用证券市场对经济实施宏观调控。政府利用证券市场进行宏观调控的手段主要是运用货币政策的三大工具——法定存款准备金率、再贴现率和公开市场业务。特别是公开市场业务，完全依托证券市场来运作，通过证券的买入、卖出调节货币的供给，影响和控制商业银行的经营，进而实现调节和控制整个国民经济运行的目的。例如，中央银行大量买进证券，商业性金融机构就可以扩大信用规模，流通中的现金量就会增加，证券价格会随之提高，利率水平会相应下降，这些都会起到刺激投资、扩张经济的作用；反之，当中央银行大量卖出证券时，就会对经济产生紧缩效应，可以有效地抑制投资膨胀和经济过热。

六、分散风险功能

证券市场不仅为投资人和融资者提供了丰富的投融资渠道，而且还具有分散风险的功能。对于上市公司来说，通过证券市场融资可以将经营风险部分地转移和分散给投资人，公司的股东越多，单个股东承担的风险就越小。另外，企业还可以通过购买一定的证券，保持资产的流动性和提高盈利水平，减少对银行信贷资金的依赖，提高企业抵抗宏观经济波动风险的能力。对于投资人来说，可以通过买卖证券和建立证券投资组合来转移、分散资产风险。投资人往往把资产分散投资于不同的对象，证券作为流动性、收益性都相对较好的资产形式，可以有效地满足投资人的需要，而且投资人还可以选择不同性质、不同期限、不同风险和收益的证券构建证券组合，分散证券投资的风险。

第四节　证券市场的形成与发展

证券产生的历史比较悠久，但证券的出现并不标志着证券市场同时产生，证券市场的形成必须具备一定的社会条件和经济基础。证券市场形成于自由资本主义时期，股份公司的产生和信用制度的深化，是证券市场形成的基础。

证券市场是商品经济和社会化大生产发展的必然产物。随着生产力的进一步发展和商品经济的日益社会化，资本主义从自由竞争阶段过渡到垄断阶段，资本家依靠原有的银行借贷资本已不能满足巨额资金增长的需要。为满足社会化大生产对资本扩张的需求，客观上需要有一种新的筹集资金的手段，以适应经济进一步发展的需要。在这种情况下，证券与证券市场就应运而生了。

股份公司的建立为证券市场的形成提供了必要的条件。随着生产力的进一步发展，生产规模日益扩大，传统的独资经营方式和封建家族企业已经不能满足资本扩张的需要。于是产生了合伙经营的组织，随后又由单纯的合伙经营组织演变成股份制企业——股份公司。股份公司通过发行股票、债券向社会公众募集资金，实现资本的集中，满足扩大再生产对资金急剧增长的需要。因此，股份公司的建立和公司股票、债券的发行，为证券市场的产生和发展提供了坚实的基础。

信用制度的发展促进了证券市场的形成和发展。近代信用制度的发展使信用机构由单一的中介信用发展为直接信用，即直接对企业进行投资。于是，金融资本逐步渗透到证券市场，成为证券市场的重要支柱。信用工具一般都具有流通变现的要求，股票、债券等有价证券具有较强的变现性，证券市场恰好为有价证券的流通和转让创造了条件。由此可见，信用制度越发展，就越有可能动员更多社会公众的货币收入转化为货币资本，投入证券市场。

一、西方证券市场的形成与发展

（一）证券市场的形成阶段（17 世纪初至 18 世纪末）

西方证券市场的最初萌芽可以追溯到 16 世纪初资本主义原始积累时期的西欧。当时法国的里昂、比利时的安特卫普已经有了证券交易活动，最早进入证券市场交易的是国家债券。17 世纪初，随着资本主义经济的发展，出现了股份公司，使股票及公司债券的发行与交易频繁起来。

1602 年，荷兰的阿姆斯特丹成立了世界上第一家股票交易所。

1773 年，英国的第一家证券交易所在“乔纳森咖啡馆”成立，1802 年获得英国政府的正式批准。这家证券交易所即为伦敦证券交易所的前身。该交易所的交易品种最初是政府债券，此后公司债券和矿山、运河股票进入交易所交易。

1790 年，美国第一家证券交易所——费城证券交易所宣布成立，从事政府债券等有价证券的交易活动。

1792 年 5 月 17 日，24 名经纪人在华尔街的一棵梧桐树下聚会，商订了一项名为“梧桐树协定”的协议，约定每日在梧桐树下聚会，从事证券交易，并订出了交易佣金的最低标准及其他交易条款。1817 年，这些经纪人共同组成了“纽约证券交易会”，1863 年改名为“纽约证券交易所”，这便是纽约证券交易所的前身。在 18 世纪资本主义产业革命的影响下，包括铁路、运输、矿山、银行等行业中股份公司成为普遍的企业组织形式，其股票以及各类债券都在证券市场上流通，这标志着证券市场已基本形成。

（二）证券市场的发展阶段（19 世纪初至 20 世纪 20 年代）

从 18 世纪 70 年代开始的工业革命，到 19 世纪中叶已在各主要的资本主义国家相继完成，工业革命推动了机器制造业的迅速发展，并使股份公司在机器制造业中普遍建立起来。机器大工业取代了传统的工场手工业，机器制造业在工业体系中逐渐取得了优势地位。

19 世纪 70 ~ 80 年代，股份公司有了极大的发展。这一时期股份公司逐渐成为经济社会中的主要企业组织形式；有价证券发行量不断扩大；一些国家开始加强证券管理，引导证券市场规范化运行，如英国在 1862 年颁布了《股份公司条例》，德国在 1892 年通过《有限责任公司法》，法国在 1867 年颁布《公司法》，1894 年日本制定《证券交易法》等；证券交易市场得到了发展，如日本东京证券交易市场形成于 1878 年，苏黎世证券交易所创建于 1877 年，1891 年中国香港成立了股票经纪协会，1914 年易名为香港证券交易所。

（三）证券市场的完善阶段（20 世纪 30 年代以来）

1929 ~ 1933 年的经济危机是资本主义世界最严重深刻和破坏性最大的一次经济危机。这次危机严重地影响了证券市场，投资人损失惨重。到 1932 年 7 月 8 日，道琼斯工业股票价格平均数只有 41 点，仅为 1929 年最高水平的 11%。大危机使各国政府清醒地认识到必须加强对证券市场的管理，于是世界各国政府纷纷制订证券市场法规和设立管理机构，使证券交易市场趋向法制化。第二次世界大战结束后，随着资本主义各国经济的恢复和发展以及各国经济的增长，证券市场也得到迅速恢复和发展。20 世纪 70 年代以后，证券市场出现了高度繁荣的局面，证券市场的规模不断扩大，证券交易也日益活跃。

二、新中国证券市场的形成与发展

中华人民共和国成立初期，我国经济生活中通货膨胀严重、投机猖獗，为了稳定市场、打击黑市，人民政府决定在天津、北京等城市成立在人民政府管理下的证券交易所。但是，随着国家财政好转，币值开始稳定，交易量下降，不久，随着“三反”“五反”运动的开展，证券投机活动受到控制，证券交易所业务逐渐萧条。中华人民共和国成立初期的证券市场，仅仅存在了很短的时间，1952 年，人民政府宣布所有的证券交易所关闭停业。1958 年国家停止向外借款；1959 年终止了国内债券的发行。这种状态一直持续到改革开放以后。

中共十一届三中全会以后，随着我国改革开放的深入和经济的发展，一方面，人民收入水平不断提高，社会闲置资金日益增多；另一方面，经济发展所需资金却严重不足。在这种背景下，恢复和发展证券市场的呼声高涨起来，我国的证券市场也因此重新获得生机。

第一，发行市场。我国证券发行市场的恢复与起步是从 1981 年国家发行国库券开始的。此后，债券发行步入常态，发行数额不断增加，债券种类由国家债券扩展到金融债券、企业债券、国际债券的发行。1984 年股票发行工作在北京天桥百货股份有限公司拉开帷幕。同年 11 月，由上海电声总厂发起成立的上海飞乐音响股份有限公司向社会公开发行股票，该公司股票曾作为国礼赠予纽约证券交易所总裁。之后，上海延中实业股份有限公司也面向社会发行了股票。国内其他一些城市也相继发行了股票。在政府的引导下，随着股份制试点企业的增加，我国股票发行规模不断扩大，股票发行包括境内人民币普通 A 股、供境内外法人和自然人购买的人民币特种股票 B 股，还有在境外发行的 H 股和 N 股等。

第二，交易市场。我国的证券交易市场始于 1986 年。1986 年 8 月，沈阳信托投资公司第一次面向社会开办了证券交易业务，之后，沈阳市建设银行信托投资公司和工商银行沈阳证券公司也开办了这项业务。1986 年 9 月，上海市几家专业银行的信托部门及信托投资公司开办了股票“柜台交易”，1988 年 4 月和 6 月，财政部先后在全国 61 个大中城市进行转让市场的试点。到 1990 年，全国证券场外交易市场已基本形成，随着场外交易市场的形成，场内交易市场也迅速发展起来，1990 年 11 月 26 日，国务院授权中国人民银行批准上海证券交易所成立，并于 1990 年 12 月 19 日正式营业，成为我国第一家证券交易所；1991 年我国另一家由中国人民银行批准的证券交易所——深圳证券交易所也宣告成立并正式营业。两家证券交易所的成立，标志着我国证券市场由分散的场外交易进入集中的场内交易。从此，我国证券市场在发展中得到规范，在规范中得到发展，从摸着石头过河快速成长为全球重要的证券投资理财场所。上海证券交易所、深圳证券交易所与纽约证券交易所、伦敦证券交易所、东京证券交易所等境外成熟证券交易所并驾齐驱，共同发挥经济晴雨表的作用，共同为经济发展服务。我国证券市场作为后起之秀，依靠各方面的智慧，坚持自己的特色，用30年的时间走了世界成熟证券市场几百年的路。

思考题

1. 证券市场与一般商品市场的区别。
2. 我国目前证券市场的层次。
3. 证券市场由哪些要素构成？
4. 证券市场的基本功能。

第三章 证券交易所与证券市场指数

第一节 证券交易所

一、证券交易所概述

证券交易所是证券市场发展到一定程度的产物，也是集中交易制度下证券市场的组织者和一线监管者。根据我国《证券交易所管理办法》的规定，证券交易所是指依法设立的，为证券的集中和有组织的交易提供场所、设施，履行国家有关法律、法规、规章、政策规定的职责，实行自律性管理的会员制事业法人。与证券公司等证券经营机构不同，证券交易所本身并不从事证券买卖业务，只是为证券交易提供场所和各项服务，并履行对证券交易进行监管的职能。

从组织形式来看，国际上的证券交易所可分为会员制证券交易所和公司制证券交易所。会员制证券交易所是以会员协会形式成立的组织，主要由证券商及其他证券经营者组成，只有成为会员或享有特许权的经纪人才有资格在交易所进行交易。会员制证券交易所实行会员自治、自律、自我管理，会员制证券交易所最高权力机构是会员大会，理事会是执行机构，理事会聘请经理人员负责日常事务。目前大多数国家的证券交易所均实行会员制。目前我国的上海证券交易所、深圳证券交易所都实行会员制。公司制证券交易所以赢利为目的，它是由各类出资人共同投资入股建立起来的公司法人。公司制证券交易所对本所内的证券交易负有担保责任，必须设有赔偿基金。公司制证券交易所的证券商及其股东不得担任证券交易所的董事、监事或经理，以保证交易所经营者与交易参与者的分离。瑞士的日内瓦证券交易所、美国的纽约证券交易所都是公司制。

二、证券交易所的主要职责

1. 证券交易所应当为组织公平的集中交易提供保障，公布证券交易即时行情，并按交易日制作证券市场行情表，予以公布。未经证券交易所许可，任何单位和个人不得发布证券交易即时行情。

2. 证券交易所有权依照法律、行政法规以及国务院证券监督管理机构的规定，办理股票和公司债券的暂停上市、恢复上市或者终止上市的事务。

3. 因突发性事件而影响证券交易的正常进行时，证券交易所可以采取技术性停牌的措施；因不可抗力的突发性事件或者为维护证券交易的正常秩序，证券交易所可以决定临时停市。证券交易所采取技术性停牌或者决定临时停市，必须及时报告国务院证券监督管理机构。

4. 证券交易所对证券交易实行实时监控，并按照国务院证券监督管理机构的要求，对异常交易的情况提出报告。证券交易所应当对上市公司及相关信息披露义务人披露信息进行监督，督促其依法及时、准确地披露信息。证券交易所根据需要，可以对出现重大异常交易情况的证券账户限制交易，并报国务院证券监督管理机构备案。

5. 证券交易所应当从其收取的交易费用和会员费、席位费中提取一定比例的金额设立风险基金。风险基金由证券交易所理事会管理。证券交易所应当将收存的风险基金存入开户银行专门账户，不得擅自使用。

6. 证券交易所依照证券法律、行政法规制定上市规则、交易规则、会员管理规则和其他有关规则，并报国务院证券监督管理机构批准。

三、我国及世界主要证券交易所

1. 上海证券交易所。上海证券交易所成立于1990年11月26日，同年12月19日开业，归属中国证监会直接管理，秉承“法制、监管、自律、规范”的八字方针，上海证券交易所致力于创造透明、开放、安全、高效的市场环境，切实保护投资人权益，其主要职能包括：提供证券交易的场所和设施，制定证券交易所的业务规则，接受上市申请，安排证券上市，组织、监督证券交易，对会员、上市公司进行监管，管理和公布市场信息。

上海证券交易所于1990年12月19日在上海黄浦路15号浦江饭店成立。1993年1月27日在上海浦东新区奠基建造上海证券大厦。上海证券大厦竣工后，上海证券交易所搬迁至新址浦东南路528号的上海证券大厦内营运。投资人通过网络进行委托，交易所汇总撮合成交。上海证券交易所是国际证监会组织、亚洲暨大洋洲交易所联合会、世界交易所联合会的成员。经过多年的发展，上海证券交易所已成为主板市场与科创板市场并存的证券交易场所，目前还开展了沪港通、沪伦通业务。

2. 深圳证券交易所。深圳证券交易所位于深圳罗湖区。成立于1990年12月1日，1991年7月3日正式营业，是为证券交易提供场所和设施，组织和监督证券交易，实行自律管理的法人，由中国证监会直接监督管理。深圳证券交易所致力于多层次证券市场的建设，努力创造公开、公平、公正的市场环境。其主要职能包括：提供证券交易的场所和设施，制定交易所业务规则，接受上市申请、安排证券上市，组织、监督证券交易，对会员和上市公司进行监管，管理和公布市场信息及中国证监会许可的其他职能。作为中国内地两大证券交易所之一，深圳证券交易所借助现代技术条件，成功将业务范围辐射至全国。对建立现代企业制度、推动经济结构调整、优化资源配置、传播市场经济知识起到了十分重要的促进作用。目前已开展深港通业务。

3. 香港证券交易所。香港最早的证券交易可以追溯至1866年。香港第一家证券交易所——香港股票经纪协会于1891年成立，1914年更名为香港证券交易所。1921年，香港又成立了第二家证券交易所——香港证券经纪人协会。1947年，这两家交易所合并为香港证券交易所有限公司。到20世纪60年代后期，香港原有的一家交易所已满足不了股票市场繁荣和发展的需要，1969年以后相继成立了远东、金银、九龙三家证券交易所，香港证券市场进入四家交易所并存的“四会时代”。1986年3月27日，四家交易所正式合并组成香港联合交易所。同年4月2日，联合交易所开业，并开始享有在香港建立、经营和维护证券市场的专营权。2000年3月6日，香港交易及结算所有限公司成立，全资拥有香港联合交易所有限公司、香港期货交易所有限公司和香港中央结算有限公司三家附属公司。

4. 台湾证券交易所。台湾证券交易所，全称台湾证券交易所股份有限公司，简称台证所或台交所，负责台湾地区股票上市公司交易事宜，是中国台湾唯一证券交易所。1961年10月23日台湾证券交易所正式被批准成立，1962年2月9日起正式对外营业。

5. 纽约证券交易所。纽约证券交易所位于美国纽约州纽约市百老汇大街18号，在华尔街的拐角南侧。2006年6月1日，纽约证券交易所宣布与泛欧证券交易所合并组成纽约证交所—泛欧证交所公司。

纽约证券交易所的起源可以追溯到1792年5月17日，当时24个证券经纪人在纽约华尔街68号外一棵梧桐树下签署了梧桐树协议，协议规定了经纪人的“联盟与合作”规则，通过华尔街现代老板俱乐部会员制度交易股票和高级商品，这也是纽约证券交易所的诞生日。1817年3月8日，这个组织起草了一项章程，并把名字更改为“纽约证券交易委员会”。1863年改为纽约证券交易所。

6. 伦敦证券交易所。伦敦证券交易所成立于1773年，是世界著名证券交易所之一。

1773年，英国的第一家证券交易所在伦敦柴思胡同的乔纳森咖啡馆成立，1802年，交易所获得英国政府正式批准。最初主要交易政府债券，之后公司债券和矿山、运河股票陆续上市交易。此后一段时间，英国其他地方的证券交易所先后出现30余家，1967年这些交易所进行整合，组成了7个区域性的证券交易所。1973年，伦敦证券交易所与设在英国格拉斯哥、利物浦、曼彻斯特、伯明翰和都柏林等地的交易所合并成大不列颠及爱尔兰证券交易所，各地证券交易所于20世纪80年代后期停止运作。1995年12月，该交易所分为两个独立的部分，一部分归属爱尔兰共和国；另一部分归属英国，即伦敦证券交易所。

7. 东京证券交易所。东京证券交易所是世界上著名证券交易中心之一，与大阪证券交易所、名古屋证券交易所并列为日本三大证券交易所。东京证券交易所在1878年5月15日创立，创立时的名称为东京股票交易所，同年6月1日开始交易。第二次世界大战时曾暂停交易，1949年5月16日重新开业并更名为东京证券交易所。2011年11月，东京证券交易所与大阪证券交易所合并，组成“日本交易所集团”。

8. 纳斯达克证券交易所。纳斯达克证券交易所成立于1971年，全称为美国全国证券交易商协会自动报价系统，是世界上最大的电子证券交易机构，也是最现代化的证券交易机构。纳斯达克没有常规意义上的证券交易大厅，取而代之的是一个大型的摄影棚，配合高科技的投影屏幕并且有欧美各国主要财经新闻电视台的记者派驻进行即时行情报道。纳斯达克指数代表各工业门类的市场价值变化，已成为最有影响力的证券市场指数之一。中国一些知名电商、IT和网络公司都在纳斯达克挂牌上市，如百度、阿里巴巴、腾讯等。

第二节 我国证券市场主要指数

一、上证综合指数

上证综合指数是由上海证券交易所编制的，全称是“上海证券交易所综合股价指数”，是国内外普遍采用的反映上海证券市场总体走势的统计指标。以上海证券交易所挂牌的全部股票为计算范围、以发行量为权数的加权综合股价指数。该指数以上证“点”为单位，以1990年12月19日为基准日，基日指数定为100点，自1991年7月15日开始发布。该指数反映上海证券交易所上市的全部A股和全部B股股票的股价走势。其计算方法与深证综合指数大体相同。不同之处在于对新股的处理，当有新股上市时，一个月以后方可列入上证综合指数计算范围。

随着上海股票市场的不断发展，1992年2月21日增设上证A股指数与上证B股指数，以反映不同股票（A股、B股）的各自走势。1993年6月1日又增设了上证分类指数，即工业类指数、商业类指数、地产业类指数、公用事业类指数、综合业类指数，以反映不同产业股票的各自走势。

上证指数是一个派许公式计算的以报告期发行股数为权数的加权综合股价指数。

报告期指数 =（报告期采样股的市价总值/基日采样股的市价总值）×100

市价总值 = 市价 × 发行股数

当市价总值出现非交易因素的变动时，采用“除数修正法”修正原固定除数，以维持指数的连续性，修正公式如下：

修正前采样股的市价总值/原除数 = 修正后采样股的市价总值/修正后的除数

二、深证综合指数

深证综合指数是深圳证券交易所从1991年4月3日开始编制并公开发布的一种股价指数。该指数规定，1991年4月3日为基期，基日指数为100点，综合指数是以所有在深圳证券交易所上市的股票为计算范围、以发行量为权数的加权综合股价指数，其基本计算公式为：

即日综合指数＝（即日指数股总市值/基日指数股总市值）×基日指数

每当发行新股上市时，从第二天纳入成分股计算，这时上式中的分母按下式调整：

新股上市后"基日成分股总市值"＝原来的基日成分股总市值＋新股发行数量×上市第一天收盘价

当某一成分股暂停买卖时，将其暂时剔除于指数计算外，若有成分股在交易期间突然停牌，将取其最近成交价计算即时指数，直到收市后再做必要的调整。对于除权除息，由于保持总市值不变，因而指数保持不变。深证综合指数因编制采用的是先进的加权指数法，且抽样广泛、代表性强，不仅具有长期可比性，而且能正确反映股价运动的总趋向。

三、深证成分指数

深证成分指数是深圳证券交易所编制的一种成分指数。它是从深市的所有股票中抽取具有代表性的40家上市公司作为计算对象，并以流通股为权数计算得出的加权股份指数，综合反映深圳证券交易所上市A股、B股的股价走势。取1994年7月20日为基准日，基日指数定为1 000点，1995年1月24日试发布，1995年5月5日正式启用。40家上市公司的A股用于计算成分A股指数及产业分类指数，有B股的公司，其B股用于计算成分B股指数。样本股票的选取考虑：上市交易时间的长短；上市规模，按每家公司一段时期内的平均总市值和平均可流通市值计；交易活跃程度，按每家公司一段时间总成交金额计。在确定初步名单后，再结合以下因素选出40家上市公司股票作为成分股：股票在一段时期内的平均市盈率；公司的产业代表性及所属产业的发展前景；公司近年的财务状况、盈利记录、发展前景及管理素质等；公司的地区、板块代表性等。定于每年1月、5月、9月对成分股的代表性进行考察，讨论是否需要更换。自2006年9月18日起，深证成分指数变更为仅包含40只A股样本的价格指数，不再包含B股成分股。成分B股指数变更为包含深圳市场10只B股的B股总收益指数。

四、上证50指数

上证50指数由上海证券交易所编制，于2004年1月2日正式发布，该指数简称为上证 50，该指数代码为 000 016，基准日为 2003 年 12 月 31 日，基点为 1 000 点。

上证 50 指数是根据科学客观的方法，挑选上海证券市场规模大、流动性好的最具代表性的 50 只股票组成样本股，以综合反映上海证券市场最具市场影响力的一批优质大盘企业的整体状况。

五、上证 180 指数

上海证券交易所自 2002 年 7 月 1 日起正式对外发布上证 180 指数，以取代原来的上证 30 指数。作为此前上海证券市场唯一的成分指数，上证 30 指数自 1996 年 7 月 1 日正式对外公布以来，对市场的综合表征和分析评价、对投资人的投资引导都发挥了积极的作用。但是，随着市场的快速发展，长期未做调整的上证 30 指数已逐渐不能适应市场发展的要求，市场影响和功能发挥日益减弱。

从样本股规模代表性来看，上证 30 指数样本股流通市值占上海市场流通市值的比例从 1996 年 7 月末的 33. 26% 下降到 2002 年 4 月的 10. 05%；从样本股活跃度代表性来看，上证 30 指数股的成交额占上海市场股票成交额的比例从 1996 年 7 月的 43. 64% 下降至 2002 年 4 月的 6. 60%。上证 30 指数的市场代表性已经降低到相当严重的地步。而上证 180 指数的流通市值占到上海股票市场流通市值的 50%，成交金额所占比重达到 47%。鉴于此，经过广泛征求意见和充分论证，上海证券交易所决定调整上证 30 指数，并将其更改为上证 180 指数。

上证 180 指数的编制方法，是结合中国证券市场的发展现状，借鉴国际经验，在上证 30 指数编制方法的基础上做进一步完善后形成的，目的在于通过科学客观的方法挑选出最具代表性的样本股票。

上证 180 指数的选样是按照产业代表性、股票规模、交易活跃程度、财务状况等原则来确定的，较上证 30 指数更增加了选样的定量化程度，提高了选样的客观性和透明度。依据样本稳定性和动态跟踪相结合的原则，上证 180 指数每半年调整一次成分股。

计入上证 180 指数的样本共有 180 个。产业代表性、规模和流动性是国内外指数选样最基本、最核心的标准。产业代表性反映了国民经济结构，旨在满足投资管理需求；规模可以保证指数的代表性；流动性可以保证指数的可交易性。上证 180 指数的选样标准也是遵循规模（总市值、流动市值）、流动性（成交金额、换手率）、产业代表性三项指标，即选取规模较大、流动性较好且具有产业代表性的股票作为样本。

上证 180 成分指数采用派许加权综合价格指数公式计算，以样本股的调整股本数为权数。

报告期指数 =（报告期成分股的调整市值/基日成分股的调整市值）×1 000

其中，调整市值 = 市价 × 调整股本数，基日成分股的调整市值也称为除数，调整股本数采用分级靠档的方法对成分股股本进行调整。

六、深证 100 指数

经深圳证券交易所许可，深圳证券信息有限公司从 2003 年起正式对外发布深证 100 指数。深证 100 指数，代码 399 004，以 2002 年 12 月 31 日为基准日，基日指数定为 1 000 点，从 2003 年第一个交易日开始编制和发布。深证 100 指数选取在深圳证券交易所上市的 100 只 A 股作为成分股，以成分股的可流通 A 股数为权数，采用派许综合法编制。深证 100 指数的编制借鉴了国际惯例，吸取了深证成分指数的编制经验，成分股选取主要考察 A 股上市公司流通市值和成交金额两项重要指标。根据市场动态跟踪和成分股稳定性的原则，深证 100 指数每半年调整一次成分股。

与属于“行情指数”的深证综合指数和深证成分指数不同，深证 100 指数属于“产品指数”，主要功能是用于开发指数化投资产品，为机构投资人提供跟踪投资的对象和组合投资的依据。该指数的推出，为投资人（特别是机构投资人）提供了有效的投资绩效评价基准，适应了市场多样化的投资需求和研究分析需求，为指数产品如指数基金和交易所交易基金的创新发展创造了条件。

深证 100 指数选股原则客观简明，编制方法科学公开，具有较高的权威性和较强的市场适应性，具体表现在以下三点。

（1）市场覆盖率高。深证 100 指数成分股的流通市值和成交金额均占深圳股票市场总流通市值和总成交金额的 40% 左右。成分股具有流通市值大且交易活跃的特点，市场代表性较高。

（2）收益性好。无论是阶段性收益对比还是长期收益比较，深证 100 指数收益特征均强于深证综合指数及深证成分指数，具有很高的可投资性。

（3）稳定性高。深证 100 指数的波动性小于深证综合指数及深证成分指数。此外，深证 100 指数在进行定期调整时采用样本缓冲区技术，提高了深证 100 指数内部结构的稳定性和指数前后的可比性。

七、中小企业板指数

深圳证券交易所编制的中小企业板指数于 2005 年 12 月 1 日正式发布。首批样本股包括当时已在中小企业板上市的全部 50 只股票。中小企业板指数简称“中小板指”，代码为 399 101，是以中小企业板正常交易的股票为样本股的综合指数。这个指数以自由流通股数为权重，采取派许加权法计算。基日为中小企业板第 50 家上市公司的上市日，即 2005 年 6 月 7 日，基日点位为 1 000 点。

八、基金指数

（一）深市基金指数

深圳证券交易所最早从1996年3月18日（星期一）起开始编制并发布深证基金指数，中文名称为“深证基金指数”；基准日为1996年3月15日；基日指数为1 000点，开始编制并发布日期为1996年3月18日。计算方法与成分股指数的计算方法相同，以在交易所直接上市或联网上市的基金单位数（即可流通基金单位数）为权数。

随着深市基金的发展，为了反映证券投资基金的总体价格走势，配合老基金的清理规范工作，深圳证券交易所经研究决定自2000年7月3日起终止以老基金为样本的原“深证基金指数”（代码：9904）的编制与发布，同时推出以深证投资基金为样本的新基金指数，名称为“深市基金指数”（代码：399305）。

深市基金指数的样本包括已在深圳证券交易所上市的所有证券投资基金。新上市的证券投资基金自上市后第二个交易日起纳入指数计算范围。

深市基金指数的编制采用派许加权综合指数法计算，权数为各证券投资基金的总发行规模。

深市基金指数的基准日为2000年6月30日，基日指数为1 000点。

深市基金指数自2000年7月3日起实时计算发布，名称为“基金指数”，代码为“399305”。

（二）上证基金指数

上证基金指数是上海证券交易所为反映基金市场的综合变动情况，于2000年4月26日编制并发布的。上证基金指数中文名称为“上证基金指数”。上证基金指数同各指数一样，通过行情库实时发布，上证基金指数在行情库中的代码为000011，简称为“基金指数”，于2000年6月9日正式发布，以2000年6月8日为基期，基日点数为1 000点。

上证基金指数采用派许指数公式计算，以发行的基金单位总份额为权数。即：

报告期指数 =（报告期基金的总市值/基期）×基日指数

其中：

基金的总市值 = 基金市值 × 基金单位总份额

凡有新的证券投资基金上市，上市后第二日计入指数；凡有样本基金派发现金收益，在除息日前修正指数；当某样本基金在交易时间内突然停牌，取其最后成交价计算其即时指数，直至收盘；当某一样本基金暂停交易时，取该基金暂停交易的前一日收盘价计算指数。若停牌时间超过2日以上，则从连续停牌第3日起撤权，待其复牌后再予复权；凡有样本基金因清盘等原因不再上市交易，在摘牌日前进行指数修正。

九、上证国债指数

上证国债指数是以上海证券交易所上市的所有固定利率国债为样本，按照国债发行量加权而成。自2003年1月2日起对外发布，基日为2002年12月31日，基点为100点，代码为000012。

上证国债指数是上证指数系列的第一只债券指数，它的推出使我国证券市场股票、债券、基金三位一体的指数体系基本形成。编制上证国债指数的目的是反映我国债券市场整体变动状况，是我国债券市场价格变动的“指示器”。上证国债指数既为投资人提供了精确的投资尺度，也为金融产品创新夯实了基础。

上证国债指数基期指数为100点；采用100为初值可以直观地看出指数值的百分比变动，而且国际上主要指数也是以100为初值。

上证国债指数采用派许加权综合价格指数公式计算。以样本国债的发行量为权数进行加权，计算公式为：

报告期指数 = 报告期成分国债的总市值 + 报告期国债利息及再投资收益基期 × 基期指数

其中：

总市值 = 全价 × 发行量

全价 = 净价 + 应计利息

报告期国债利息及再投资收益表示将当月样本国债利息收入再投资于债券指数本身所得收益。

当成分国债的市值出现非交易因素的变动时，采用“除数修正法”修正原固定除数，以保证指数的连续性。修正公式为：

修正前的市值/原除数 = 修正后的市值/新除数

其中，修正后的市值 = 修正前的市值 + 新增（减）市值。由此公式得出新除数（即修正后的除数，又称新基期），并据此计算以后的指数。

十、沪深300指数

沪深300指数是由上海和深圳证券市场中选取的300只A股作为样本编制而成的成分股指数。沪深300指数样本覆盖了沪深市场六成左右的市值，具有良好的市场代表性。沪深300指数是沪、深证券交易所第一次联合发布的反映A股市场整体走势的指数。它的推出，丰富了市场现有的指数体系，增加了一项用于观察市场走势的指标，有利于投资人全面把握市场运行状况，也进一步为指数投资产品的创新和发展提供了基础条件。

第三节　国际证券市场主要指数

各个国家或地区都编制了反映市场运行态势的指数，有的指数不仅供该国家或地区的投资人参考和使用，而且还对其他市场产生了重要影响，尤其是在国际经济联系日益紧密的情况下，这种影响显得更为突出。在国际上，比较重要的指数主要包括道琼斯指数、日经指数、伦敦金融时报指数和恒生指数等。

一、道琼斯指数

道琼斯指数即道琼斯股票价格平均指数，是世界上最有影响、使用最广的股价指数。它以在纽约证券交易所挂牌上市的一部分有代表性的公司股票作为编制对象，由四种股价平均指数构成，分别是：（1）以 30 家著名的工业公司股票为编制对象的道琼斯工业股价平均指数。（2）以 20 家著名的交通运输业公司股票为编制对象的道琼斯运输业股价平均指数。（3）以 15 家著名的公用事业公司股票为编制对象的道琼斯公用事业股价平均指数。（4）以上述三种股价平均指数所涉及的 65 家公司股票为编制对象的道琼斯股价综合平均指数。在四种道琼斯股价指数中，以道琼斯工业股价平均指数最为著名，它被大众传媒广泛地报道，并作为道琼斯指数的代表加以引用。道琼斯指数由美国报业集团——道琼斯公司负责编制并发布，登载在其属下的《华尔街日报》上。历史上第一次公布道琼斯指数是在 1884 年 7 月 3 日，当时的指数样本包括 11 种股票，由道琼斯公司的创始人之一、《华尔街日报》首任编辑查尔斯·亨利·道（Charles Henry Dow，1851 ~ 1902 年）编制。自 1928 年 10 月 1 日起其样本股增加到 30 种并保持至今，但作为样本股的公司已经历过多次调整。道琼斯指数是算术平均股价指数。

二、日经指数

日经指数原称为“日本经济新闻社道琼斯股票平均价格指数”，是由日本经济新闻社编制并公布的反映日本东京证券交易所股票价格变动的股票价格平均指数。该指数的前身为 1950 年 9 月开始编制的“东证修正平均股价”。1975 年 5 月 1 日，日本经济新闻社向美国道琼斯公司买进商标，采用修正的美国道琼斯公司股票价格平均数的计算方法计算，并将其所编制的股票价格指数定为“日本经济新闻社道琼斯股票平均价格指数”。1985 年 5 月 1 日在合同满 10 年时，经两家协商，将名称改为“日经平均股价指数”（简称“日经指数”）。日经指数按其计算对象的采样数目不同现分为两种：一是日经 225 种平均股价指数，它是从 1950 年 9 月开始编制的；二是日经 500 种平均股价指数，它是从 1982 年 1 月开始编制的。前一种指数因延续时间较长，具有很好的可比性，成为考察日本股票市场股价长期演变及最新变动最常用、最可靠的指标，传媒日常引用的日经指数就是这个指数。

三、伦敦金融时报指数

伦敦金融时报指数是“伦敦《金融时报》工商业普通股票平均价格指数”的简称。它由英国最著名的报纸之一——《金融时报》编制和公布，用于反映英国伦敦证券交易所的行情变动。该指数分为三种：一是由30种股票组成的价格指数；二是由100种股票组成的价格指数；三是由500种股票组成的价格指数。通常所说的伦敦金融时报指数指的是第一种，即由30种有代表性的工商业股票组成并采用加权算术平均法计算出来的价格指数。该指数以1935年7月1日为基期日，以该日股价指数为100点，以后各期股价与其比较，所得数值即为各期指数，该指数也是国际上公认的重要股价指数之一。

四、恒生指数

恒生指数由中国香港恒生银行全资附属的恒生指数服务有限公司编制，是以中国香港股票市场中的33家上市股票为成分股样本、以其发行量为权数的加权平均股价指数，是反映中国香港股市价格趋势最有影响力的一种股价指数。该指数于1969年11月24日首次公开发布，基期为1964年7月31日，基期指数定为1 000点。恒生指数的成分股具有广泛的市场代表性，其总市值占中国香港联合交易所市场资本额总和的70%左右。为了进一步反映市场上各类股票的价格走势，恒生指数于1985年开始公布四个分类指数，把33种成分股分别纳入工商业、金融、地产和公共事业四个分类指数中。恒生指数成分股的选取原则如下。

（1）按股票市值大小选择，必须居于占联合交易所所有上市普通股份总市值90%的排榜股票之列（市值指过去12个月的平均值）。

（2）按成交额大小选择，必须居于占联合交易所上市所有普通股份成交额90%的排榜股票之列（成交额指过去24个月的成交总额）。

（3）必须在联合交易所上市满24个月以上。

根据以上标准初选出合格股票后，再按公司市值及成交额排名、四个分类指数在恒生指数内各占的比重需大体反映市场情况、公司在香港地区有庞大业务、公司的财务状况等最终选定样本股。

恒生指数的计算公式是：

现时指数 = 现时成分股的总市值/上日收市时成分股的总市值 × 上日收市指数

思考题

1. 我国及世界主要交易所的形成与发展。
2. 证券交易所的主要职能。
3. 全球影响较大的股价指数有哪几个?
4. 选择样本股的标准。

第四章　证券投资基本分析

第一节　基本分析概述

一、基本分析的含义

基本分析又称基本面分析，是指根据经济学、金融学、财务管理以及投资学等基本原理，对决定证券价值及价格的基本要素如宏观经济指标、经济政策走势、产业发展情况、产品市场情况、公司销售以及财务方面的情况进行分析，评估证券的投资价值，判断证券的合理价位，提出相应的投资建议的一种分析方法。基本分析的优点主要是能够比较全面地把握证券价格的基本走势，应用起来相对简单；缺点是预测的时间跨度相对较长，对短线投资人的指导作用比较弱，同时，预测的精确度相对较低。

二、基本分析的主要内容

（一）宏观经济分析

宏观经济分析主要探讨各经济指标和经济政策对证券价格的影响。经济指标分为三类：先于证券价格变化的超前性指标，如利率水平、主要生产资料价格等；与证券价格变化基本趋于同步的吻合性指标，如 GDP、社会商品销售额等；滞后于证券价格变化的滞后性指标，如失业率、库存量等。除了经济指标之外，还要分析货币政策、财政政策、产业政策等。

（二）产业分析

产业分析主要分析产业所属的不同市场类型、所处的不同生命周期以及产业的业绩对于证券价格的影响，产业分析是介于经济分析与公司分析之间的中观层次分析，它在发现产业之间的绩效差异以帮助发现投资机会方面，既是重要的又是必要的。

（三）公司分析

公司分析是基本分析的重点，无论什么样的分析报告，最终都要落实到具体上市公司股票的走势上。如果没有对公司状况进行全面、客观、准确的分析，就很难正确地预测其股票价格的走势。

（四）市场因素分析

所谓市场因素，是指市场上的各种投机操作、市场规律以及证券主管机构的某些干预行为等因素。其中，市场上的各种投机操作尤其应当引起注意。

（五）社会心理因素分析

社会心理因素即投资人的心理变化，它对市场有着很大影响。社会心理因素对市场变动的影响主要表现在：如果投资人对市场前景过分悲观，就会大量抛售，致使市场价格下跌。在股票交易市场，很多投资人存在一种盲目跟风心理。这种跟风心理被人们称为“羊群心理”。“羊群心理”往往存在于小的投资人身上。他们最大的心理特点是求利心切，怕吃亏。这种心理状态往往被一些大投机者所利用，从而引起股价上涨或下跌。投资人的心理状态是多种因素共同作用的结果。对于具有不同心理素质的投资人来说，在同样的外部因素的影响下，其心理状态是不一样的。一个成功的投资人，除了要求有足够的实践经验和丰富的知识外，还必须具有良好的心理素质、稳定的心理机能和对外部的抗干扰能力。

（六）市场效率因素分析

市场效率因素主要包括以下三个方面：（1）信息披露是否全面、准确。（2）通信条件是否先进，从而决定信息传播是否快速准确。（3）投资专业化程度，即投资大众分析、处理、理解信息的能力、速度及准确性。市场效率越高，价格对信息反应越及时、准确，价格变化的随机性越强。

（七）政治因素分析

证券市场价格的波动，除受经济的、技术的和社会心理的因素影响外，还受到政治因素的影响，而且，这一因素对市场价格的影响是全面的、整体的和敏感的。所谓政治因素，指的是国内外的政治形势、政治活动、政局变化、国家领导人的更迭、国家政治经济政策与法律的公布或改变、国家或地区间的战争和军事行为等。这些因素都会引起市场价格的巨大波动。

第二节　证券市场态势与宏观经济

一、GDP 的变化与证券市场

GDP 是一个国家经济成就的根本反映，证券市场作为经济的“晴雨表”，会对 GDP 的变动比较敏感。

（一）持续、稳定、高速的 GDP 增长

在这种情况下，社会总需求与总供给协调增长，经济结构逐步合理，趋于平衡，经济增长来源于需求刺激并使得闲置的或利用率不高的资源得以更充分地利用，从而表明经济发展的良好势头，这时证券市场将基于下述原因而呈现上升走势。

1. 伴随总体经济成长，上市公司利润持续上升，股息和红利不断增长，企业经营环境不断改善，产销两旺，投资风险也越来越小，从而公司的股票和债券全面得到升值，促使价格上扬。

2. 人们对经济形势形成了良好的预期，投资积极性得以提高，从而增加了对证券的需求，促使证券价格上涨。

3. 随着 GDP 的持续增长，国民收入和个人收入都不断得到提高，收入增加也将增加对证券投资的需求，从而使证券价格上涨。

（二）高通货膨胀下的 GDP 增长

当经济处于严重失衡下的高速增长时，总需求大大超过总供给，这将表现为高的通货膨胀率，这是经济形势恶化的征兆，如不采取调控措施，必将导致未来的“滞胀”（通货膨胀与经济停滞并存）。这时，经济中的矛盾会突出地表现出来，企业经营将面临困境，居民实际收入也将降低，因而失衡的经济增长必将导致证券市场价格下跌。

（三）宏观调控下的 GDP 减速增长

当 GDP 呈现失衡的高速增长时，政府可能采取宏观调控措施以维持经济的稳定增长，这样必然减缓 GDP 的增长速度。如果调控目标得以顺利实现，但 GDP 仍以适当的速度增长而未导致 GDP 的负增长或低增长，说明宏观调控措施十分有效，经济矛盾逐步得以缓解，为进一步增长创造了有利条件，这时证券市场价格亦将反映这种好的形势而呈现平稳渐升的态势。

（四）转折性的 GDP 变动

如果 GDP 一段时期以来呈负增长，当负增长速度逐渐减缓并呈现向正增长

转变的趋势时，表明恶化的经济环境逐步得到改善，证券市场价格走势也将由下跌转为上升。当GDP由低速增长转向高速增长时，表明低速增长中经济结构得到调整，经济的“瓶颈”制约得以改善，新一轮经济高速增长已经来临，证券市场价格亦将伴之以快速上涨之势。

必须强调的是，证券市场一般提前对GDP的变动做出反应，也就是说，它是反映预期的GDP变动，而GDP的实际变动被公布时，证券市场只反映实际变动与预期变动的差别，因而在证券投资中进行GDP变动分析时必须着眼于未来，这是最基本的原则。

二、经济周期变化与证券市场

经济运行具有周期性。证券市场作为经济的“晴雨表”，将提前反映经济周期变化。总体上，从经济繁荣初期开始，人们对未来经济形势持好的预期，从而对公司的利润和发展前景也有好的预期，投资人开始购入有价证券使得市场价格随之上扬；当经济走向繁荣时，更多的投资人认识到良好的经济形势已经到来，尤其此时公司经营形势已经好转，利润不断增加，得到投资人的完全认同，市场必呈现大牛市走势；当经济繁荣接近顶峰时，意识到这一点的投资人开始撤离市场，交投减缩直到逆转；到经济开始衰退时，市场将加速下跌。当然，不同产业受经济周期影响的程度会有差异，有些产业（如钢铁、能源、耐用消费品等）受经济周期影响比较明显，而有些产业（如公用事业、生活必需品产业等）受经济周期影响较小。

三、财政政策与证券市场

财政政策是政府依据客观经济规律制定的指导财政工作和处理财政关系的一系列方针、准则和措施的总称。财政政策的实施通常运用国家预算、税收、国债、财政补贴、转移支付等手段进行。国家预算是财政政策的主要手段，国家预算收支的规模和收支平衡状态可以对社会供求的总量平衡产生影响。税收是国家凭借政治权利参与社会产品分配的重要形式。税收具有强制性、无偿性、固定性的特征。税收可以调节社会总供求结构，可以根据消费需求和投资需求的不同对象设置税种或在同一税种中实行差别税率，以控制需求数量和调节供求结构。国债是国家按照有偿信用的原则筹集财政资金的一种形式，同时也是实现政府财政政策、进行宏观调控的重要工具。财政补贴包括价格补贴、企业亏损补贴、财政贴息、房租补贴、职工生活补贴和外贸补贴。转移支付制度是中央财政将集中的一部分财政资金按照一定的标准拨付给地方政府的一项制度。主要功能是调整中央政府与地方政府之间的财政纵向不平衡，以及调整地区间财政横向不平衡。

财政政策对证券市场的影响可概括为：当财政政策比较宽松时，会增加人们的收入，并同时增加投资需求和消费支出。前者直接引起证券市场价格上涨；后者则使得社会总需求增加，总需求增加反过来刺激投资需求，企业扩大生产规模，企业利润增加。同时，企业税后利润增加，也将刺激企业扩大生产规模，进一步增加利润总额，从而促进股票价格上涨。此外，因市场需求活跃，企业经营环境改善，盈利能力增强，进而降低了还本付息风险，债券价格也将上扬。紧缩财政政策的效果与上述相反。

四、货币政策与证券市场

货币政策是指政府为实现一定的宏观经济目标而制定的关于货币供应和货币流通组织管理的基本方针、准则。货币政策的目标总体上包括稳定币值（物价）、充分就业、经济增长、国际收支平衡。货币政策工具包括法定存款准备金率、再贴现政策和公开市场业务三种一般性政策工具，还包括直接信用控制、间接信用指导等选择性政策工具。

当中央银行提高法定存款准备金率时，商业银行可运用的资金减少，贷款能力下降，货币乘数变小，市场货币量便会相应减少。因此，在通货膨胀时，中央银行可提高法定存款准备金率；反之，则降低。法定存款准备金率的作用效果十分明显：一方面，它在很大程度上限制了商业银行体系创造派生存款的能力，而且其他政策工具也都是以此为基础，提高法定存款准备金率，就等于冻结了一部分商业银行的超额准备；另一方面，它对商业银行的资金总量影响巨大，因为它对应数额庞大的存款总量，并通过货币乘数的作用对货币供给总量产生更大的影响。人们通常认为这一政策工具效果过于猛烈，它的调整会在很大程度上影响整个经济和社会心理预期，因此，一般对法定存款准备金率的调整都应持谨慎态度。

再贴现政策是指中央银行对商业银行用持有的未到期票据向中央银行融资所做的政策规定。再贴现政策一般包括再贴现率的确定和再贴现的资格条件。再贴现率主要着眼于短期，中央银行根据市场资金供求状况调整再贴现率，以影响银行借入成本，进而影响商业银行对社会的信用量，从而调整货币供给总量。在传导机制上，商业银行需要以较高的代价才能获得中央银行的贷款，便会提高对客户的贴现率或提高放款利率，其结果就会使得信用量收缩，市场货币供应量减少；反之则相反。中央银行对再贴现资格条件的规定则着眼于长期的政策效用，以发挥抑制或扶持作用，并改变资金流向。

公开市场业务是指中央银行在金融市场上公开买卖有价证券，以此来调节市场货币供应量的政策行为。当中央银行认为应该增加货币供应量时，就在金融市场上买进有价证券（主要是政府债券）；反之，就出售所持有的有价证券。

货币政策可分为紧缩型和宽松型两大类。紧缩型的货币政策是指减少货币供应量，提高利率，加强信贷控制。如果市场上商品价格上涨，需求过度，经济过度繁荣，秩序混乱，被认为是社会总需求大于总供给，这时中央银行就会采取紧缩的货币政策以减少需求。宽松型的货币政策是指增加货币供应量，降低利率，放松信贷控制。如果市场上产品销售不畅，经济运转困难，资金闲置，被认为是社会总需求小于总供给，中央银行则会采取扩大货币供应的办法增加总需求。对于证券市场而言，宽松型的货币政策将使证券市场价格上扬；紧缩型的货币政策将使证券市场价格下跌。

五、通货膨胀与证券市场

通货膨胀对证券市场特别是个股的影响无永恒的定式，它完全可能同时产生相反方向的影响。对这些影响做具体分析和比较，必须从该时期通货膨胀的原因、通货膨胀的程度，配合当时的经济结构和形势、政府可能采取的干预措施等的分析入手。

温和的、稳定的通货膨胀对股价的影响较小。如果通货膨胀在一定的可容忍范围内增长，而经济处于景气（扩张）阶段，产量和就业都持续增长，那么股价也将持续上升。严重的通货膨胀是很危险的，一旦发生，经济将被严重扭曲，货币加速贬值，这时人们将会囤积商品，购买房屋以期使资金保值。这可能从两个角度影响股价：其一，资金流出金融市场，引起股价下跌；其二，经济扭曲和失去效率，企业一方面筹集不到必需的生产资金，另一方面原材料、劳务价格等成本飞涨，使企业经营严重受挫，盈利水平下降，甚至倒闭。政府往往不会长期容忍通货膨胀存在，因而必然会动用某些宏观经济政策工具来抑制通货膨胀，这些政策必然对经济运行造成影响，这种影响将改变资金流向和企业的经营利润，从而影响股价。通货膨胀时期，并不是所有价格和工资都按同一比率变动，而是相对价格发生变化。这种相对价格变化引致财富和收入的再分配、产量和就业的扭曲，因而某些公司可能从中获利，而另一些公司可能蒙受损失。与之相对应的是，获利公司的股票价格上涨，相反，受损失公司的股票价格下跌。通货膨胀不仅产生经济影响，还可能产生社会影响，并影响公众的心理和预期，从而对股价产生影响。通货膨胀使得各种商品价格具有更大的不确定性，也使企业未来经营状况具有更大的不确定性，从而影响市场对股息的预期，并增大获得预期股息的风险，导致股价下跌。

通货膨胀对企业（公司）的微观影响。通货膨胀之初，由于税收效应、债务效应、存货效应，有可能刺激股价上涨。但长期的严重的通货膨胀必然恶化经济环境、社会环境，股价必受大环境驱使而下跌，短期效应的表现便不复存在。在适度的通货膨胀下，人们为避免损失，将资金投向股市。而在通货膨胀初期，物价上涨，生产受到刺激，企业利润增加，股价因此看涨。但在持续增长的通货膨胀下，企业成本增加，而高价格下需求下降，企业经营恶化。特别是，政府此时不得已采取严厉的紧缩政策，则犹如雪上加霜，企业资金周转失灵，一些企业甚至倒闭，股市在恐慌中狂跌。

对债券而言，未预期的通货膨胀增加了企业经营的不确定性，降低了还本付息的保证；过度的通货膨胀，将使企业经营困难甚至倒闭，同时投资人将资金转移到实物资产和交易上寻求保值，债券需求减少；通货膨胀还提高了对债券的必要收益率，从而引起债券价格下跌。而适度通货膨胀下，人们企图通过投资于债券实现资金保值从而使债券需求增加，价格上涨。

六、利率与证券市场

利率政策在各国存在差异。有的采用浮动利率制，此时利率是作为一个货币政策的中介目标，直接对货币供应量做出反应。有的实行固定利率制，利率作为一个货币政策工具受到政府（央行）直接控制。无论如何，利率对证券市场的影响是十分直接的。利率上升，公司借款成本增加，利润率下降，特别是那些负债率比较高而且主要由银行贷款从事生产经营的企业，这种影响将极为显著；利率上升，债券和股票投资机会成本都会增大，从而价值评估降低，导致价格下跌；利率上升，还会吸引部分资金从债市特别是股市转向储蓄，导致证券需求下降，证券价格下跌。利率降低，将对证券市场起完全相反的作用。

七、汇率水平与证券市场

汇率变动对国际化程度较高的证券市场影响较大，币值大幅波动会影响国际投资人对该国的信心，造成资本外流，导致市场价格下跌。但对国际化程度较低的证券市场影响较小。

第三节　证券投资的产业分析

一、产业的含义及分类

（一）产业的含义

随着社会生活的发展，人们对于产业的认识也经历了一个过程。“产业”一词最早由重农学派提出，特指农业。在人类社会迈入资本主义大生产时代后，产业主要是指工业，在英文中，产业与工业的表示方式都是 industry。马克思主义政治经济学曾将产业表述为从事物质性产品生产的产业，并被人们长期普遍接受为唯一的定义，也正是因为“物质性生产产业”的定位，广电媒体始终没有被赋予产业的属性。20 世纪 50 年代以后，随着服务业和各种非生产性产业的迅速发展，产业的含义发生了变化，不再专指物质产品生产部门，而是指生产同类产品（或服务）及其可替代品（或服务）的企业群在同一市场上的相互关系的集合。产业是一个居于微观经济的细胞（企业）和宏观经济的整体（国民经济）之间的一个集合概念，它既是同一属性的企业的集合，也是根据某一标准对国民经济进行划分的一部分。

(二) 产业的分类

在经济研究和经济管理中，经常使用的分类方法主要有：两大领域、两大部类分类法；三次产业分类法；资源密集度分类法；国际标准产业分类法。

1. 两大领域、两大部类分类法。这种分类法就是按生产活动的性质及其产品属性对产业进行划分。按生产活动的性质，把产业部门分为物质资料生产部门和非物质资料生产部门两大领域。前者指从事物质资料生产并创造物质产品的部门，包括农业、工业、建筑业、运输邮电业、商业等；后者指不从事物质资料生产而只提供非物质性服务的部门，包括科学、文化、教育、卫生、金融、保险、咨询等部门。

2. 三次产业分类法。这种分类法是根据社会生产活动历史发展的顺序对产业结构进行划分。产品直接取自自然界的部门称为第一产业；对初级产品进行再加工的部门称为第二产业；为生产和消费提供各种服务的部门称为第三产业。这种分类方法成为世界上较为通用的产业结构分类方法。

我国的三次产业划分是：

第一产业，农业（包括种植业、林业、牧业和渔业）；

第二产业，工业（包括采掘业，制造业，电力、煤气、水的生产和供应业）和建筑业；

第三产业，除第一、第二产业以外的其他各业。

根据我国的实际情况，第三产业可分为两大部分：一是流通部门；二是服务部门。具体可分为四个层次。

第一层次，流通部门，包括交通运输、仓储及邮电通信业，批发和零售贸易、餐饮业；

第二层次，为生产和生活服务的部门，包括金融、保险业，地质勘查业、水利管理业，房地产业，社会服务业，农、林、牧、渔服务业，交通运输辅助业，综合技术服务业等；

第三层次，为提高科学文化水平和居民素质服务的部门，包括教育、文化艺术及广播电影电视业，卫生、体育和社会福利业，科学研究业等；

第四层次，为社会公共需要服务的部门，包括国家机关、政党机关和社会团体以及军队、警察等。

3. 资源密集度分类法。这种产业分类方法是按照各产业所投入的、占主要地位的资源的不同为标准来划分。根据劳动力、资本和技术三种生产要素在各产业中的相对密集度，把产业划分为劳动密集型、资本密集型和技术密集型产业。

（1）劳动密集型产业，指进行生产主要依靠大量使用劳动力，而对技术和设备的依赖程度低的产业。其衡量的标准是，在生产成本中工资和设备折旧与研究开发支出相比所占比重较大。一般来说，目前劳动密集型产业主要指农业、林业及纺织、服装、玩具、皮革、家具等制造业。随着技术进步和新工艺设备的应用，发达国家劳动密集型产业的技术、资本密集度也在提高，并逐步从劳动密集型产业中分化出去。例如，食品业在发达国家就被划入资本密集型产业。

（2）资本密集型产业，指在单位产品成本中，资本成本与劳动成本相比所占比重较大，每个劳动者所占用的固定资本和流动资本金额较高的产业。当前，资本密集型产业主要指钢铁业、一般电子与通信设备制造业、运输设备制造业、石油化工、重型机械工业、电力工业等。资本密集型工业主要分布在基础工业和重加工业，一般被看作发展国民经济、实现工业化的重要基础。

（3）技术密集型产业，指在生产过程中对技术和智力要素依赖大大超过对其他生产要素依赖的产业。目前技术密集型产业包括微电子与信息产品制造业、航空航天工业、原子能工业、现代制药工业、新材料工业等。

当前以微电子与信息产品制造业为代表的技术密集型产业正迅猛发展，成为带动全球经济增长的主导产业。因此，可以说，技术密集型产业的发展水平将决定一个国家的竞争力和经济增长的前景。

4. 国际标准产业分类法。为使不同国家的统计数据具有可比性，联合国颁布了《全部经济活动的国际标准产业分类》（ISIC）。现在通行的是1988年第三次修订本。这套《国际标准产业分类》分为A至Q共17个部门，其中包括99个产业类别。这17个部门分别为：A. 农业、狩猎业和林业；B. 渔业；C. 采矿及采石；D. 制造业；E. 电、煤气和水的供应；F. 建筑业；G. 批发和零售、修理业；H. 旅馆和餐馆；I. 运输、仓储和通信；J. 金融中介；K. 房地产、租赁业；L. 公共管理和国防；M. 教育；N. 保健和社会工作；O. 社会和个人的服务；P. 家庭雇工；Q. 境外组织和机构。

我国发布的《国民经济产业分类与代码》就是参照《全部经济活动的国际标准产业分类》制定的，因此，产业划分与包括经济合作与发展组织（OECD）在内的大多数国家或组织基本一致。

5. 我国证券市场的产业分类。目前证券市场上被业内分析人士和广大投资人接受并获广泛应用的分类方法，是为进行投资时分析方便而逐渐形成的，其中应用最多的是产业分类和板块分类等。

（1）产业分类。根据上市公司主营业务的营业范围来划分，业内人士和投资人通常把上市公司分为科技产业、房地产业、家电产业、电子信息产业、化工产业、能源产业、汽车产业、金融产业、农林牧副渔业、酿酒食品饮料产业、医药产业、冶金产业、纺织产业、机械产业、纸业包装产业、建材产业、公用事业、商业产业、综合类等。

（2）板块分类。板块效应是我国证券市场的特殊现象，在我国证券市场发展的各个阶段都产生过重要的影响。板块分类标准不一，例如，可按地域划分，比如有北京板块、深圳板块、上海板块（单列一个浦东板块）、成渝特区板块等；也可以上市公司的经营业绩为纽带划分，包括绩优板块、ST板块等；按产业分类划分，有高科技板块、金融板块、房地产板块、酿酒食品板块、建材板块等；按上市公司的经营行为划分，有重组板块、股权转让板块等。随着上市公司的不断发展及数量的日益增多，划分板块的标准也越来越多，各个板块之间的相互联动关系也日趋复杂。

二、产业分析在证券投资中的作用

（一）产业分析可为投资人提供更为详尽的产业投资背景

宏观经济分析主要分析了社会经济的总体状况，但没有对社会经济的各组成部分进行具体分析。社会经济的发展水平和增长速度反映了各组成部分的平均水平和速度，但各部门的发展并非都与总体水平保持一致。在宏观经济运行态势良好、速度增长、效益提高的情况下，有些部门的增长与国民生产总值、国内生产总值增长同步，有些部门则高于或低于国民生产总值或国内生产总值的增长。投资人除需了解宏观政治经济背景之外，还需对各产业的一般特征、经营状况和发展前景有进一步的了解，这样才能更好地进行投资决策。

（二）产业分析可为投资人确定投资重点

国家在不同时期的经济政策和对不同地区的政策导向会对不同的产业和地区产生不同的影响，属于这些产业和位于这些地区的企业会受益匪浅，直接或间接对许多上市公司产生影响，投资人可根据这一产业背景选择合适的企业进行投资。

（三）产业分析有利于投资人选择投资对象

通过对产业所处生命周期和影响产业发展的因素进行分析，投资人可了解产业的发展潜力和欲投资企业的优势所在，这对其最终确定所投资企业及确定持股时间有重要作用。很多时候，股票价格会随着某一产业的发展而相应地上升。例如，国家对新能源的扶持，使风能、太阳能等许多与该产业有关的证券价格上升，因为投资人和投机家们都认可这些产业具有极大的增长潜力，据此做出投资决策符合宏观政策导向。板块分析对于投资人选择股票也有较大的影响。在市场发展的某一阶段，属于某一板块的数只股票长期处于强势，那么，该板块中其他尚处于盘整阶段的股票很有可能就是当前市场最有上升潜力的股票，极具投资价值；而在板块中大多数股票升势转弱时，该板块中的其他股票也就接近其出货时机了。

三、产业生命周期分析

产业生命周期理论是美国哈佛大学教授费农于 1966 年在其《产品周期中的国际投资与国际贸易》一文中首次提出的。费农认为，产品生命是指市场的营销生命，产品和人的生命一样，要经历形成、成长、成熟、衰退这样的周期，而这个周期在不同技术水平的国家里发生的时间和过程是不一样的，其间存在一个较大的时差，正是这一时差，表现为不同国家在技术上的差距，它反映了同一产品在不同国家市场上的竞争地位的差异，从而决定了国际贸易和国际投资的变化。

产业和产品一样，都要经历一个由成长到衰退的发展演变过程。这个过程便被称为产业生命周期。一般地，产业生命周期可分为四个阶段，即初创阶段（也叫幼稚期）、成长阶段、成熟阶段和衰退阶段。

（一）初创阶段

在这一阶段，由于新产业刚刚诞生或初建不久，因而只有为数不多的创业公司投资于这个新兴的产业。由于初创阶段产业的创立投资和产品的研究、开发费用较高，而产品市场需求狭小（因为大众对其尚缺乏了解），销售收入较低，因此，这些创业公司财务上可能不但没有盈利，反而普遍亏损；同时，较高的产品成本和价格与较小的市场需求，还使这些创业公司面临很大的投资风险。另外，在初创阶段，企业还可能因财务困难而引发破产的危险，因此，这类企业更适合投机者而非投资人。在初创阶段后期，随着产业生产技术的提高、生产成本的降低和市场需求的扩大，新产业便逐步由高风险、低收益的初创期转向高风险、高收益的成长期。

（二）成长阶段

在这一时期，拥有一定市场营销和财务力量的企业逐渐主导市场，这些企业往往是较大的企业，其资本结构比较稳定，因而它们开始定期支付股利并扩大经营。在成长阶段，新产业的产品经过广泛宣传和消费者的试用，逐渐以其自身的特点赢得了大众的欢迎或偏好，市场需求开始上升，新产业也随之繁荣起来。与市场需求变化相适应，供给方面相应地出现了一系列的变化。由于市场前景良好，投资于新产业的厂商大量增加，产品也逐步从单一、低质、高价向多样、优质和低价方向发展，因而新产业出现了生产厂商和产品相互竞争的局面。这种状况会持续数年或数十年。由于这一原因，这一阶段有时被称为投资机会时期。这种状况的持续将导致生产厂商随着市场竞争而不断发展，产品产量不断增加，市场的需求日趋饱和。生产厂商不能单纯地依靠扩大生产量、提高市场的份额来增加收入，而必须依靠追加生产、提高生产技术、降低成本以及研制和开发新产品的方法来争取竞争优势，战胜竞争对手和维持企业的生存。

但这种方法只有资本和技术力量雄厚、经营管理有方的企业才能做到。那些财力与技术较弱、经营不善或新加入的企业（因产品的成本较高或不符合市场的需要）则往往被淘汰或被兼并。因此，这一时期企业的利润虽然增长很快，但所面临的竞争风险也非常大，破产率与合并率相当高。在成长阶段的后期，由于产业中生产厂商与产品竞争优胜劣汰规律的作用，市场上生产厂商的数量在大幅度下降之后便开始趋于稳定。由于市场需求基本饱和，产品的销售增长率减慢，迅速赚取利润的机会减少，整个产业开始进入稳定期。在成长阶段，虽然产业仍在增长，但这时的增长具有可测性。由于受不确定因素的影响较少，产业的波动也较小。此时，投资人蒙受经营失败而导致投资损失的可能性大大降低，因此，分享产业增长带来的收益的可能性大大提高。

（三）成熟阶段

产业的成熟阶段是一个相对较长的时期。在这一时期，在竞争中生存下来的少数大厂商垄断了整个产业的市场，每个厂商都占有一定比例的市场份额。由于彼此势均力敌，市场份额比例发生变化的程度较小。厂商及产品之间的竞争手段逐渐从价格手段转向各种非价格手段，如提高质量、改善性能和加强售后维修服务等。产业利润由于一定程度的垄断达到了很高的水平，而风险却因市场比例比较稳定、新企业难以打入成熟期市场而较低，其原因是市场已被原有大企业比例分割、产品的价格比较低。因此，新企业往往会由于创业投资无法很快得到补偿或产品的销路不畅、资金周转困难而倒闭或转产。

在产业成熟阶段，产业增长速度降到一个更加适度的水平。在某些情况下，整个产业的增长可能会完全停止，其产出甚至下降。由于丧失其资本的增长，致使产业的发展很难较好地保持与国民生产总值同步增长，当国民生产总值减少时，产业甚至会蒙受更大的损失。但是，由于技术创新的原因，某些产业或许实际上会有新的增长。在短期内很难识别何时进入成熟阶段，但是，总而言之，在这一阶段一开始，投资人便希望收回资金。

（四）衰退阶段

行业衰退是客观的必然，是行业经济新陈代谢的表现。行业衰退可以分为自然衰退和偶然衰退。自然衰退是一种自然状态下到来的衰退。偶然衰退是指在偶然的外部因素作用下，提前或者延后发生的衰退。行业衰退还可以分为绝对衰退和相对衰退。绝对衰退是指行业本身内在的衰退规律起作用而发生的规模萎缩、功能衰退、产品老化。相对衰退是指行业因结构性原因或者无形原因引起行业地位和功能发生衰减的状况，而并不一定是行业实体发生了绝对的萎缩。

衰退期出现在较长的稳定期之后。由于大量替代品的出现，原行业产品的市场需求开始逐渐减少，产品的销售量也开始下降，某些厂商开始向其他更有利可图的行业转移资金，因而原行业出现了厂商数目减少、利润水平停滞不前或不断下降的萧条景象。至此，整个行业便进入了衰退期。

但在很多情况下行业的衰退期往往比行业生命周期的其他三个阶段的总和还要长，大量的行业都是衰而不亡，甚至会与人类社会长期共存。例如，钢铁业、纺织业在衰退，但是，人们却看不到它们的消亡。烟草业更是如此，难有终期。

不同生命周期下利润与风险的对比如表 4 – 1 所示。

表 4 – 1　不同生命周期下利润与风险的对比

产业阶段	初创期	成长期	成熟期	衰退期
厂商数量	很少	增加	减少	很少
利润	亏损	增加	较高	减少或者亏损
风险	较高	较高	减小	较低
风险形态	技术风险、市场风险	市场风险、管理风险	管理风险	生存风险

四、影响产业生命周期的因素

产业生命周期的影响因素主要有需求、技术进步、政府政策及社会习惯的改变等。在这些影响因素中，起持续作用的是需求、技术进步、利益竞争等内在因素。正是这种持续作用使得产业生命周期成为各产业发展的一个普遍规律。

五、各生命周期阶段的产业表现及投资选择

处于产业生命周期不同阶段的产业在证券市场上的表现会有较大的差异。处于初创期的产业由于产业创立不久，厂商较少，收益较少甚至亏损，因而在传统的证券市场上是不符合上市条件的。处于成长期的产业由于利润快速成长，因而其证券价格也呈现快速上扬趋势。处于成熟期的产业是蓝筹股的集中地。处于衰退期的产业由于已丧失发展空间，所以在证券市场上全无优势，如果没有后续重组或出售“壳”资源，将被市场抛弃，直至摘牌。

虽然按照证券价值决定理论，证券的价格主要取决于其业绩，但产业生命周期各阶段的市场表现及其业绩状况并非完全与理论一致。最典型的就是，初创期的产业虽然业绩不佳，但其证券二级市场价格大幅飙升，这其中一个重要因素就是投资人的预期。

对产业投资的选择应遵循以下原则：顺应产业结构演进的趋势，选择有潜力的产业进行投资；对处在生命周期不同阶段的产业，不同的投资人、不同性质的资金应有不同的处理；正确理解国家的产业政策，把握投资机会。

第四节　证券投资的公司分析

一、上市公司基本素质分析

上市公司基本素质分析是一个定性分析过程，主要围绕上市公司的内部条件和外部环境，整体分析上市公司的优势或劣势、面临的挑战与发展机遇、发展的可行性与现实需要等，重点是确定公司潜在的利润增长点和主要的业务风险。上市公司基本素质分析主要包括以下六个方面。

1. 分析公司的背景和历史沿革。包括分析公司性质、集团及其关联企业的规模，股本结构和主要投资人，公司的中长期发展战略，公司的主要产品和利润的主要来源，公司的主要优劣势等。

2. 分析公司的经营管理。分析公司员工技术层次和培训费用，工资奖励制度，关键工作人员，留住核心员工的方法，公司的组织结构与管理机构，生产能

力和生产效率，原材料构成及其供应及与主要供货商的关系等。

3. 分析公司的市场营销。分析公司主要产品的市场需求弹性，产品销售的季节性或周期波动，主要客户组成及与主要客户的关系，产品覆盖的地区与市场占有率，销售成本与费用控制，顾客满意度和购买力，主要竞争对手的市场占有率等。

4. 分析公司的研究与开发。分析公司研究与开发的重点项目，研究设施与研究人员的比例，研究开发费用支出占销售收入的比重，新产品开发频率与市场需求分析，新产品的生产规模与投资需求等。

5. 分析公司的融资与投资。分析公司目前的资金缺口，融资前后的资本结构及所有权形式，融资资金的主要用途，投资项目和投资收益，公司的投资结构与方式，投资项目的可行性等。

6. 分析公司所属产业。分析产业的发展历史沿革与发展前景，影响产业增长和盈利能力的关键因素，产业进入的壁垒，来自产业内外的竞争，政府对产业的支持和管制，上下游产业的市场前景和供需状况，国民经济波动对产业的影响等。

以上所述内容并非上市公司基本分析的全部内容，在具体的上市公司分析过程中，遇到的许多特殊性问题需要灵活多变、把握分寸。只有这样，才能对上市公司有更全面的认识和了解，分析也更切合实际。

二、上市公司财务分析

（一）资产负债表分析

资产负债表是反映公司某一特定日期（月末、年末）全部资产、负债和所有者权益情况的会计报表。它的基本结构是“资产 = 负债 + 所有者权益”，不论公司处于怎样的状态，这个会计平衡式永远是恒等的。左边反映的是公司所拥有的资源；右边反映的是公司的不同权利人对这些资源的要求。债权人可以对公司的全部资源有要求权，公司以全部资产对不同债权人承担偿付责任，偿付完全部负债之后，余下的才是所有者权益，即公司的资产净额。

利用资产负债表中的资料，可以看出公司资产的分布状态、负债和所有者权益的构成情况，据以评价公司资金营运和财务结构是否正常、合理，分析公司的流动性或变动能力以及长、短期债务数量和偿债能力，评价公司承担风险的能力。利用该表提供的资料还有助于计算公司的获利能力，评价公司的经营绩效。

1. 对资产要素进行分析。

（1）流动资产分析。分析公司的现金、各种存款、短期投资、各种应收款项、存货等。流动资产比往年提高，说明公司的支付能力与变现能力增强。变现能力最强的包括现金、银行存款、短期投资等；对于应收款项、存货等则必须要结合账龄、周转天数等判断其资产质量，才能正确认识公司的支付能力。考虑变现能力时，账龄较长的应收款项、残次的存货应当从流动资产中剔除。

(2) 长期投资分析。分析1年期以上的投资，如公司控股、实施多元化经营等。长期投资增加，表明公司对未来的成长前景看好。但具体还要根据该项目的生产建设、市场分析、成本分析、盈利预测进行判断。

根据《企业会计准则第2号——长期股权投资》的规定，对子公司的投资原规定采用权益法核算改为成本法核算，如果子公司盈利，将使母公司个别报表的资产减少，利润减少；如果子公司亏损，将使母公司个别报表的资产虚增、利润虚增。因此，这种情况应当通过合并报表来对长期投资进行分析。

(3) 固定资产分析。这是对实物形态资产进行的分析。资产负债表中所列的各项固定资产数字，仅表示在持续经营条件下各固定资产尚未折旧、折耗的金额并预期于未来各期间陆续收回，因此，应该特别注意，折旧、折耗是否合理将直接影响到资产负债表、利润表和其他各种报表的准确性。很明显，少提折旧就会增加当期利润，而多提折旧则会减少当期利润。有些公司常常利用固定资产的折旧埋下伏笔。投资人应当关注固定资产折旧年限、残值率的变化依据。

(4) 无形资产分析。主要分析商标权、著作权、土地使用权、非专利技术、商誉、专利权等。对商誉及其他无确指的无形资产一般不予列账，除非商誉是购入或合并时形成的。取得无形资产后，应登记入账并在规定期限内摊销完毕。

2. 对负债要素进行分析。

(1) 流动负债分析。各项流动负债应按实际发生额记账，分析的关键在于要避免遗漏，所有的负债均应在资产负债表中反映出来。重点关注预提费用的变化，例如，结合银行借款的变化分析利息计提是否正常。

(2) 长期负债分析。包括长期借款、应付债券、长期应付款项等。由于长期负债的形态不同，因此，应注意分析、了解公司债权人的情况。应当关注借款的类型，是属于信用、抵押还是担保，抵押资产是否进行了适当披露；是否有逾期未归还的借款等。

3. 对股东权益进行分析。一般包括股本、资本公积、盈余公积和未分配利润四个方面。分析股东权益，主要是了解股东权益中投入资本的不同形态及股权结构，了解股东权益中各要素的优先清偿顺序等。

分析资产负债表时，要与利润表结合起来，主要涉及资本净利润和存货周转率，前者是反映盈利能力的指标，后者是反映营运能力的指标。

(二) 利润及利润分配表分析

利润表依据“收入－费用＝利润”来编制，主要反映一定时期内公司的营业收入减去营业支出之后的净收益。通过利润表，一般可以对上市公司的经营业绩、管理的成功程度做出评估，从而评价投资人的投资价值和报酬。新会计准则增加了利得与损失的概念，从而使利润金额不仅取决于收入和费用，还要考虑直接计入当期利润的利得和损失金额的计量。

利润表包括两个方面：一方面是反映公司的收入及费用，说明公司在一定时期内的利润或亏损数额，据以分析公司的经济效益及盈利能力，评价公司的管理业绩；另一方面是反映公司财务成果的来源，说明公司的各种利润来源在利润总额中所占的比例，以及这些来源之间的相互关系。

对利润表进行分析，主要从以下三个方面入手。

1. 收入项目分析。公司通过销售产品、提供劳务取得各项营业收入，也可以将资源提供给他人使用获取租金与利息等营业外收入。收入的增加，意味着公司资产的增加或负债的减少。记入收入账户的包括当期收讫的现金收入、应收票据或应收账款，以实际收到的金额或账面价值入账。

对于长期投资项目，要关注相同项目的收益变化情况，判断该项目的运营趋势，是否存在经营恶化的情况，项目的投资成本是否能够回收。要分析利得在收入中的比例及变化，确定公司收入的主要来源，判断公司的经营状况是否改善或恶化。

《企业会计准则第3号——投资性房地产》规定，公司已经出租的土地使用权或建筑物、持有并准备增值后转让的土地使用权可以采用成本模式或公允价值模式进行计量；在采用公允价值模式计量时，由于不对投资性房地产计提折旧或摊销，而以资产负债表中的投资性房地产的公允价值为基础调整其账面价值，公允价值与原账面价值之间的差额计入当期损益，因此，投资人应当注意，房地产类上市公司的利润变化是否由于采用公允价值计量模式所导致。

2. 费用项目分析。费用是收入的扣除，费用的确认、扣除是否正确直接关系到公司的盈利。所以分析费用项目时应首先注意费用包含的内容是否适当，确认费用应贯彻权责发生制原则、历史成本原则、划分收益性支出与资本性支出的原则等。另外，要对成本费用的结构与变动趋势进行分析，分析各种费用占营业收入的百分比，分析费用结构是否合理，对不合理的费用要查明原因。同时，对费用的各个项目进行分析，看看各个项目的增减变动趋势，以此判定公司的管理水平和财务状况，预测公司的发展前景。

股份支付是指企业为获取职工和其他方提供服务或商品而授予权益工具或者以权益工具为基础确定的负债的交易。无论是权益结算还是现金结算的股份支付，都应当在授予后将股份支付的公允价值计入相关成本或费用，从而导致利润减少。因此，在分析上市公司的成本费用变化时，应当关注其关于股份支付的信息披露。

3. 关联交易分析。上市公司一些收入、费用的发生来源于关联交易，投资人应当重点关注关联交易的定价是否合理、程序是否合规以及关联交易占正常交易的比例。如果公司关联交易所占的比重很大，则认为调节利润的可能性也很大。

分析利润表时要与上市公司的财务情况说明书联系起来。利润表主要说明公司的生产经营状况、利润实现和分配情况、应收账款和存货周转情况、各项财产物资变动情况、税金的缴纳情况、预计下一会计期间对公司财务状况变动有重大影响的事项。财务情况说明书提供了了解、评价公司财务状况的详细资料。

（三）现金流量表分析

现金流量表是反映上市公司现金流入与流出信息的报表。这里的现金，不仅指公司在财会部门保险柜里的现钞，还包括银行存款、短期证券投资、其他货币资金。现金流量表可以反映公司经营活动、投资活动和筹资活动所产生的现金收支活动以及现金流量净增加额，从而有助于分析公司的变现能力和支付能力，进而把握公司的生存能力、发展能力和适应市场变化的能力。

上市公司现金流量有两个方面：（1）来自经营活动的现金流量，反映公司为开展正常业务而引起的现金流入量、流出量和净流量。如商品销售收入、出口退税等增加现金流入量，购买原材料、支付税款和人员工资增加现金流出量等。（2）其他如不涉及现金收支的投资与筹资活动，对投资人也是非常重要的信息，虽然这些活动并不会引起当期的现金收支，但对未来的现金流量会产生极为重大的影响。这类活动主要反映在补充资料一栏里，如以对外投资偿还债务、以固定资产对外投资等。

对现金流量表进行分析，一般应注重以下三个方面。

1. 现金净流量与短期偿债能力的变化。如果本期现金净流量增加，表明公司短期偿债能力增强，财务状况得到改善；反之，则表明公司财务状况比较困难。当然，并不是现金净流量越大越好，如果公司现金净流量过大，表明公司未能有效利用这部分资金，其实是一种资源浪费。对于资金宽裕的公司，要重点关注其对资金的使用状况以及是否存在风险较大的理财项目。

2. 现金流入量的结构与公司的长期稳定。经营活动是公司的主营业务，这种活动提供的现金流量可以不断用于投资，再生出新的现金。来自主营业务的现金流量越多，表明公司发展的稳定性也就越强。公司的投资活动是为闲置资金寻找投资场所，筹资活动则是为经营活动筹集资金，这两种活动所发生的现金流量都是辅助性的，服务于主营业务。这一部分的现金流量过大，表明公司财务缺乏稳定性。

3. 投资活动和筹资活动产生的现金流量与公司的未来发展。投资人在分析投资活动时，一定要注意分析是对内投资还是对外投资。对内投资的现金流出量增加，意味着固定资产、无形资产等的增加，说明公司正在扩张；如果对内投资的现金流入量大幅增加，意味着公司正常的经营活动没有能够充分吸纳现有的资金，资金的利用效率有待提高。对外投资的现金流入量大幅增加，意味着公司现有的资金不能满足经营需要，从外部引入了资金；如果对外投资的现金流出量大幅增加，说明公司正在通过非主营业务活动来获取利润。

（四）主要财务指标分析

上市公司年报披露的财务数据不是确定不变的经营成果，而是基于权责发生制对各种财务项目的时点或时期数做出的判断，即：不反映公司停止营业或清算的实际状况，而是反映持续经营过程中的变动状况。因此，对公开的有关财务状况应偏重于动态评估。仅仅重视和追求报告期内是否盈利、盈利的多少是远远不够的，应该根据上市公司的历史、现状来分析未来的发展情况，注重分析一些相应的财务指标。

1. 净资产收益率。净资产收益率是反映上市公司盈利能力的主要指标，其经济含义是自有资金的投入产出能力。净资产收益率高，表明公司资产运用充分，配置合理，资源利用效益高。净资产收益率达到10%左右，一般可认为盈利能力中等，超过15%则属于盈利能力较强。具有成长性的公司，资源配置通常都比较合理，因此，净资产获利能力也相对较高。只有盈利能力达到中等以上水平，其成长才是高质量的。在市场经济条件下，过高的盈利能力是不可靠的，应有所警惕。同时，也要分析净资产收益率的变动情况，波动较大说明不稳定，即使近期很高，也要注意有可能出现反复。

2. 主营业务收入增长率。通常具有成长性的公司多数都是主营业务突出、经营比较单一的公司，因此，利用主营业务收入增长率这一指标可以较好地考察公司的成长性。主营业务收入增长率高，表明公司产品的市场需求大，业务扩张能力强。如果一家公司能连续几年保持30%以上的主营业务收入增长率，基本上可以认为这家公司具备成长性。

3. 主营业务利润增长率。一般来说，主营业务利润稳定增长且占利润总额的比例呈增长趋势的公司正处在成长期。一些公司尽管一个会计年度内利润总额有较大幅度的增加，但主营业务利润却未相应增加，甚至大幅下降，这样的公司质量不高，投资这样的公司尤其需要警惕。这里可能蕴藏着巨大的风险，也可能存在资产重组等难得的机遇。

需要注意的是，新会计准则取消了主营业务与其他业务的划分，会计报表中将这些业务产生的收入和发生的成本统一在“营业收入与营业成本”中列示，投资人在关注以上两个指标时，应当通过阅读经过审计的会计报表附注，区分主营业务收入、主营业务成本，并通过与上年历史数据的对比得出正确的计算结果。

4. 净利润增长率。净利润是公司经营业绩的最终结果。净利润的增长是公司成长性的基本特征。净利润增幅较大，表明公司经营业绩突出，市场竞争能力强；反之，净利润增幅小甚至出现负增长，也就谈不上具有成长性。

5. 市盈率（简称PE或P/E）。市盈率是指在一个考察期（通常为12个月的时间）内股票的价格和每股收益的比例。投资人通常利用该比例值估量某股票的投资价值，或者用该指标在不同公司的股票之间进行比较。市盈率通常用来作为比较不同价格的股票是否被高估或者低估的指标。然而，用市盈率衡量一家公司股票的质地时并非总是准确的。一般认为，如果一家公司股票的市盈率过高，那么该股票的价格具有泡沫，价值被高估。但是，当一家公司增长迅速以及未来的业绩增长非常看好时，股票目前的高市盈率可能恰好准确地估量了该公司的价值。需要注意的是，利用市盈率比较不同股票的投资价值时，这些股票必须属于同一个行业，因为此时公司的每股收益比较接近，相互比较才有效。市盈率的计算公式为：

市盈率 = 普通股每股市场价格 ÷ 普通股每股盈利

市盈率低，代表投资人能够以较低价格购入股票从而取得回报。每股盈利的计算方法是该企业在过去12个月的净收入除以总发行已售出股数。假设某只股票的市价为10元，而过去12个月的每股盈利为0.50元，则市盈率 = 10 ÷ 0.5 = 20。即每付出20元可分享1元的盈利。理论上，股票的市盈率越低，越值得投资。比较不同行业、不同国家、不同时段的市盈率是不大可靠的。比较同类股票的市盈率较有实用价值。

6. 流动比率与速动比率。流动比率是指流动资产总额和流动负债总额之比。其计算公式为：

流动比率 = 流动资产合计/流动负债合计 × 100%

速动比率是指速动资产总额和流动负债总额之比。其计算公式为：

速动比率 = 速动资产/流动负债 × 100%

其中，速动资产是指流动资产中可以立即变现的那部分资产，如现金、有价证券、应收账款。

流动比率和速动比率都是用来反映资金流动性的，即反映企业短期债务偿还能力的数值，前者的基准值是2，后者为1。

但应注意的是，流动比率高的企业偿还短期债务的能力并不一定就很强，因为流动资产中虽然现金、有价证券、应收账款变现能力很强，但是存货、待摊费用等也属于流动资产项目，变现时间较长，特别是存货很可能发生积压、滞销、残次等情况，流动性较差。而速动比率则能避免这种情况的发生，因为速动资产就是指流动资产中容易变现的那部分资产。衡量企业偿还短期债务能力强弱，应该将两者结合起来看。

7. 每股收益。每股收益即EPS，又称每股税后利润、每股盈余，指税后利润与股本总数的比率。它是测定股票投资价值的重要指标之一，是分析每股价值的一个基础性指标，是综合反映公司获利能力的重要指标。它是公司某一时期净收益与股份数的比率。该比率反映了每股创造的税后利润，比率越高，表明所创造的利润越多。若公司只有普通股，净收益是指税后净利润，股份数是指流通在外的普通股股数。如果公司还有优先股，应从税后净利润中扣除分派给优先股股东的利息。每股收益的计算公式为：

每股收益 = （本期净利润 − 优先股股利）/期末流通在外的普通股股数

每股收益仅仅代表的是某年每股的收益情况，基本不具备延续性，因此，不能将它单独作为判断公司成长性的指标。由每股收益的计算公式可以看出，如果总股本发生变化，每股收益会发生相反的变化。这个时候再纵向比较每股收益的增长率会发现，很多公司都没有很高的增长率，甚至是负增长。

三、其他因素分析

（一）公开信息分析

上市公司负有向社会公众公布招股说明书、上市公告书以及定期公布年中、年度报告的法定义务。投资人应该学会从这些公开信息中摄取有用的资讯，提高投资收益。分析上市公司公开信息的目的就是，通过了解上市公司的过去从而分析上市公司的未来，尽可能选择具有成长性、风险较低的公司，以规避风险，获取较好的投资收益。一般来说，上市公司公开披露的信息主要包括业务情况、财务情况及其他事项。选择上市公司的主要依据是它的经营情况和市场表现。

（二）影响利润变化的相关因素分析

1. 利润总额的构成分析。上市公司的利润主要来源于主营业务、其他业务和投资收益。其中，投资收益有一部分为参股企业的回报，另一部分是短期投资回报；如果短期投资回报所占比例过大，说明这家公司的利润来源很不稳定，公司的经营管理存在一定的问题。主营业务利润变化的原因：一是公司主营业务量的增减情况；二是主营业务成本的增减情况。如果一家上市公司的主营业务成本大幅增加，很可能公司经营管理或市场条件发生了严重问题。投资人还要分析利润总额中是否掺入了水分。为此，投资人尤其应该注意分析待摊及预提费用科目的金额和构成内容，看有无应摊未摊和应提未提的费用；分析财务费用支出与长短期借款是否匹配，利息资本化的金额是否合理；分析公司各类资产的变化史，看固定资产计提折旧及无形资产、递延资产摊销是否正常。同时，也要看存货中是否隐含着利润或损失。

2. 利润增长点分析。上市公司利润增长点可能来自很多方面，但比较可靠的主要是主营业务的扩张能力及其他投资交易活动，所以，一般还要注意上市公司的投资项目及发展计划，注意观察哪些项目可能成为公司的利润增长点。

3. 在建工程分析。在建工程大致分成经营性在建工程和非经营性在建工程两大类。经营性在建工程可形成新的利润增长点，促使公司进一步发展，因此，应重视对经营性在建工程的分析。首先，分析在建工程竣工后能否扩大已有的品牌优势和市场占有率；其次，分析在建工程规模的大小，这将决定公司未来利润增幅大小；最后，分析在建工程建造过程，在建工程建成投入营运的时间也会决定上市公司利润增长的进程。

4. 公司的重组、收购、兼并活动分析。这些活动具有快速增加生产经营规模的特点，因而往往会使公司快速发展。但这些活动往往不易从公开信息中得到。

与旧的会计准则相比，新会计准则关于上述活动的一些变化将可能导致上市公司的利润增加，例如，执行新的债务重组准则后，不再将债务重组利得计入资本公积，而是计入当期损益，这将使企业利润增加；根据新的非货币性资产交换准则的规定，非货币性资产交换在换入或换出资产的公允价值能够可靠计量的情况下，应当以公允价值和应支付的相关税费作为换入资产的成本，公允价值与换出资产账面价值的差额计入当期损益，这个规定改变了以前以换出资产的公允价值作为换入资产价值的做法，一般情况下将导致利润增加。

（三）配股对公司价值的影响分析

公司在经营过程中为积累资金扩大再生产，常常会不派现金红利而送股，或者增配新股。送股对于股票的内在价值没有丝毫影响，因为股东所拥有的股数尽管是增加了，但每股所占的比例也相应地减少了，最终的结果正好是没有变化。这就好比将一张 2 元钞票兑换成两张 1 元钞票，总的价值并未改变。而配股由于需要投入新的资金，其实质是发行了新的股票，配股对公司价值的影响取决于公司将配股资金用来做什么。

对于一些公司来说，其配股是由于当前的经营情况每况愈下，资金运用捉襟见肘，希望获得新的资金，或是缓解一下流动资金的局促，或是希望开展一点新的业务以争取改变当前的困难局面。这样的公司，通常是一些业绩欠佳、成长性欠佳的公司。这些公司所面临的问题通常并不仅仅是资金短缺的问题，而是由于经营管理不善。既然公司在原有的资产增加上经营得并不成功，有什么理由使人相信注入新的资金后便可以成功呢？因此，对于投资价值不高的公司，不论配股与否，都不值得投资；除非有充分的理由相信，此次配股后其经营会有根本的变化。

对于另外一些公司来说，其配股的目的是获得资金，以扩大当前的经营规模，或扩展到新的领域。这时候，就要看公司所准备投资的项目是不是能够得到大于公司当前的投资收益的回报。当然，如果仅仅看配股说明书上的盈利预测数字的话，那么似乎每个公司的投资项目都是百年难遇的投资良机。但如果是真正精明的投资人的话，就要仔细研究其项目的可行性，以自己的判断来研究其可能的投资回报。

一般而言，如果配股资金所投资的项目与当前公司经营业务密切相连，就有理由相信配股后主营业务收入或利润率可以有所提高。如果配股项目与当前业务的关系并不密切，是较新的市场与产品的话，就有理由表示怀疑该公司是不是能够经营成功。况且，如果要投资于其他产品与市场的话，为什么不直接投资于已在此产业中的其他公司，而要投资于目前这家公司呢？

对于股票投资人来说，真正面临的问题是，原来没买的股票配股后是不是会变得值得买入？已经买的股票是不是会变得不值得再买入或持有？如果是由于公司业绩不佳而没有买的股票，配股后多数也是不值得购买。如果是经营管理得不错，只不过由于当前市场价格过高才没有买入的股票，配股后可能会变得值得买入。这是因为，如果限制这些股票成长的主要原因是资金不足的话，通过配股使资金不足的限制解除，其业绩增长又可以达到一个新的水平。

对于已经持有的股票，公司目前的价格水平已经接近所估计的投资价值，而且公司配股后资金投入的方向与当前业务并不密切，这样的股票不妨抛出；反之，则值得继续持有并配股。这是因为，如果是一个成长性极好的公司，则有理由相信，配股后公司能够维持甚至提高目前的增长水平。

对公司财务分析绝不是简单的财务数据的堆砌，很大程度上需要对公司所从事产业的市场情况、公司的经营管理有所了解。因此，投资人如果能专注于自己所熟悉的产业的话，效果会比较好。

第五节　证券投资基本分析实务

一、如何使用上市公司的相关报告

（一）如何分析招股说明书

招股说明书的格式分为五个部分：招股说明书封面；招股说明书目录；招股说明书正文；附录；备查文件。看招股说明书时要注意如下事项。

1. 风险因素与对策说明。了解公司存在的风险及公司的应对之策是否有效。

2. 募集资金的运用。本次募股资金的用途与投向；投资项目总体情况介绍，包括项目预算、投资周期与资金使用计划等；如果所筹资本尚不能满足规划中的项目的资金需求，应说明其缺口部分的来源及落实情况；增资发行的发行人必须说明前次公开发行股票所筹资本的运用情况。

3. 股利分配政策。发行人股利发放的一般政策；发行人在发行股票后第一个盈利年度是否准备派发股利；如果准备发放，发放几次，何时发放；不同类别股票在股利分配方面的权益；如果暂不准备派发股利，简要说明原因；新股东是否享有公司本次股票发行完成前的滚存利润；其他应说明的股利分配政策。

4. 经营业绩。这一部分应当根据专业人员的审计报告和审查结论来观察发行人过去 3 年的经营业绩，至少应包括：最近 3 年销售总额和利润总额；发行人业务收入的主要构成；发行人近期完成的主要工作，主要指重大项目和科研成果；产品或者服务的市场情况；筹资与投资方面的情况等。

5. 股本。这一部分应当注意发行人的股本及其变动情况：注册资本；已发行的股份；如果发行人已进行过股份制改组、定向募集或公开发行，则应当披露本次发行前公司的股权结构，包括国家股、法人股、个人股（其中含内部职工股）、外资股等各占的份额；发行人认购股份的情况；本次发行后公司股份的结构，包括公司职工股的有关情况；本次发行前后每股净资产等。

6. 盈利预测。这直接关系到公司股票的发行情况。一般而言，上市公司更愿意乐观预测盈利，将盈利数字说得大一些。

7. 公司发展规划说明。这是表明公司管理层对公司未来发展所做出的重要规划，一份好的规划应该是严谨、科学、实事求是的。

8. 发行人认为对投资人做出投资判断有重大影响的其他事项。

（二）如何分析上市公告书

上市公告书是发行人在股票上市前向公众公告发行与上市有关事项的信息披露文件，包括：要览、绪言；发行企业的概况；股票发行与承销；董事、监事及高级管理人员持股情况；公司设立、关联企业及关联交易；股本结构及大股东持股情况；公司财务会计资料；董事会上市承诺；主要事项揭示；上市推荐意见；备查文件目录。上市公告书的内容应当概括招股说明书的基本内容和公司近期的重要资料，因此，应该与招股说明书对照来看。例如，招股说明书中提到募集资金投向，在看公告书时要关注投资项目是否与招股说明书中的相吻合，看其是否改变了募集资金的投向。

其中，要重点关注的是以下四点。

1. 自招股说明书披露至上市公告书刊登期间，公司所发生的重大事项、重大变化。

2. 发行人与控股公司或被控股公司之间的关联关系和关联交易，以便分清是资产重组还是关联交易。

3. 股票发行情况及承诺情况，即股本规模是多少，其中流通盘占多少，属于大盘股还是小盘股，这样便于在大势中把握行情。

4. 募集资金的运用计划及风险、收益预测。这为今后关注年报中的募集资金投向情况奠定了基础，即资金是否改变了投向、是否按计划使用了所募集资金。

（三）如何分析年度报告

上市公司年度报告是综合反映年度内经营业绩与财务状况的重要报告，是投资人据以判断证券价格变动趋势的主要依据。年度报告正文包括公司简介、会计数据和业务数据摘要、股本变动及股东情况、股东大会简介、董事会报告、监事会报告、业务报告摘要、重大事项、财务报告、公司的其他有关资料。

分析年报的基础是数据的真实、准确、完整。上市公司公开披露的信息如有虚假、严重误导性陈述或者重大遗漏，负责对文件验证的中介机构对此要承担相应的法律责任，公司的全体发起人或者董事也应承担连带责任。

分析年报时，采用比较法很重要，一般包括以下三方面。

1. 本期实际指标与前期实际指标相比较。对比的方式有两种：一是确定增减变动数量；二是确定增减变动率。其计算公式如下：

$$增减变动量 = 本期实际指标 - 前期实际指标$$

$$增减变动率（\%）=（增减变动量/前期实际指标）\times 100\%$$

2. 本期实际指标与预期目标相比较。这样可以考核公司经营者受托责任的完成情况，预期目标完成得好，则表明公司经营者比较成功地把握了市场。还要与长远规划相比较，分析达到长远奋斗目标的可能性。但在进行这种对比时必须检查计划目标本身的合理性和先进性，否则，对比就失去了客观依据。

3. 本期实际指标与同类公司同类指标相比较。以便清醒地认识该上市公司在本产业中的地位，同时结合业绩情况进行分析。

一般而言，分析年报时，会注意到净值的大小。净值越大，表明公司的经营状况就越好。同时，还要注意净值与固定资产的比率，净值大于固定资产，表明公司的财务安全性高。

由于流动资产减去流动负债之后，余下的即为经营资金，这个数字越大，表明公司可支配的经营资金越多。还要注意负债与净值的关系，负债与净值之比在50%以下时，说明公司的经营状况尚好。

当然，分析年报时，还要学会去伪存真，认清有些公司年报中存在的“陷阱”。一是注意主营业务利润率。如果公司经营上无重大变化，它的主营业务利润率应该是相对稳定的，如果报告期的主营业务利润率变动较大，则表明公司有可能少计或多计费用，从而导致账面利润增加或减少。二是应收款项目。如有些公司将给销售方的回扣费用计入应收款，形成费用挂账，使利润虚增。三是注意资产减值。例如坏账准备，有些应收账款由于多种原因长期无法收回；账龄越长，风险越大。如果公司的坏账政策不够稳健，坏账准备的计提比例较低，一旦收不回来的账款过多，对公司利润的影响将非常大。另外，像存货跌价准备，需要关注计提跌价准备的方法、依据等，判断是否通过多提、少提跌价准备人为调节利润。四是折旧。这是上市公司大有文章可做的地方。有的在建工程完工后不转成固定资产，公司也就不提折旧，有的不按重置后的固定资产提取折旧，有的甚至降低折旧率，这些都会虚增公司的利润。

（四）如何分析中期报告

上市公司应当在每年上半年结束后的60天内编制中期报告。中期报告正文包括：财务经营情况的回顾与展望、重大事件的说明、发行在外股票的变动和股权结构的变化、股东大会简介等。

在看财务报表时要注意：若公司持有其他企业50%（不含50%）以上权益的，公司应与其控股的企业编制合并报表。对应纳入合并范围而未进行合并报表处理的被控股企业应明确列示，并阐明原因。上年度会计师事务所出具的有解释性说明的审计报告，应在本报告期内对相关事宜进行说明。

在看财务报表附注时，应该注意对报告期内下列情况的说明：与最近一期年度报告相比，会计政策或方法发生了变化；报告主体由于合并、分立等原因发生变化；生产经营环境以及宏观政策、法规发生了重大变化，因而已经、正在或将要对公司的财务状况和经营成果产生重要影响；资产负债表中资产类和负债类项目与上一会计年度末资产负债表对应各项目相比、损益表各项目与上年同期损益相同项目相比，发生异常变化以及资产负债表股东权益类项目发生的变化。

中期财务报告，除特别情况外，无须经会计师事务所审计。凡是经审计的中期财务报告，应在表头下面注明。

（五）如何分析配股说明书

配股说明书是公司配股时向有关部门、证券主管部门、证券交易所报送及公布的详尽说明配股事项的法律文件。配股说明书有明确的有效期，上市公司不得使用过期的配股说明书配售股票。

配股是公司增资扩股的一项重大行为，必须如实向社会公众公布有关信息。看配股说明书时要与配股公告相联系，应重点关注：

1. 董事会制定配股方案，是否有“该项决议尚需经股东大会表决”的字样；
2. 向股东发出的召开股东大会通知的公告日期距股东大会召开日期之间的间隔不少于30天，不多于60天；
3. 股东大会是否已审议并表决了发行方案；
4. 持该公司5%以上普通股的主要股东是否就接受或放弃配股权利做出声明，并在有关文件中公布；
5. 刊登配股说明书后才可以进行配股缴款；
6. 负责配股承销工作的证券经营机构是哪一家，是否有较强的实力承销全部股票，这家配售发行机构的电话、传真以及这些机构中与本次配售发行有关的关系人姓名；
7. 该股票上市的证券交易所、上市公司及其法人代表、主承销商、股份登记机构的电话、传真、联系人；
8. 弄清每股面值、配售发行的股份数量、每股发行价，如发行配股权证，还要清楚配股权证的发行数量；
9. 募集资金总额和发行费用是多少。

（六）如何分析重要事项公告

发生可能对上市公司股票交易价格产生较大影响的重大事件，投资人尚未得知时，上市公司应当立即将有关该重大事件的情况向中国证监会和证券交易所报送临时报告，并予公告，说明事件的起因、目前的状态和可能产生的法律后果。

“重大事件”包括但不限于以下事项：

1. 公司的经营方针和经营范围的重大变化；
2. 公司的重大投资行为和重大的购置财产的决定；
3. 公司订立重要合同，可能对公司的资产、负债、权益和经营成果产生的重要影响；
4. 公司发生重大债务和未能清偿到期重大债务的违约情况；
5. 公司发生重大亏损或者重大损失；
6. 公司生产经营的外部条件发生的重大变化；
7. 公司的董事、1/3以上监事或者经理发生变动；

8. 持有公司5%以上股份的股东或者实际控制人，其持有股份或者控制公司的情况发生较大变化；

9. 公司减资、合并、分立、解散及申请破产的决定；

10. 涉及公司的重大诉讼，股东大会、董事会决议被依法撤销或者宣告无效；

11. 公司涉嫌犯罪被司法机关立案调查，公司董事、监事、高级管理人员涉嫌犯罪被司法机关采取强制措施；

12. 国务院证券监督管理机构规定的其他事项。

在发布澄清公告时，公告首先要说明根据国务院《股票发行与交易管理暂行条例》第61条“在任何公共传播媒介中出现的消息可能对上市公司股票的市场价格产生误导性影响时，该公司知悉后应立即对该消息做出公开澄清”的规定，对新闻媒介提到的某事特做如下说明，接着叙述事件，之后要注明“以上内容已书面报告中国证监会”。公告最后要注明公司名称以及公告的日期。

警告性公告：公告题目应标明是警告性公告。公告内容：一是要有向公司股东及广大投资人的声明；二是要表示做出该警告性公告的目的，如“公开、公平、公正”、规范披露信息等；三是要注明该公告的披露履行了信息披露义务，其对公司股票价格的影响由投资人自行判断；四是要注明公司名称以及公告日期。

由于普通投资人获取信息的不对称，对股价的判断也往往比较简单。而上市公司的重要事项会直接影响到公司股票的市场表现。因此，投资人应经常有意识地去获取有关这些方面的信息，以便从蛛丝马迹中发现新的市场机会。

二、证券投资基本分析其他实际问题

（一）关联交易

关联关系是指公司控股股东、实际控制人、董事、监事、高级管理人员与其直接或者间接控制的企业之间的关系，以及可能导致公司利益转移的其他关系。但是，国家控股的企业之间不仅仅因为同受国家控股而具有关联关系。简单地说，关联交易就是企业关联方之间的交易。根据财政部2006年2月15日颁布的《企业会计准则第36号——关联方披露》的规定，在企业财务和经营决策中，如果一方控制、共同控制另一方或对另一方施加重大影响，则视其为关联方；如果两方或两方以上受同一方控制、共同控制或重大影响，也将其视为关联方。

控制，是指有权决定一个企业的财务和经营政策，并能以此从该企业的经营活动中获取利益。共同控制，是指按照合同约定对某项经济活动所共有的控制，仅在与该项经济活动相关的重要财务和经营决策需要分享控制权的投资方一致同意时存在。

凡以上关联方之间发生转移资源或义务的事项，不论是否收取价款，均被视为关联交易。此外，在证券投资基金相关法规中也有不少关于关联交易的规定。

关联交易在市场经济条件下广为存在，但它与市场经济的基本原则却不相吻合。按照市场经济的原则，一切企业之间的交易都应该在市场竞争的原则下进行，而在关联交易中由于交易双方存在各种各样的关联关系，有利益上的牵扯，交易并不是在完全公开竞争的条件下进行的。关联交易客观上可能给企业带来或好或坏的影响。从有利的方面讲，交易双方因存在关联关系，可以节约大量商业谈判等方面的交易成本，并可运用行政力量保证商业合同的优先执行，从而提高交易效率。从不利的方面讲，由于关联交易方可以运用行政力量撮合交易的进行，从而有可能使交易的价格、方式等在非竞争条件下出现不公正的情况，形成对股东或部分股东权益的侵犯。

正是由于关联交易的普遍存在以及它对企业经营状况有着重要影响，因此，全面规范关联方及关联交易的信息披露非常有必要。

我国十分重视关联交易的信息披露。这样做的目的在于促使关联交易的透明化，防范和减少不正当的关联交易，以保护其他股东和投资人的利益。

（二）资产重组

上市公司处在投资人、管理层和券商等中介机构之间，对于投资人来说，资产重组既出于短期的压力和考虑，具有保稀有的“壳资源”、保配股的功能，也有上市公司从长计议、通过有效的重组实现可持续发展的作用，投资人在阅读相关年报时应兼顾这两种情况。

上市公司的资产重组活动对优化上市公司产品和管理资源结构（股东结构变化）、提高上市公司资产整体质量和经营效率起到了积极作用。分析重组时需要考虑的是，不同重组方式绩效差距很大。从以往的情况来看，股权转让类资产重组效果欠佳。需要指出的是，上市公司股权转让本身只能反映股权结构的变化，并不代表公司的经营业务活动一定会发生相应的变化，也就是说，股权重组必须结合以后相应的经营重组才会有效果。

收购、兼并是上市公司最常用的扩张方式。一个公司往往通过收购、兼并来拓展新产品市场份额，或进入其他经营领域。这种重组方式的特点之一就是被收购、被兼并方生产及经营现状受到影响，磨合期较长，因而见效可能较慢。

资产置换也是一种常见和见效较快的重组方式，其重要内容就是利用公司的“劣质”资产交换外部优质资产，由于是采取整体置换形式，因而公司资产质量得以迅速提高，收益也可以立竿见影。

（三）投资金融类上市公司应注意什么

金融企业是证券市场举足轻重的板块。由于产业的特殊性，金融企业比一般企业资产规模大，收益稳定，更由于产业本身在国民经济中的特殊地位，金融企业对整体经济的影响力较大。与此相对应的是金融企业在证券市场的特殊地位。

在海外证券市场上，金融股以其回报稳定、股本规模大等特点，成为市场稳定的重要力量。无论是美国的摩根大通、日本的富士银行，还是香港的汇丰控股，都对推动资本市场发展和稳定具有举足轻重的作用。在中国香港，汇丰控股的股价涨跌直接影响到港股的人气。

金融类上市公司与非金融类上市公司相比具有规模大、服务内容特殊、负债比率高、运作的金融资产风险大、经营区域分散、电算化程度高、大量涉及普通居民的切身利益等特点。与国际金融类上市公司相比，我国金融类上市公司还存在着法规不健全、内部控制薄弱等问题。同时，我国的会计、审计有关制度呆账和坏账分类不细，准备金率不高，致使我国金融企业在运作中存在着不良资产得不到及时化解、审计准则不健全、注册会计师的技术和职业道德水准不够高、提供的审计报告公信力不强、各种风险不能充分揭示等问题。现行会计、审计及信息披露制度尚不能充分反映金融上市公司的财务状况和经营成果，投资人难以据此正确判断投资风险，因此，投资金融类上市公司有着特殊的风险。

为了从金融机构的复杂性出发，强调金融企业上市信息披露的准确、完整和充分，特别是对资产质量、内部控制机制和一些与一般上市公司不一样的会计科目加强了解。

（1）资产质量状况和对不良资产的处置。资产质量是衡量一家企业经营状况的重要依据之一。对于申请发行上市的金融企业，首先要按照国家有关政策法令的一般性要求进行信息披露。如此，所有的企业都要按照《股份有限公司会计制度》及其补充规定的要求，对各项资产的可能损失提足四项损失准备，即应收款坏账准备、存货跌价准备、长期投资减值准备、短期投资跌价准备。对金融企业来说，还要严格按照各监管部门的要求进行信息披露。

（2）敏感性会计信息。金融企业的敏感性会计科目，主要是指那些能够反映企业资产质量与经营状况、揭示潜在风险的科目。这些科目的内容对投资人的判断和投资决策都是至关重要的。

（3）内部控制机制的建立。一个健全的金融企业内部控制机制，涉及其稳健经营和防范风险，关系到企业的兴衰成败。以往我国许多金融企业出现这样或那样的问题，在很大程度上都与内部控制机制不健全有关。金融企业申请发行上市，应该向投资人披露内部控制机制的建立健全状况。例如，以往产生许多问题的制度性原因是否已经改变，违规操作能否得到有效控制，今年公司盈利性如何，以及如何保证盈利等。只有把这些都向投资人进行充分披露，才能树立投资人的信心。

为了保证上市的金融企业很好地遵守上述重要内容的信息披露，除要求金融企业自觉履行相应义务外，还要由会计师事务所出具审计报告。在一段时间内，还可以考虑是否有必要让企业聘请境外中介机构，出示验证报告，以作备考。

投资人在对金融类上市公司尤其是其中的商业银行进行投资决策时，应同时关注收益性及其成长性、安全性和流动性等各个方面。银行发行上市所公布的招股说明书，是投资人最可靠和最全面的资料来源，投资人应重点关注，对此进行有针对性的解析，以考察该银行的投资价值所在。

（1）收益及其增长情况。根据公布的财务数据看银行的收益情况，如每股收益、净资产收益率等。

（2）安全性状况，主要是银行的资产状况。由于商业银行目前仍然以信贷业务为主，因此，商业银行的信贷资产状况基本上决定了银行的经营风险，这也是我国所有商业银行所面临的主要问题。

（3）流动性状况。一般情况下，银行不会发生流动性危机，但流动性危机一旦发生，则肯定引发挤兑，造成商业银行信誉受损。因此，银行总是把流动性管理作为经营管理中的一项重要内容。

（四）国际金融市场环境对我国股市的影响

由于经济全球化的发展，我国经济与世界经济的联系日趋紧密，因此，国际金融市场的剧烈动荡会通过各种途径影响我国的证券市场。由于我国人民币实行贸易项下的自由兑换和资本项目的严格控制，因此，官方的人民币汇率不容易受到国际金融市场的冲击。但由于贸易项下的自由兑换、心理恐慌形成的汇率预期、人民币“黑市”交易的活跃造成实际汇率（考虑“黑市”交易因素）的波动，从而影响证券市场。即使人民币汇率保持稳定，但由于国际金融市场的动荡导致周边国家或其他重要贸易伙伴国家货币的贬值使人民币汇率相对于这些货币的汇率升值，也会影响我国证券市场。国际金融市场动荡也会加大我国宏观经济增长目标的执行难度，从而在宏观面和政策面间接影响我国证券市场的发展。

（五）主要估值方法

目前，常用的估值方法有 PE、PB（ROE）、DCF 等。

1. PE。PE 估值是简洁有效的估值方法，其核心在于 e 的确定。PE = p/e，即价格与每股收益的比值。从直观上讲，如果公司未来若干年每股收益为恒定值，那么 PE 值代表了公司保持恒定盈利水平的存在年限。这有点像实业投资中回收期的概念，只是忽略了资金的时间价值。而实际的企业保持恒定的 e 几乎是不可能的，e 的变动往往遵循宏观经济和企业的生存周期所决定的波动周期。所以，在运用 PE 值的时候，e 的确定显得尤为重要，由此也衍生出具有不同含义的 PE 值。e 有两个方面：一个是历史的 e；另一个是预测的 e。对于历史的 e 来说，可以用不同 e 的时点值，也可以用移动平均值，也可以用动态年度值，取决于想要表达的内容。对于预测的 e 来说，预测的准确性显得尤为重要，在实际市场中，e 的变动趋势对股票投资往往具有决定性影响。

2. PB & ROE。它适合于周期的极值判断。对于股票投资来说，准确预测 e 是非常重要的，而 e 的变动趋势往往决定了股价是上行还是下行。但是，股价上升或下降多少是合理的呢？PB & ROE 可以给出一个判断极值的方法。例如，对于一个有良好历史 ROE 的公司，在公司业务前景尚可的情况下，PB 值低于 1 的时候，就有可能是被低估的。而如果公司的盈利前景比较稳定，没有表现出明显的增长性特征，如果公司的 PB 值显著高于产业（公司历史）的最高 PB 值，那么股价触顶的可能性就比较大了。这里提到的周期有三个概念：市场的波动周期、股票价格的变动周期和周期性产业的变动周期。因此，这里的PB值也包括三种：整个市场的总体PB值水平、单一股票的PB值变动和周期性产业的PB值变动。当然，PB值有效应用的前提是合理评估资产价值。

提高负债比率可以扩大公司创造利润的资源的规模，所以，扩大负债有提高ROE的效果。因此，在运用PB & ROE估值的时候需考虑偿债风险。

3. DCF。DCF是一套逻辑上很严谨的估值方法，是一种绝对定价方法，想得出准确的DCF值需要对公司未来的发展情况有清晰的了解。得出DCF值的过程，就是判断公司未来发展的过程。

就准确判断企业的未来发展来说，成熟稳定的公司相对容易一些，处于扩张期的企业未来发展的不确定性较大，准确判断比较困难。再加上DCF值本身对参数的变动很敏感，这又让DCF值的可变性很大。但是，在得出DCF值的过程中，会反映研究人员对企业未来发展的判断，并在此基础上假设有了DCF的估值过程和结果，以后如果假设有变动，即可通过修改参数得到新的估值。

4. 周期性产业（资源类公司）的估值方法。通过研究可以发现，商品价格周期性变动的产业，其盈利对商品价格的变动最为敏感。所以，在商品价格上升的时候，是确定的投资时机。在商品价格出现下降预期时，是卖出时机。在周期的高点和低点的时候，可以用其他方法来判断是否高估或者低估。比如，用PB（ROE）等方法判断是否被低估。对于资源类公司，在周期底部的时候可以用单位股票资源价值作为投资的底线；在周期的上升或者下降的阶段，主要参考资源价格的变动趋势。

建立在准确盈利预测基础上的PE值是一种简洁有效的估值方法。估值方法之间存在相互联系。盈利预测是一切的基础，但还不够，需要综合使用几种估值方法降低风险。

（六）价值投资

价值投资是一种经得起时间考验的理性投资战略，在全球股市具有普遍的适用性。价值投资就是在一家公司的市场价格相对于它的内在价值大打折扣时买入其股份。打个比方，价值投资就像拿5角钱购买1元钱的商品。这种投资战略最早可以追溯到20世纪30年代，由哥伦比亚大学的本杰明·格雷厄姆创立，经过伯克希尔·哈撒威公司CEO沃伦·巴菲特的使用并发扬光大，价值投资战略在20世纪70~80年代的美国受到推崇。

格雷厄姆在其代表作《证券分析》中指出："投资是基于详尽的分析、本金的安全和满意回报有保证的操作。不符合这一标准的操作就是投机。"他在这里所说的"投资"就是后来人们所称的"价值投资"。价值投资有三大基本概念，也是价值投资的基石，即正确的态度、安全边际和内在价值。格雷厄姆注重以财务报表和安全边际为核心的量化分析方法，创造了购买廉价证券的"雪茄烟蒂投资方法"；而另一位投资大师菲利普·费雪重视企业业务类型和管理能力的质化分析，他是关注增长的先驱，他以增长为导向的投资方法是价值投资的一个变种和分支。而巴菲特是集大成者，他把量化分析和质化分析有机地结合起来，形成了价值增长投资法，把价值投资带进了另一个新阶段。巴菲特说："我现在要比20年前更愿意为好的产业和好的管理多支付一些钱。本杰明倾向于单独地看统计数据。而我越来越看重的，是那些无形的东西。"正如威廉·拉恩所说："格氏写了我们所说的《圣经》，而巴菲特写的是《新约全书》。"

（七）巴菲特式价值投资的核心原则

巴菲特式价值投资可以用一句话来表述，即以企业主的心态，精选少数几家杰出企业股票，低价买进，长期持有。这句话可以分解为五项基本投资原则。

1. 企业所有者原则。即以企业主心态投资，视投资如同经营企业。格雷厄姆曾说："最聪明的投资方式，就是把自己当成持股公司的老板。"巴菲特认为，这是有史以来关于投资理财最重要的一句话。巴菲特还说过："在投资时，我们把自己看成是企业分析师，而不是市场分析师，也不是宏观经济分析师，更不是证券分析师。"

2. 杰出企业原则。精选具有持续竞争优势的杰出企业进行投资。如果你挑选篮球运动员帮你赚钱，你一定会选乔丹或姚明之类的超级巨星，而不会选择二三流的球员。所以巴菲特说："寻找超级明星——给我们提供了走向成功的唯一机会。""一个二流的企业最有可能仍旧是二流的企业，而投资人的结果也可能是二流的。"

3. 集中投资原则。就是要把资金集中在少数几家熟悉的、"能力圈"以内的杰出企业股票上。巴菲特说："多样化是无知的保护伞。""如果你对投资略知一二并能了解企业的经营情况，那么选5~10家价格合理且具长期竞争优势的公司。传统意义上的多元化投资对你就毫无意义了。"

4. 安全边际原则。即逢低买进，而且买进价格要低于企业内在价值较大的幅度，以便留有安全余地。即使是最好的企业，购买的价格也应该合理。

饭吃八分饱，如果你离悬崖还有1千米，那么你肯定不会跌下悬崖。它向你展示的是这样一个浅显的道理：花5角钱购买1元钱的商品是安全并有利可图的。投资人忽视安全边际，就像你天天暴饮暴食，最终会伤及肠胃；或者你一直在悬崖边上行走，总有一天会一失足而成千古恨。巴菲特说："架设桥梁时，你坚持载重量为3万磅，但你只准许1万磅的卡车穿梭其间。相同的原则也适用于投资领域。"

5. 长线是金原则。不理会每日股价涨跌，不去担心总体经济形势的变化，以买下一家公司的心态长期持有股票，复利累进，分享企业成长的果实。

巴菲特为此解释说："按兵不动是聪明的策略。我们不会——其他多数企业也不会由于联邦储蓄的贴现利率的小小改变，或由于华尔街的某位权威人士改变了对市场的看法就疯狂地抛售非常有利可图的分支企业。我们占据着只有少数人才拥有的最优秀企业的股票，既然如此我们为什么要改变战术呢?”他认为：“短线投机等于就即将发生的事情进行赌博。如果你运用大量的资金进行短线投机，有可能血本无归。”他甚至一针见血地说：“你不会每年都更换房子、孩子和老婆。为什么要卖出公司（股票）呢?”

（八）价值投资的误区

虽然价值投资为投资人接受并得到重视，但人们对价值投资的看法和理解仍然产生了许多“误区”。

误区一：“价值投资”本身就是最大的误区。虽然格雷厄姆被尊称为“价值投资之父”，但他最初并没有把自己的投资方法命名为“价值投资”。他曾把股票投资方法分为三种：横断法、预期法、安全边际法。他更倾向于把自己的投资方法称为“安全边际法”，而不是“价值投资法”。巴菲特也认为“价值”两个字纯属多余，因为任何投资如果不考虑价值都属于投机行为。所以把价值和投资两个词并列在一起组成“价值投资”这个术语其实不恰当。不过，既然投资、投机难以区分，投资这个概念已泛滥成灾，“价值投资”这个术语却正好将错就错派上用场。

误区二：价值和成长被“一刀两断”。把价值和成长对立起来，区分所谓“价值投资”和“成长投资”、“价值股”和“成长股”、“价值型基金”和“成长型基金”，也是较流行的谬误。任何投资的价值都是未来现金流量折成现值的结果，因而价值与成长之间没有理论上的差异，它们在结合点上并不能完全被切割开。也就是说，价值与成长之间“情意绵绵”，不问青红皂白地“挥刀斩情丝”的做法无异于“棒打鸳鸯”。

误区三：价值投资都是长期投资。尽管价值投资经常是长期投资，但“经常是”和“都是”两者的区别犹如白天与黑夜。如果股价在很短的时间内就反映甚至高估其价值，此时卖出就是短期投资，时间长短不是衡量价值投资的唯一标准。当然，价值投资人所从事的短期投资与根据股价波动进出的短线投机或所谓的波段操作有本质的区别，前者有安全边际的保护，后者则没有，错了就亏钱。

误区四：价值投资就是“买便宜货”。早期的价值投资的确就是“买便宜货”：低价格、低市盈率、低市净率，甚至股价大幅低于公司的净流动资产，而对公司的品质要求不高。巴菲特称之为“雪茄烟蒂投资法”。然而价值投资也在与时俱进，在核心思想保持不变的情况下，逐渐分化发展为不同的风格。在价值低估或价格合理的时候投资于具有扩张价值的杰出企业，成为价值投资目前最具代表性的方法。

误区五：格雷厄姆晚年背叛了价值投资。世人对格雷厄姆的思想有很多误解，甚至有人指责他晚年背叛了价值投资，改为信奉“有效市场理论”。始作俑者是约翰·特莱恩的《货币大师》一书。该书中引用了格雷厄姆的一段话：“我不再坚持用复杂的分析技术寻找一流的价值机会。这种在40年前或许是可行的……在一定程度上，我支持现在的教授们普遍认同的‘有效市场理论’。”事实上，格雷厄姆并非对价值投资失去了信心，而是根据新的情况把早年复杂的技巧简单化，提出新的“低值股票的十大标准”。因为他认为“一些技巧和简单的原理已经完全可以保证成功了”。格雷厄姆曾经做过一次题目为“价值的复兴”的振聋发聩的演讲。他依然坚定地说，“如果你和我一样相信价值投资是一种完善的、可行的、有利可图的方法，就应该全身心地投入进去。坚持它，不要被华尔街的时尚、错觉和投机活动迷惑”。

思考题

1. 证券投资基本分析及其优缺点。
2. 证券投资基本分析涉及哪几个方面？
3. 财政政策的变化如何影响证券市场？
4. 货币政策的变化如何影响证券市场？
5. 利率变化对证券市场的影响。
6. 不同生命周期下利润与风险的对比。
7. 公司分析包括哪几个主要方面？
8. 公司财务分析的主要指标包括哪几个？

第五章　证券投资技术分析

第一节　技术分析概述

一、技术分析的含义

技术分析是对证券市场的市场行为所做的分析。它是指运用图表来描述市场或某个交易品种的运动轨迹，然后，利用统计学和数学的方法找出具有分析统计意义的行为模式，并以此预测未来市场或某个交易品种的运动趋势。

技术分析派认为，影响市场波动的原因非常多，一个投资人要想把所有影响证券市场的因素全都了解是不可能的，而这些因素将影响投资人的交易，造成市场价格的波动，价格的波动又反映在图表上，因此，图表不单单是某一方面的反映，而是将所有信息都包容在内的综合反映。图表上的轨迹会出现循环，这种循环跟过去某一阶段曾经发生的轨迹是一样或相近似的，因此，只要掌握了过去，就可以预知未来。

技术分析是统计学和数学的综合应用，它对某一种指标公式进行统计，得出在常态情况下可能出现的概率，再根据概率大小来指导投资操作。技术分析的优点是数据可测、形态直观、买卖操作指示性强、适用范围广；技术分析的缺点是考虑的要素范围偏窄，且对长远的市场趋势难以进行有效的判断。

二、技术分析的假设条件

技术分析法自19世纪产生以来，经过不断充实、完善和发展，本身逐渐形成一套颇为复杂的体系，技术分析法在证券投资过程中除了因为它具有直观、便捷的优点外，还有它赖以存在并发展的理论基础，其理论基础可以概括为三大假设。

假设一：市场行为涵盖一切信息。

这一假设是进行技术分析的基础。主要思想是认为影响证券价格的所有因素包括内在的和外在的都反映在市场行为中，不必对影响价格的因素的具体内容做过多关注。

这个假设有一定的合理性。任何一个因素对市场的影响最终都体现在价格的变动上。如果某一消息公布后，市场上有价证券的价格同以前一样没有大的变动，这就说明这个消息不是影响市场的因素，尽管投资人可能都会认为对市场有一定的影响力。但作为技术分析人员，只关心这些因素对市场行为的影响效果，而不关心具体导致这些变化的东西究竟是什么。

假设二：证券价格沿趋势运动，并保持趋势。

这一假设是进行技术分析最根本、最核心的因素。这个假设认为，价格变动是按一定规律进行的，价格有保持原来方向的惯性。正是由于此，技术分析者们才会花费大力气寻找价格变动的规律。

如果市场一直是持续上涨（下跌）的，那么，今后如果不出意外的话，市场及有价证券的价格也会按这一方向继续上涨（下跌），没有理由改变既定的运动方向。当市场的变动遵循一定规律，就能运用技术分析工具找到这些规律，对今后的投资活动进行有效的指导。

假设三：历史会重演。

这一假设是从统计和人的心理因素方面考虑的。投资人在某一场合得到某种结果，那么，下一次碰到相同或相似的场合，就认为会得到相同的结果，就会按同一方法进行操作；如果前一次失败了，后面这一次就不会按前一次的方法操作。

过去的结果是已知的，这个已知的结果应该是用作预测未来的参考。对重复出现的某些现象的结果进行统计，得到成功和失败的概率，对具体的投资行为也是有好处的。

三、技术分析的要素

在证券投资的技术分析中，价格、成交量、时间、空间是最基本的要素，它们构成了技术分析的基础。

1. 价格和成交量是市场行为最基本的表现。市场行为最基本的表现就是成交价和成交量。过去与现在的成交价和成交量涵盖了过去与现在的市场行为。在某一时点上的价和量反映的是买卖双方在这一时点上共同的市场行为，是双方暂时认可的均衡点，随着时间的变化，均衡会发生变化，这就是价量关系的变化。一般来说，买卖双方对价格的认同程度通过成交量的大小得到确认，认同程度大，成交量大，认同程度小，成交量小。价格和成交量之间可以组合成9种对应关系，即价升量增、价升量减、价升量平；价跌量增、价跌量减、价跌量平；价平量增、价平量减、价平量平。每一种价量组合关系都会对投资分析提供不同的参考。

2. 时间和空间体现趋势的深度与广度。时间在进行行情判断时有着很重要的作用。一方面，一个已经形成的趋势在短时间内不会发生根本改变；另一方面，一个形成了的趋势又不可能永远不变，经过了一定时间又会有新的趋势出现。空间在某种意义上讲，可以认为是价格的一个侧面。它指的是价格波动能够达到的从空间上考虑的限度。

四、技术分析方法的类别

在技术分析方法不断发展和完善的过程中，形成了若干能够自成体系且有自身特色的类别，其中主要有K线法、切线法、形态法、指标法、波浪法五大类别。它们有的简单易懂，有的复杂多变，有的直接给出量化结论，有的需要进行烦琐的计算。

五、应用技术分析的要点

每一种技术分析方法都有其优点和缺点，因此，在使用技术分析时应注意以下四点。

1. 技术分析结果是根据统计学原理得来的，因此，它得到的是概率情况，并不是百分之百的正确，总会有一定的失误率。

2. 由于技术分析方法很多，产生了很多指标，而每一种指标都是根据一种特殊原理设计而成，因此，这种指标在某一方面很有效，但在其他方面可能无效。

3. 技术分析的一些指标是在常态情况下统计而成的，因此，在常态情况下，准确性非常高，但是，在非常态情况下，如使用常态标准，将会出现较大的失误。

4. 技术分析的种类非常多，有些时候它们相互之间会出现矛盾，在不知道到底谁对谁错时，可以采用两种方式：一是根据多数指标指导的方向去做；二是看不懂时不操作，什么时候看懂了，什么时候操作，市场机会永远存在。

第二节　K线理论

一、K线及其画法

K线（candlesticks），又称为阴阳线、卦线、蜡烛线、热狗线、酒井线等。起源于日本德川幕府时代，大阪米市一位叫酒井的商人用它来记录一天或一周当中价格的波动变化，后被应用于证券市场。

K线是用开盘价、收盘价、最高价和最低价四个价格绘制而成的，开盘价低、收盘价高为阳线，开盘价高、收盘价低为阴线（见图5－1）。通过一组K线的连续排列反映买卖双方的供求关系、多空力量的实力对比和有价证券价格的波动情况，进而反映市场及有价证券处于上涨、下跌、盘整等情况。K线是一种特殊的语言，是一组密码，将市场的综合信息通过一种特殊的形式表达出来，一旦投资人破译了这组密码，读懂了这种语言，将对投资活动产生不可估量的作用。

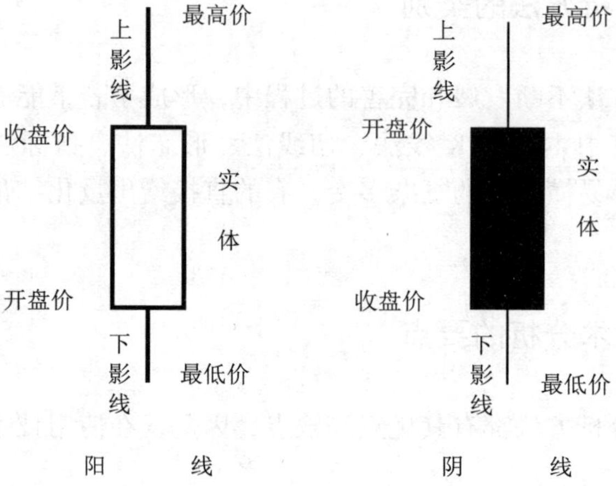

图5-1 K线图

K线可以分为若干不同的周期，如5分钟K线、15分钟K线、30分钟K线、60分钟K线、日K线、周K线、月K线、季度K线、半年K线、年度K线等，各种K线的画法其原理都是一样的。所谓日K线，就是每日画一根K线，周K线是每周画一根K线，然后将它们按时间先后排列起来，便形成了一条轨迹来反映股价的情况和上下波动趋势。

二、单根K线及含义

1. 上下影阳线（见图5-2）。表明总体呈上行走势，下影线表示价位下行到某一位置获得了支撑，下影线越长说明支撑力度越大；上影线表明有抛压，抛压力度可从上影线长短进行判断。因多空双方存在分歧，故价格在有限幅度内波动，但总体多方占优。

图5-2 上下影阳线

2. 上下影阴线（见图5－3）。表明总体呈下降走势。上影线表示冲高受阻，上档存在抛压，下影线表示下探有抵抗。上下影线同时出现，说明在投资过程中，多空双方存在明显分歧，在试图打破平衡、寻求方向过程中空方占优。

图5－3 上下影阴线

3. 实体阳线（见图5－4）。也叫“光头光脚阳线”，表示全天呈上升趋势，由于能量较大，开盘后即呈明显上行态势，盘中虽有波动，但开盘价形成强力支撑，收盘时以最高价结束交易，一般而言下个交易日如无特别影响因素，还会延续升势。

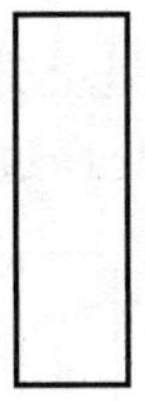

图5－4 实体阳线

4. 实体阴线（见图5－5）。也叫“光头光脚阴线”，表示全天呈下跌走势，盘中毫无抵抗，开盘价即最高价，收盘价即最低价。一般预示着下跌阶段的开始。

图5－5 实体阴线

5. 上影阳线（见图5－6）。表明总体呈上升趋势，但上行压力较重，无法扩大涨幅。

图5-6 上影阳线

6. 上影阴线（见图5-7）。表明呈下降趋势，且上行压力较大，上档抛盘较重，价格一旦突破开盘价即遭到空头打压，直至收盘以最低价结束交易。

图5-7 上影阴线

7. 下影阳线（见图5-8）。表明呈上升走势，开盘价虽被突破，但底部支撑较强，敏锐的投资人坚决抢筹，整个交易过程中逐波上行，以最高价收盘。

图5-8 下影阳线

8. 下影阴线（见图5-9）。表明呈下跌走势，但底部有一定的抵抗。多空双方投资人在某一价格水平不能达成一致，使价格下跌幅度得到一定控制。

9. 一字线（见图5-10）。一字线是开盘价、收盘价、最高价、最低价四价归一，粘连在一起，这就是平时说的以涨幅限制或跌幅限制开盘，整个交易都在该价位成交，一直到收盘为止。在未实行涨跌幅限制的情况下，一字线被视为市场交易极为清淡的标志，而在实行涨跌幅限制制度后，一字线反而成为投资者关注的焦点，常常出现价升量减或价跌量减等极端情况。

10. 蜻蜓线（见图5-11）。也称“T”形线，开盘价、收盘价和最高价三价

图 5－9　下影阴线

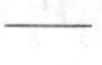

图 5－10　一字线

归一，也是一种一字实体线，“T”形线表示看盘后，股价一直处于下跌的态势，多方无法组织有效的反击，最终以和开盘价相同的最高价收盘。“T”形线出现在不同的位置，所具有的意义也不相同，如果出现在上升趋势中，往往意味着将由升势转为跌势，如果在下跌趋势中出现“T”形线，可以将其视为止跌回升的信号，后市有可能出现上涨行情。

图 5－11　蜻蜓线

11. 墓碑线（见图 5－12）。也称倒“T”形线，开盘价、收盘价、最低价三价合一，是一字实体线的另一形式，一般意味着反弹失败或反转，墓碑线表示价格拉起之后又被打压下来，虽在开盘价之上运行但无法保持到最后，收盘价又回到开盘价。墓碑线出现的位置不同，其意义也不相同。出现在上升趋势中，表示多方已经受阻，空方可能卷土重来，上影线越长，代表空方的力量越大；如果在价格暴跌过程中出现墓碑线，则是倒锤头线的演化，意味着多方力量不足，无法扭转运行方向。

图 5－12　墓碑线

12. 十字星（见图 5－13）。十字星是一种一字实体线，开盘价与收盘价二价归一，表明使价格上升的力量与使价格下降的力量基本相等，多空双方势均力敌。十字星出现的位置不同，对投资的指示意义也不同，盘整过程中出现十字星一般无须更多研究，但高位或低位出现十字星往往被看作翻转的预兆，即十字星的前一天为上升或下降，十字星的下一交易日即可能为下降或上升。

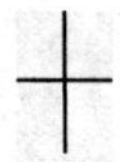

图 5 - 13　十字星

三、K 线组合及其含义

K 线组合是一种特殊语言，它反映一种因果关系，一种阴阳反复的循环。K 线可以提前反映有价证券未来的价格，并有规律可循，所以 K 线组合分析就是去读懂这种语言并发现它们的规律，去指导实战的操作。一些典型的 K 线组合会不断地重复出现，如果掌握了这些规律，将在很大程度上提高成功的概率。底部组合出现时，说明市场很快会上升，要赶快建仓；顶部组合出现时，说明风险已大，要及时获利了结。

对于不懂 K 线语言的投资人，K 线及其组合就像一本天书，初学者很容易做出错误的判断。一般认为，K 线的下影线长表示下档有支撑，但在不同的价位、不同的时间、不同的组合中 K 线所表达的信息是不同的。在底位，下影线长可以认为下档有支撑；但在较高的位置，可能是主力提前出货，试盘或者设套（制造假 K 线）。不同的人看到同一根或一组 K 线会得出不同的结论，只有真正心领神会并读懂的人才能把握胜算。

（一）上升行情的 K 线组合形态

1. 白三兵，或叫红三兵。白三兵是由三根短小的连续上升的阳 K 线组合表示，K 线收盘价一日比一日高，表示基础扎实（见图 5 - 14）；红三兵是一种很常见的 K 线组合，这种 K 线组合出现时，后市看涨的情况居多。红三兵如果出现在下降趋势中，一般是市场的强烈反转信号；如果在较长时间的横盘后出现红三兵的走势，并且伴随着成交量的逐渐放大，则是上行的前奏。红三兵是否有效在于三根 K 线要有一定的实体长度，与有无上下影线无关。

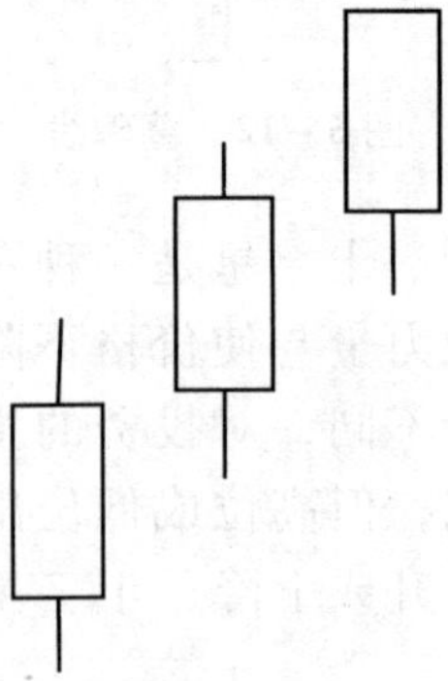

图 5 - 14　白三兵

2. 两阳夹一阴（见图5-15）。两阳夹一阴的K线组合，由三根K线组成，就是一根小阴线夹在两根阳线中间。第一根K线是一根阳线；第二根K线是一根小阴线，阴线的实体不大；第三根K线是一根中长阳线，三根K线重心呈上涨状态。两阳夹一阴在涨势中出现，后市继续看涨，在跌势中出现，是阶段性见底的信号。

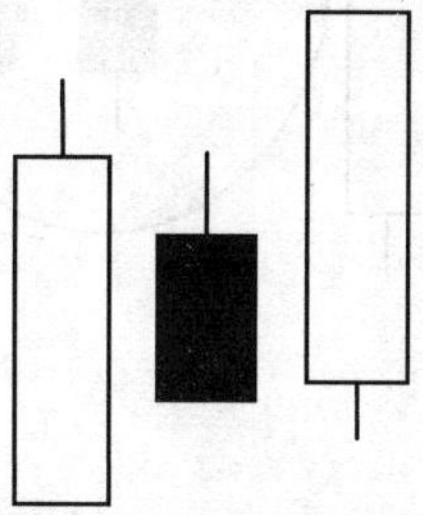

图5-15 两阳夹一阴

3. 上升三部曲（见图5-16）。上升三部曲由5根大小不等的K线组成。先出现一根大阳线或中阳线，接着出现3根向下调整的阴线，但这3根阴线都没有跌破第一根K线的最低点，最后一根大阳线或中阳线一举全部或大部分吞吃了前面3根小阴线，其走势有点类似英文字母“N”。这组K线组合出现在上升途中，预示后市将继续上涨。

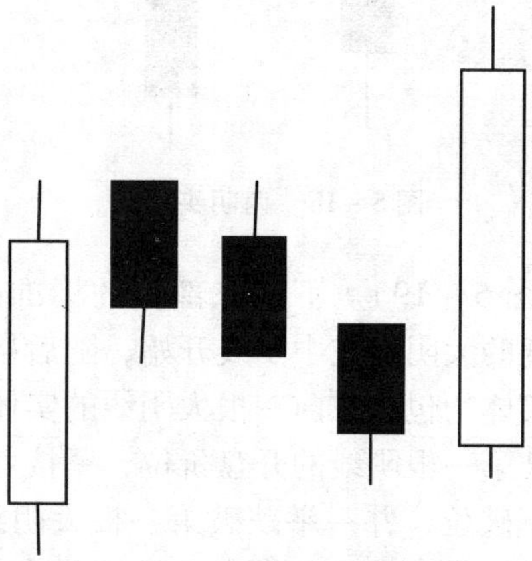

图5-16 上升三部曲

（二）下跌行情的K线形态

1. 三只乌鸦（见图5-17）。由三个短小的连续下跌的小阴实体组成，K线收盘一日比一日低，表示空方力量在逐步加强，后市看淡，下跌速度将加快。三只乌鸦形态常出现在高位，或者出现在经历了充分发展的上涨行情中。

2. 两阴夹一阳（见图5-18）。两阴夹一阳是股票技术分析中经典的看跌K线组合形态。表示多方的力量已经十分微弱，下跌途中虽有抵抗，但却改变不了下跌的大局。

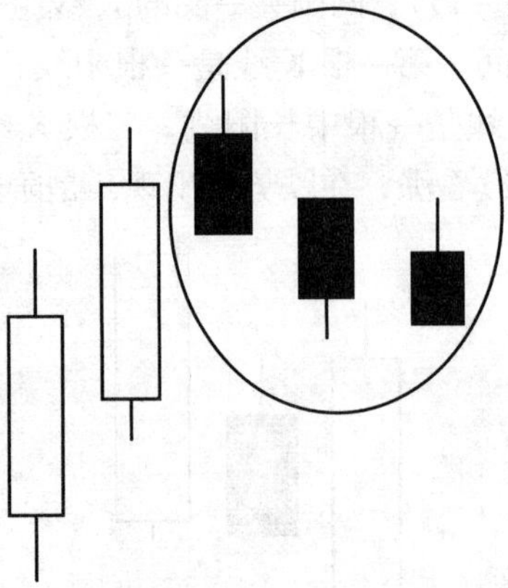

图 5-17　三只乌鸦

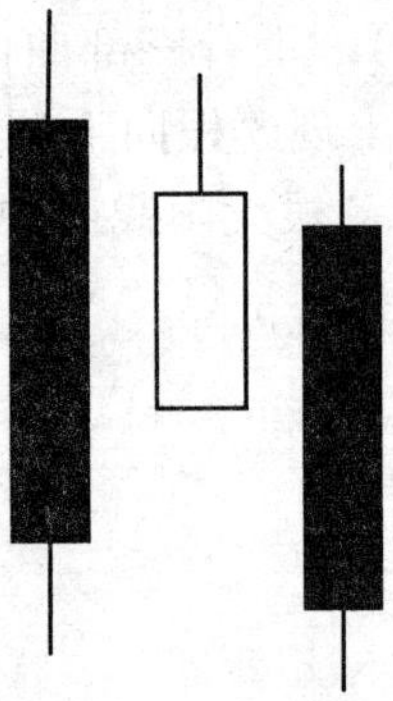

图 5-18　两阴夹一阳

3. 下跌三部曲（见图 5-19）。下跌三部曲的标准图形由五根 K 线组合而成，首先由一根较有力度的大阴线或中阴线开始，随后接连出现三根小阳线持续反弹，但三根小阳线的实体均包含在前一根大阴线的实体之内，三根小阳线的最高收盘价并没有向上突破第一根阴线的开盘价位，紧接着股价再拉出一根较有力度的大阴线或中阴线向下破位，并一举跌破第一根大阴线或中阴线的收盘价位，股价再次创出整个 K 线组合新低，即所谓的下跌三部曲。

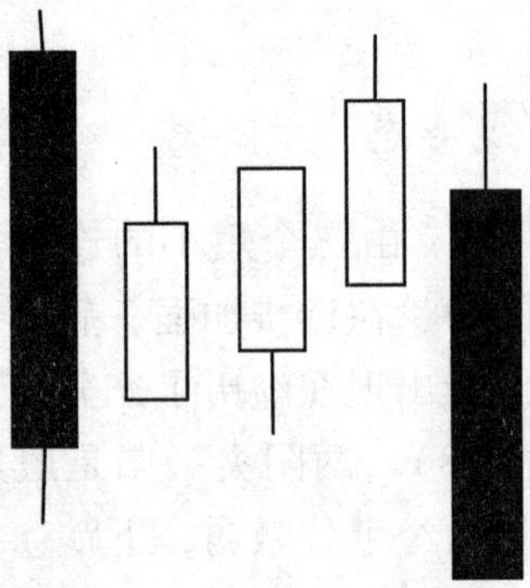

图 5-19　下跌三部曲

下跌三部曲的出现表明多方虽然想做抵抗，但最终在空方的打击下缴械投降，价格会进一步下滑。在下跌三部曲的K线组合中，成交量是关键，在下跌行情初期或下跌趋势途中出现的下跌三部曲，第一根大阴线或中阴线出现时，成交量配合应当有放量行为，若第一根阴线是断头铡刀或刚刚跌破下跌中继平台，属于破位走势，后市继续大幅下跌的信号将更加可靠。

（三）震荡整理行情的K线形态

震荡整理行情的K线形态分为底部区域的震荡整理形态和上升途中的震荡整理形态。

1. 底部区域的震荡整理形态。

（1）窄幅震荡筑底形态（见图5－20）。当市场经过了较长时间的下跌，开始横盘整理，此时会出现数根小阴线和小阳线横排并行，上下波动幅度不大，经过一段时间后，市场会缓慢爬升，逐渐走出震荡上行行情。

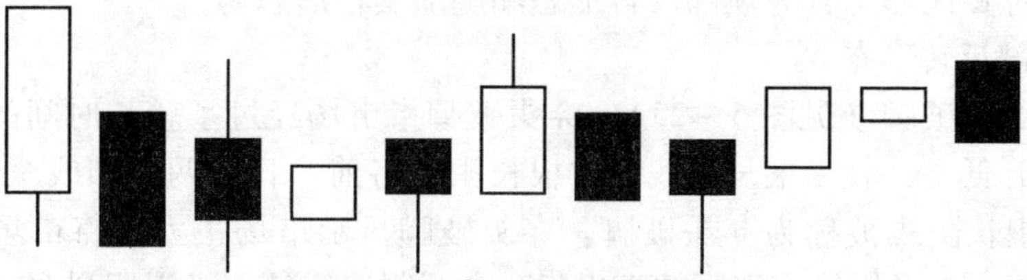

图5－20 底部整理形态

（2）双针探底（见图5－21）。双针探底形态，是K线组合图中较为常见的底部反转形态，这种形态由两根有一定间隔的带长下影线的K线组成，此种形态出现在价格连续下跌之后，表示价格已经过两次探底，下档有较强的支撑，也就是下降趋势可能即将结束的信号。双针探底形态基本发生在一段下降行情中，突然有一日收一根带长下影线的K线，随后市场在很近的时间区域内，同样再收一根带长下影线的K线，而且这两根K线的最低价非常的接近甚至相同。双针探底的第一根带长下影线的K线形成后，为吸引投资人跟风会向上小幅运行，然后再进行短暂的洗盘并测试底部支撑力量。多数情况下，市场会就此展开拉升，多头将展开反攻。

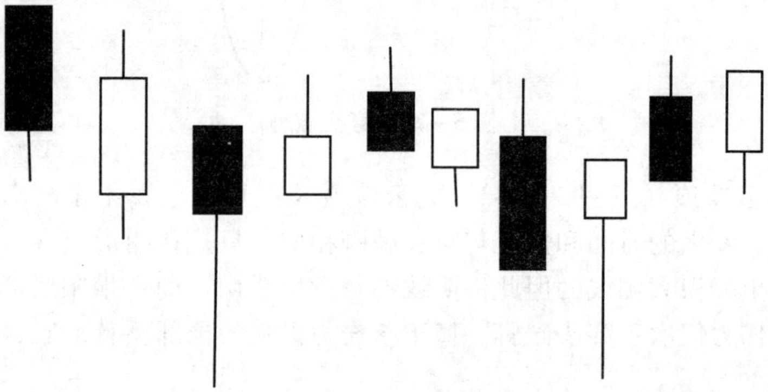

图5－21 双针探底

2. 上升途中的震荡整理形态（见图 5－22）。上升途中由于主力要震仓洗盘，便会采用打压价格、上下震荡的做法，但主力是假出货、真进货，盘中显示的是阴线，使投资人不看好后市，但尾市要把出掉的筹码收回来，这便形成了上涨途中的中继形态，要与转点折形态相区分。

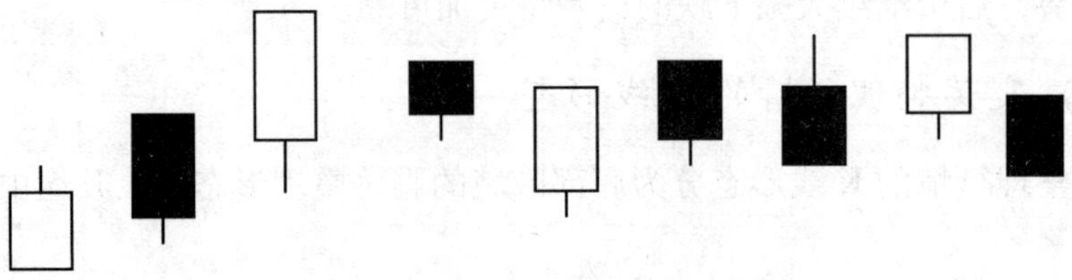

图 5－22　上升途中的震荡整理形态

（四）反转的 K 线形态

反转的 K 线形态分为顶部反转形态和底部反转形态。

1. 顶部反转形态。

（1）穿头破脚（见图 5－23）。穿头破脚指市场经过了较长时间的上升，当日 K 线高开低走，收一根长阴线，这根长阴线将前一日或两日阳线全部覆盖掉，因此，这根长阴线被称为穿头破脚。穿头破脚显示市场主力已将市场推至较高处，并借买方市场情绪高涨而拉高出货。高开制造假象，吸引跟风盘，随后大肆出货，将所有跟风盘全部套牢。此种 K 线形态属于杀伤力极强的顶部反转形态，随后的下跌空间极大，遇此形态应杀跌。

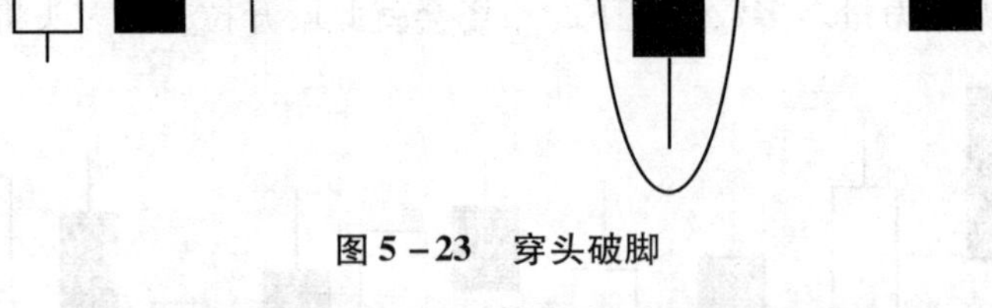

图 5－23　穿头破脚

（2）乌云盖顶（见图 5－24）。乌云盖顶 K 线形态也属于拉高出货的一种顶部反转形态。发生的时间和情况与穿头破脚相似，只是在图形上乌云盖顶像黑云压城似地收出一根大阴线，但此根阴线的收盘位置切入前一根阳线的 2/3 处。乌云盖顶的杀伤力仅次于穿头破脚，属于杀伤力极强的顶部反转形态，遇此形态应坚决出货。

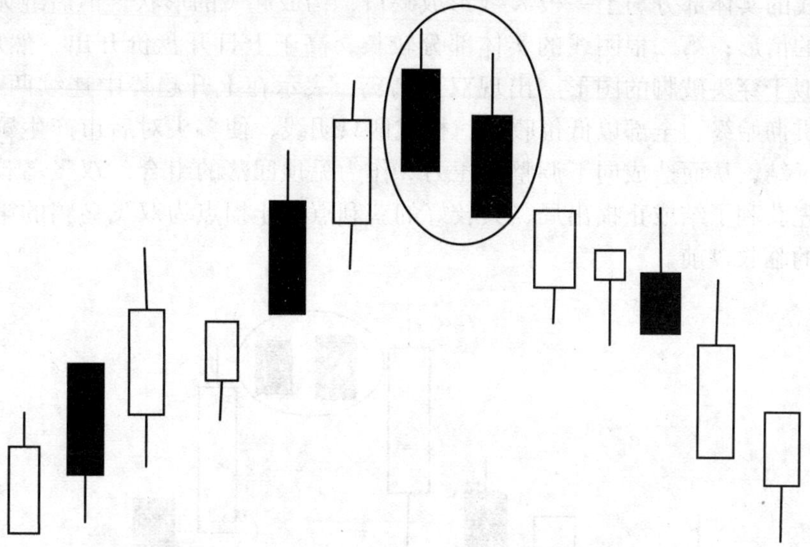

图 5－24　乌云盖顶

（3）吊颈（见图 5－25）。吊颈是在高位出现的小阴实体，并带有长长的下影线的 K 线形态，形状就像一具上吊的尸体。此种 K 线形态表示主力在高位开始出货，盘中出现长阴，为了达到设套的目的，主力在尾市将市场拉起，形成长长的下影线，使投资人认为下档有强力支撑而纷纷跟进，吊颈既有巨大的杀伤性又有欺骗性，应学会识别。

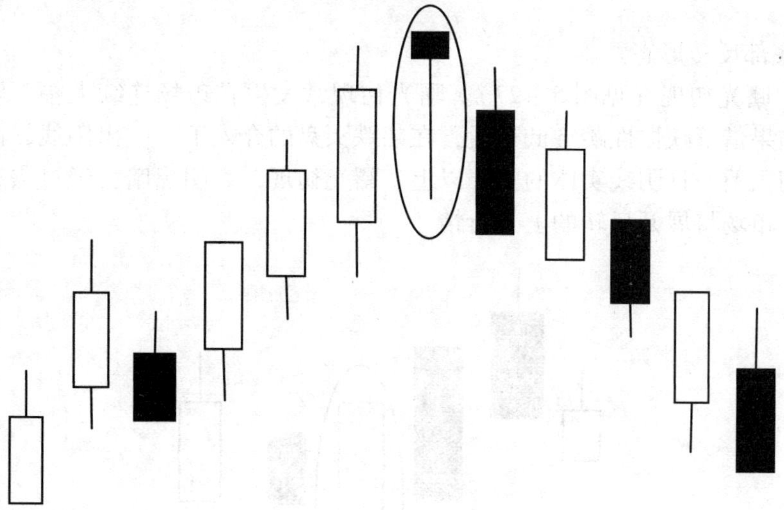

图 5－25　吊颈

（4）双飞乌鸦（见图 5－26）。双飞乌鸦是在市场连续大幅上升后，在高位出现两个并排的小阴实体，像树枝上落了两只乌鸦在呱呱叫，预示着市场将大幅下跌的时刻已经到了。双飞乌鸦是由两根阴线构成的转向组合。其技术特征是第一根阴线的实体部分与上一根K线形成缺口，构成起飞的形状，但后继无力，出现低收的情形；第二根阴线的实体部分较长，高于上日开盘价开出，然后低收，形成类似于穿头破脚的图形。出现双飞乌鸦，表示在上升趋势中连续两日高开，但未能贯彻始终，全部以低价收市，构成两只阴线，使多头对后市产生疑虑，开始获利了结，从而造成向下调整的压力。作为见顶回落的组合，双飞乌鸦一旦出现，可先获利了结或止损出局，其较好的获利点与止损点为双飞乌鸦的第二根阴线形成的临收盘前。

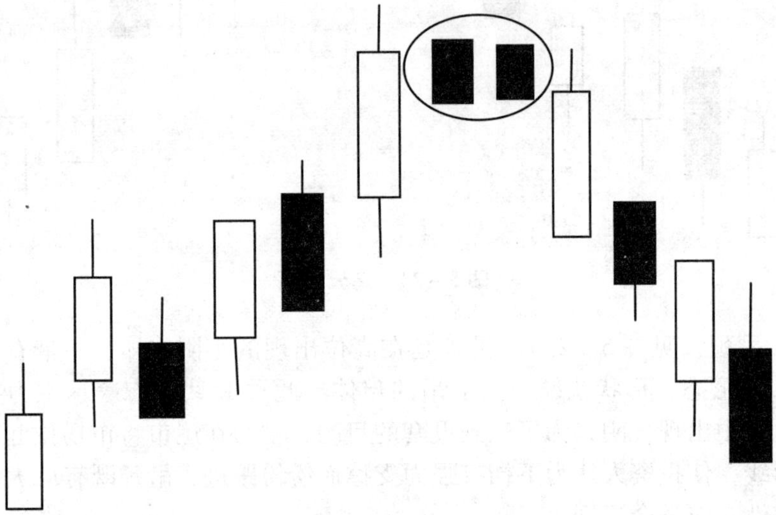

图5-26　双飞乌鸦

2. 底部反转形态。

（1）曙光初现（见图5-27）。曙光初现常发生在市场连续大幅下跌，超跌严重，结果借下跌惯性跳空低开后，在超跌买盘的介入下，收出阳线，阳线收盘的位置切入前一日阴线实体的1/2以上。曙光初现，表明黑暗已经过去，曙光已经开始，市场将展开反转的上升行情。

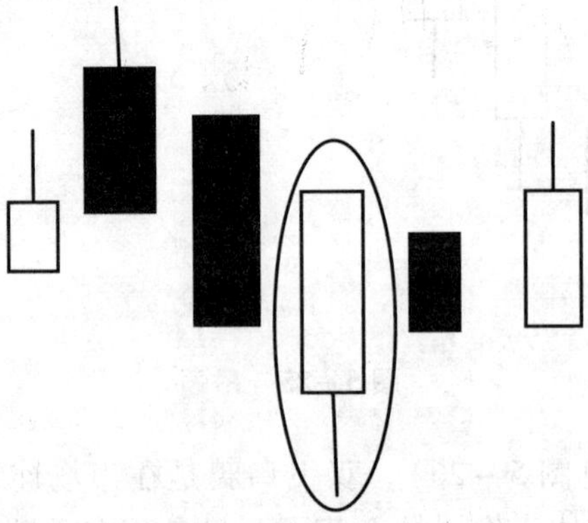

图5-27　曙光初现

（2）"T"形（见图5-28）。"T"形也可以成为一种反转形态，前提是市场应经过较长时间的连续大幅下跌。当日开盘后，走势继续下跌，并带出最后一批抛盘，随后在盘中价格或指数开始稳步上升，最后以开盘价的位置收盘。"T"形在超低位出现，反映下档支撑极强，市场可能出现反转走势。

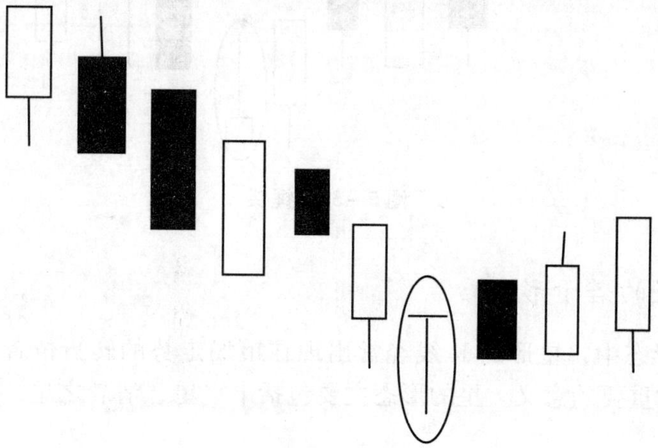

图5-28　"T"形

（3）倒"T"形（见图5-29）。倒"T"形和"T"形的基本情况相同，只是市场开盘后因超跌开始上涨，随后遇到了小幅抛压，将指数或价格压至开盘价的价位收盘。虽然倒"T"形带有上影线，反映有一定压力，但因在极度超跌的位置出现，应该视为卖方的强弩之末。

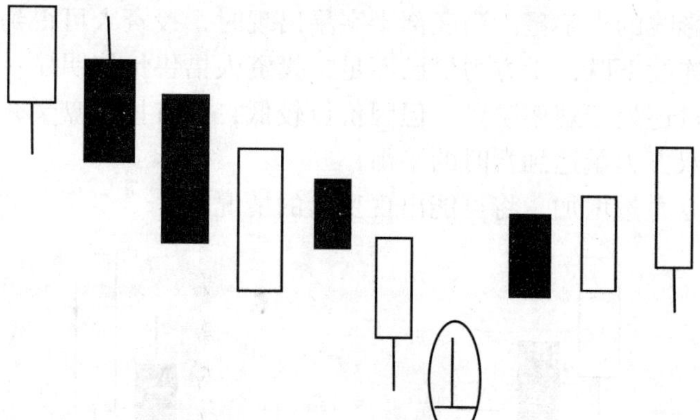

图5-29　倒"T"形

（4）锤头（见图5-30）。锤头是一个小实体下面带有一定长下影线的K线形态，形态就像锤子带有锤把儿的样子。在长期的下跌趋势中，锤头的出现预示着下跌趋势将结束，表达了市场正在用锤子来夯实底部，是较为可靠的底部形态。

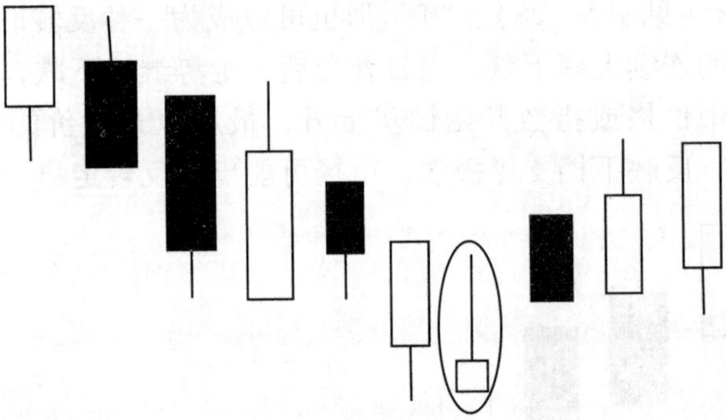

图 5-30　锤头

（五）星的若干形态

在K线形态中，星形的K线经常出现在市场走势的转折位置，因此，对研判走势有非常重要的意义。星的形态主要包括十字星、清晨之星、黄昏之星、射击之星等。

1. 十字星。十字星是开盘价和收盘价相同，带有一定的上影线和下影线组成的K线。

（1）底部十字星（见图5-31）。当市场连续下跌一段时间，或经过了数浪下跌，已产生了较大的跌幅，此时卖方做空的力量已经不足，下跌无动力，而买方因连续下跌的阴影影响，买入谨慎，但因超跌又有少量的买盘。此时，多、空力量在一个极小的范围内达到了某种平衡，这便会出现开盘价和收盘价相同并带有一定上、下影线的十字星。当底部十字星出现时，投资人可得到如下信息：

①因市场连续下跌，卖方力量已不足，投资人惜售情绪明显；

②买方力量还处于观望阶段，但因价位较低，已有抄底盘量介入；

③买、卖双方力量达到暂时的平衡；

④一旦多方力量增加，将可能出现变盘的情况。

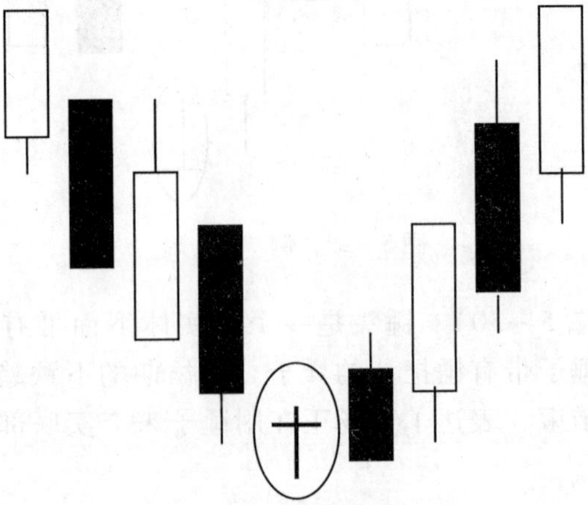

图 5-31　底部十字星

（2）顶部十字星（见图5－32）。当市场连续上涨了一段时间，或经过数浪上涨已产生了较大涨幅，此时买方做多的力量已经不足，后续买盘跟不上，卖方在市场连续上涨的情况下还希望卖个更高的价格，因而并不急于大幅抛售手中的筹码，这使多空双方在一个不大范围内达到了平衡。一旦空方发现市场不能继续上涨，将会加大抛压力度，所以在此出现的十字星将可能是一个顶部十字星。在一个较高的位置出现十字星形态时，可以得到如下信息：

①因市场连续上涨，买方力量已不足；

②卖方因还想卖出更高价，卖压力量并不是很大，但已有逢高出货的迹象；

③不大的买量和不大的卖量使多空双方暂时处于平衡状态；

④因市场处于高位，一旦空方力量增强，将可能出现向下变盘。

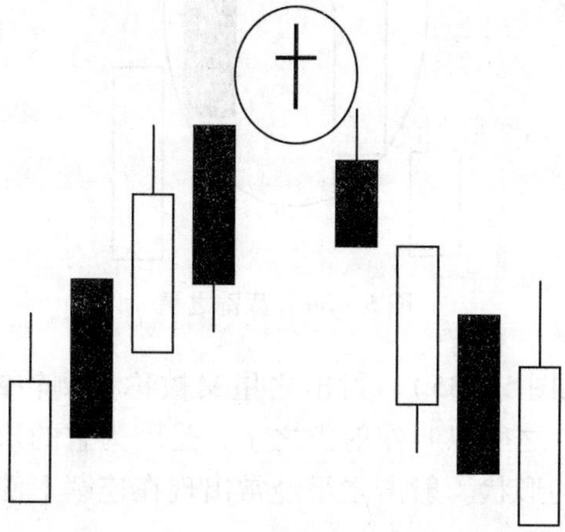

图5－32　顶部十字星

2. 清晨之星（见图5－33）。清晨之星是典型的底部形态，通常出现在市场连续大幅下跌和数浪下跌的中期底部和大底部。清晨之星通常由三根K线组成。第一根K线是一根长阴线；第二根是一个小小的实体，可带上下影线；第三根是一根阳线，它明显向上，与第一根K线形成阳包阴态势。清晨之星的含义是黑暗已经过去，曙光已经来临，多空力量对比开始发生转变，一轮上升行情已经开始。

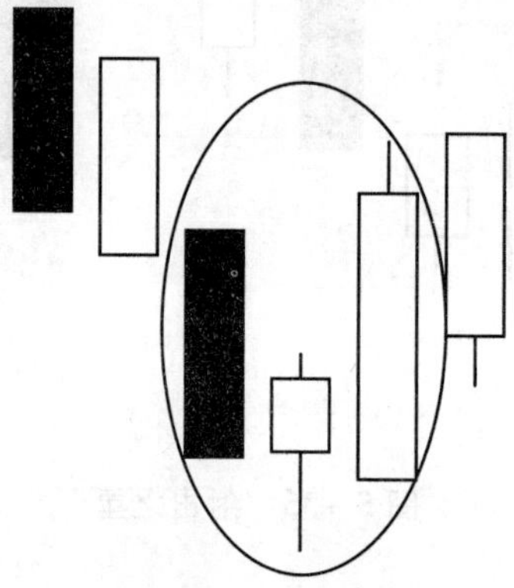

图5－33　清晨之星

3. 黄昏之星（见图5－34）。黄昏之星与清晨之星刚好相反，它通常出现在市场连续大幅上涨或数浪上涨的中期顶部和大顶部。它的出现预示着夜幕即将降临，一轮上涨行情已经结束。黄昏之星是反转形态，具有非常强的杀伤力。黄昏之星也是由三根K线组成：第一根K线是一根长阳线；第二根K线是一个可带上下影线的小实体（阴、阳均可）；第三根K线是一根阴线，它的实体吞噬了第一根K线的一部分。当黄昏之星出现时，投资人应及早离场。

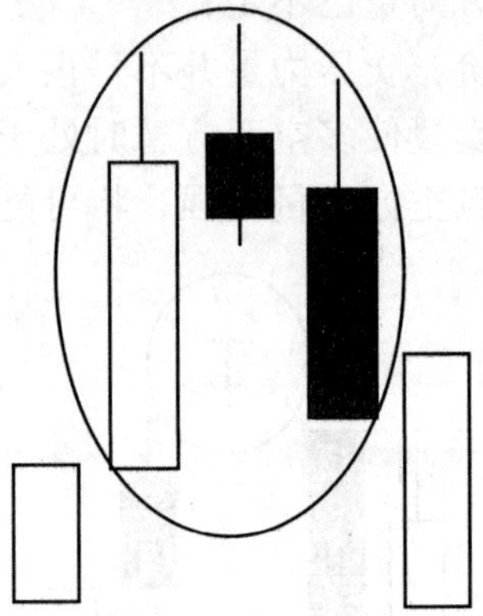

图5－34　黄昏之星

4. 射击之星（见图5－35）。射击之星又被称为倒转锤头，是一个小实体，上面带有一根上影线，之所以叫作射击之星，是因为它的形状像枪的准星。有人解释为好似拉弓射箭的形状。射击之星经常出现在连续上涨后，它的出现经常预示着转折点将出现。

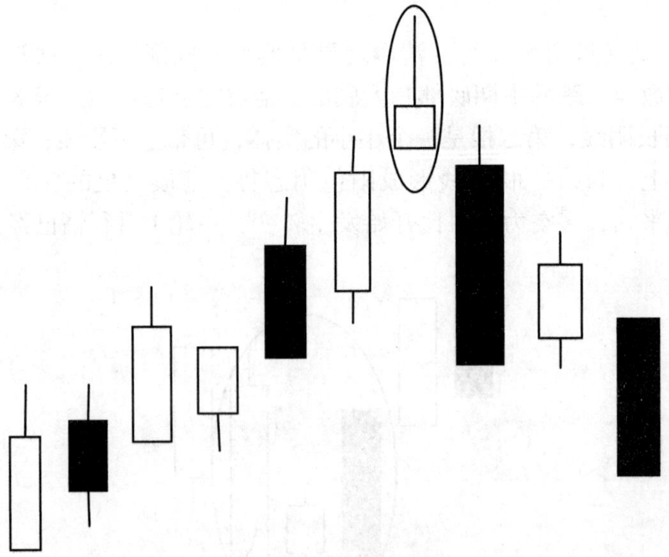

图5－35　射击之星

（六）缺口的若干形态

缺口是K线形态中一种特殊的形态。它是指开盘价和收盘价或收盘价和开盘价之间产生向上或向下的跳空，并留有一定的空间。在这个空间没有任何交易，在K线图上显示出的是一个有一定空间的裂口，因此，缺口又被称为裂口或窗口（见图5-36）。

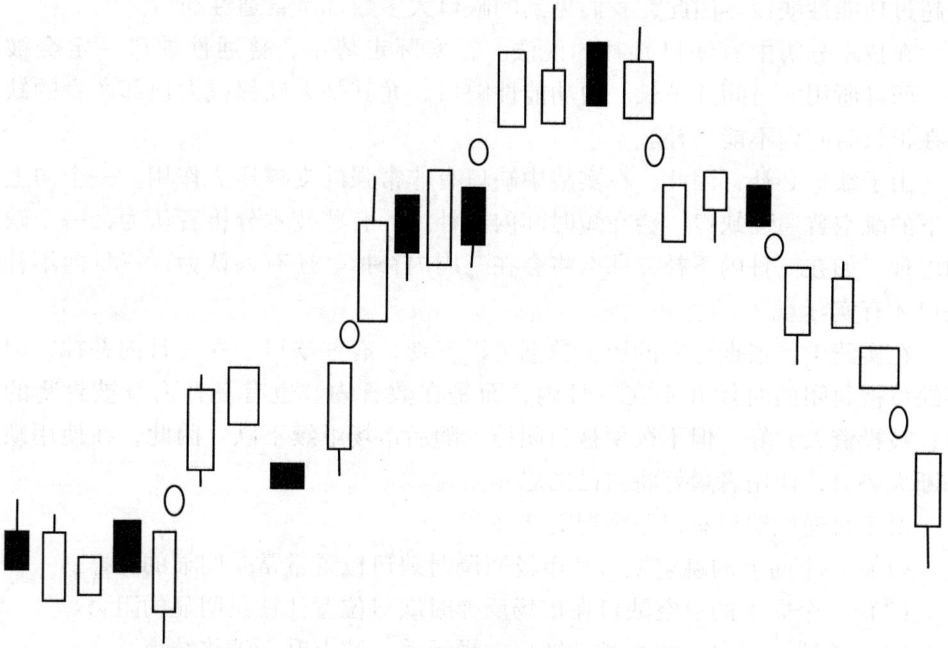

图5-36　缺口

缺口在市场的实际运行过程中经常出现，但按缺口的性质可分为功能性缺口和普通性缺口。功能性缺口的实战意义非常大，但是在走势中并不常见，只是在关键时刻才会出现。功能性缺口又可分为突破性缺口、中继缺口和竭尽缺口三种。

1. 突破性缺口。突破性缺口通常在大底部向上突破和大顶部向下突破时出现。这类缺口的出现，预示着市场将走出大的反转行情。向上突破性缺口的出现，应有长时间的大幅下跌，并有扎实的底部作前提，突破时还要有大成交量支持，在政策面上常会伴随非常巨大的利好政策出台。

2. 中继缺口。中继缺口出现在一轮大幅上涨行情或继续延续大幅上涨或大幅下跌行情的中途，它的出现，预示着市场将走大幅上涨或大幅下跌的行情。因该缺口是在中途出现，根据缺口的位置可以大约预测出未来市场可能上涨或下跌的幅度，所以又被称为“度量缺口”。

3. 竭尽缺口。竭尽缺口又称消耗性缺口，出现在长期上涨和下跌行情的末端，预示着多头和空头已到强弩之末。市场在上涨过程中，经过连续上涨，并作最后的冲刺，能量消耗极大，市场鼓足最后一把力气，全力向上一跳，但已无后力。《曹刿论战》中所讲的“一鼓作气，再而衰，三而竭”揭示的就是这个道理。市场在短期内将发生反转行情。当市场经过较长时间的下跌，尤其到后期产生加速下跌，这时空方能量消耗极大，但此时出现消息面利空，产生恐慌性抛盘。空方一致做空，产生向下跳空缺口，预示着市场在短期内将结束下跌走势。

普通性缺口不像功能性缺口那么重要，但在实际走势中，出现的频率却是大大超过功能性缺口。因此，我们见到的缺口大多数都是普通性缺口。

在技术分析中有缺口必补的说法。在实际走势中，普通性缺口一定会被回补，而且所用的时间并不长。而功能性缺口，尤其是大底部或大顶部产生的缺口将在很长时间内不能回补。

由于缺口必补，因此，在实战中缺口有非常强的支撑压力作用。一个向上或向下的跳空普通性缺口，会在短时间内回补掉。有些技术分析者认为，一个缺口的出现，如在三日内不补，那么将会在三周内补掉。还有人认为，三日内不补的缺口才有实际意义。

在实践中，根据已有的历史数据可以发现，有些缺口会在三日内补掉，但很多缺口被封闭的时候并不在三日内，而是在数日内。也有三日内没被封闭的缺口，被投资人看好，但不久便被封闭掉，随后市场继续下跌。因此，在使用缺口判断大势时，使用者最好将自己的思路拓宽。

对于普通性缺口有以下情况需要注意。

（1）一个向上的跳空缺口在市场回调时缺口位置常常是明显的支撑。

（2）一个向下的跳空缺口在市场反弹时缺口位置往往是明显的阻力。

（3）连续三个向上的小跳空缺口常预示着一波上升行情将结束。

（4）连续三个向下的小跳空缺口常预示着一波下跌行情将结束。

（5）缺口处如伴随着较大的成交量，在此间形成的支撑和阻力也越强。

（6）向上的缺口如没有成交量的支持，此缺口极容易被回补。

（7）向下的缺口如没有成交量的支持，此缺口并不一定很快回补。

（8）缺口被回补后，股价经常向原方向继续运行。

第三节　形态理论

一、形态分析的含义

形态分析是技术分析的重要组成部分，它通过对市场横向运动时形成的各种价格形态进行分析，配合成交量的变化，推断市场未来运行态势，大体得出持续或反转的结论，指导投资操作。

市场在运行过程中，当某种固定形态出现时，市场将向一个固定的方向运行，投资人可以根据这种形态做出判断并指导自己的操作。由于形态经过了形态分析者的长期观察统计和市场的检验，具有非常高的概率和非常强的实战指导性，因此，形态分析也成为技术析者首先要掌握的一种技术分析方法。价格形态可分为反转形态和持续形态，反转形态表示市场经过一段时期的酝酿后，决定改变原有趋势，而采取相反的运行方向，持续形态则表示市场将顺着原有趋势的方向发展。形态理论是通过研究价格所走过的轨迹，分析和挖掘出曲线的一些多空双方力量的对比结果并进行行动。

形态分析要结合成交量。成交量在形态分析中占有非常重要的位置，尤其是在关键位置形态是否成立很多情况都要依靠成交量来判断，特别是向上突破时。

二、形态的基本特性

（一）形态的典型性

形态学中有多种形态，如三角形、圆底、M头等。这些形态的出现都非常典型，简单易懂，容易理解，便于掌握。

（二）形态的周期性

一种典型的形态经过一段时间后又重新出现，而当它重复出现时表明市场又处于一种相同的情况。投资人如果掌握这种形态，便可采取相同的操作策略。这是技术分析中“历史会重演”这一假设的印证。

（三）形态的可靠性

一种形态出现时，往往反映出一种相同的因果关系，相同的原因产生相同的后果，相近的原因产生相近的后果。如果符合形态规定的标准，那么形态的可靠性非常强，因此，具有较强的可操作性。

（四）形态的标准性

每一种形态都有它固定的标准和要求，只有当形态符合这些标准和要求时，它的可靠性才强；如果不符合形态的标准和要求，特别是关键的要求，此形态不能得到确认将没有可操作性。

三、形态的类型

技术分析形态分成两个大的类型，即反转形态和持续形态，反转形态打破平衡，持续形态保持平衡。

（一）反转形态

反转形态是原来的运行方向不再持续，价格由涨势转为跌势或由跌势转为涨势。分析反转形态要掌握以下基本要领：第一，市场运行方向清晰，事先确有趋势存在，如无趋势则不存在反转；第二，趋势线被真实有效突破，否则突破就是暂时的或者称为假突破，没有突破，反转亦为不可能；第三，顶部形态所经历的时间通常短于底部形态，但其波动性较大，底部形态的价格波动范围通常较小，但酝酿时间较长；第四，量价配合是检验突破有效性的可靠信号；第五，突破的次数不容忽略，一般情况下，两次以上的突破更可靠。反转形态包括双重顶和双重底、头肩顶和头肩底、三重顶（底）形态、圆弧形态、喇叭形、菱形、“V”形等。

（二）持续形态

持续形态是指价格维持原有的运动趋势。无论上行还是下行，如无外界因素影响而只通过多空双方博弈，其运行方向都将持续一段时间。比如，市场经过一段拉升上行后，会积累一定量的获利筹码，获利筹码套现导致价格出现回落，但同时对后市继续看好的投资人趁价格回落入场，对市场价格构成支撑，因而价格在高价区小幅震荡，市场通过横向运行的方式消化获利筹码，重新积聚能量，然后多头力量重新发力，市场又恢复原先的上行趋势。同样，市场经过一段时间的打压下行后，虽然会震出一些不稳定的筹码，但大部分投资人还会对市场充满期望，更不会割肉斩仓，致使价格回落幅度有限，不足以吸引新资金入场，因市场无法得到量能支持，所以只能维持价格继续下行的低迷态势。

持续形态形成的过程中，价格震荡幅度应当逐步收敛，同时，成交量也应逐步萎缩，最后在价格顺着原趋势方向突破时，应当伴随大的成交量。持续形态主要包括三角形、矩形、旗形、楔形等。

四、典型形态及分析

（一）反转形态

1. 双头形态（见图 5 - 37）。双头形态又称 M 头，通常出现在长期上行趋势的顶部，是一个反转形态，就像英文字母 M。双头出现时，预示市场的升势可能终结，尤其是当双头颈线被击穿突破时，就形成一个确切的卖出信号。

当价格上升到 A 点后，获利回吐盘使价格上行受阻，转而掉头向下，在 B 点得到上升趋势线支撑，价格重拾升势，到达 C 点，回到前一高位区域，与 A 形成两个高点后，却不能再向上拓展空间，转而再次下跌，双头形成。双头的两个高点并不一定完全相同，两者可能相差少许。一般第二个高点可能较第一个高点高出一些，原因是，多方企图推动市场继续攀升，可是却无法使其上升超过一

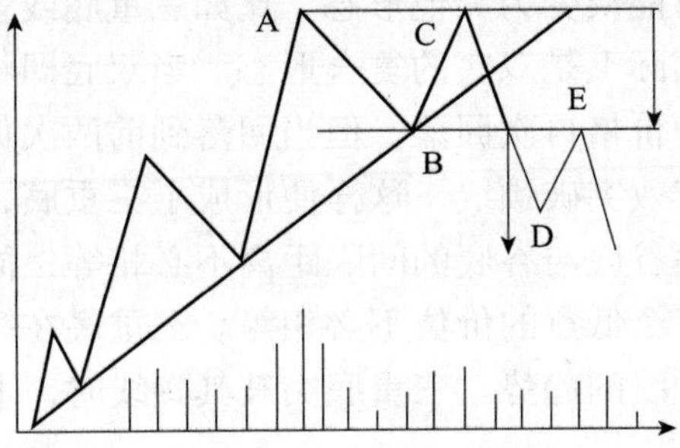

图 5－37　双头形态

定的幅度。

双头形成后，过 B 点做平行于 A、C 连线的平行线，就得到一条非常重要的直线——颈线，颈线在这里起支撑作用。如果突破颈线则从突破点算起，价格至少要跌到与形态高度相等的距离。形态高度就是从 A 点或 C 点到 B 点的垂直距离，即从顶点到颈线的垂直距离，价格在 D 点之下才有可能企稳。企稳之后会有一定幅度反弹，但到达颈线 E 点附近会被压制，再掉头向下。

2. 双底形态（见图 5－38）。双底形态也称“W”形态，是指价格在连续二次下跌的低点大致相同时形成的走势图形，移动轨迹像字母 W。它的形成是这样，在下跌行情的末期，市场里的抛压减轻，价格跌到 A 点后，出现技术性反弹，但回升幅度不是很大，时间也不长。在 B 点受到下降趋势线压制，然后再次下跌，当跌至 C 点时获得支撑，再次回升，二次回升时成交量大于前次反弹的成交量，这就是双底。双底反转须突破颈线，也就是第一次从低点反弹的最高点才能确立。

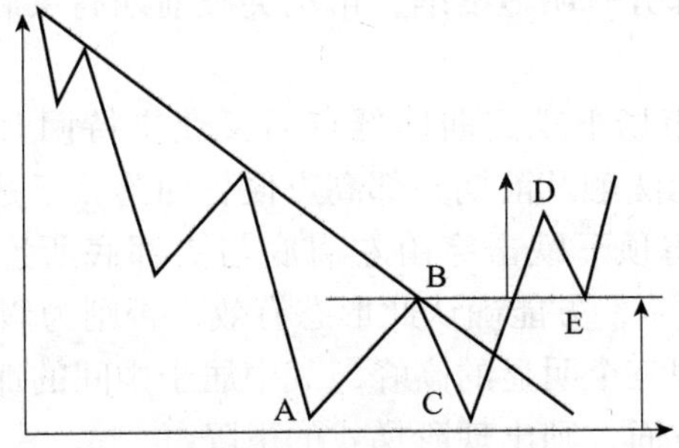

图 5－38　双底形态

双底的两个低点不一定必须在同一水平，两者允许有差别。一般双底的第二个底都比前一个底高，原因是先知先觉的投资人在第二次回落时已经开始买入，使市场无法再次跌回前期的低点。双底最小升幅的度量方法是，由颈线开始至少会上升从双底最低点至颈线的价位距离。双底有时也会是整理形态，这要视两个波谷的时间差决定，通常两个低点形成的时间相隔在 20 个交易日以上。双底通常突破颈线后会出现短暂的回落，但只要回落不低于颈线，其形态仍然有效。如果回抽低于颈线，则可能演变为其他形态，比如三重底或多重底。

三重底或多重底实际上是双底的复合形态。当双底即将形成时，由于碰到一些偶发性的利空消息使价格再次回落，但当回落到前两次低点时，市场得到有效的支撑，再次上升并有效突破颈线，这样便形成了三重底，三重底的底部特征比双底更加可靠。三重底谷底与谷底的间隔距离不必相等，同时，三重底的颈部不一定在相同的价位。三个低点的价位不必相等。三重底在第三个底部上升时，成交量剧增，具有突破颈线的趋势。三重底突破其颈线时，上升的幅度至少相当于颈与底之间的距离。

3. 头肩顶形态（见图5－39）。双肩顶形态也称魔鬼头，是最为常见的反转形态，一般出现在上涨行情接近尾声时，图形似人的肩、头部、颈线。头肩顶可分为四个不同的部分。

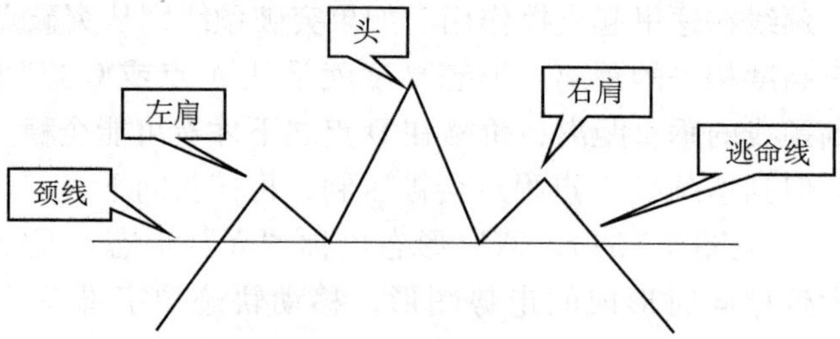

图5－39　头肩顶形态

（1）左肩部分。持续上升一段时间，成交量放大，前期买入者有利可图，获利沽出，使市场出现短期的回落；成交量较上升到顶点时显著减少。

（2）头部。市场经短暂回落后又一次强劲上升，成交量也随之放大，但成交量的最高点较左肩部分有明显萎缩，市场突破前期高点后又一次回落，成交量也萎缩。

（3）右肩部分。市场下跌到前期低点后又获支持回升，但成交量较左肩部分和头部明显萎缩，无法触及前期头部高点便告回落，于是形成右肩部分。

（4）突破。从右肩顶下跌击穿由左肩底与头部底所连接的底部颈线，其突破颈线的幅度要超过3%，方能确认此形态有效，否则为假突破。

头肩顶的形状呈现三个明显的高峰，其中居于中间的那个高峰较其他两个高峰点高。而在成交量方面，则出现阶梯式的下降。

这是一个长期性趋势的转向形态，通常会在牛市的尽头出现。当最近一个高点的成交量较前一个高点低时，就暗示了头肩顶出现的可能性；当第三次回升股价无法突破前期高点，成交量继续萎缩时，有经验的投资人就会把握机会卖出；当头肩顶颈线被有效击穿时，就是一个真正卖出的信号，虽然与最高点比较已回落了相当的幅度，但跌势只是刚刚开始，未出货的投资人应抓住反弹时机出逃。

当颈线跌破后，可根据这一形态的最低跌幅度量方法预测市场至少将跌至哪一位置。测量方法为：从头部的最高点画一条垂直线到颈线，然后从右肩突破颈线的点位开始，向下量出同样的长度，由此量出的点位就是下跌的最小幅度。

当颈线跌破时，不一定伴有成交量放大，若成交量在跌破颈线时放大，表明市场的做空力量巨大，市场会加速下跌。在跌破颈线后可能会出现反抽，但反抽不会超越颈线位。如市场在颈线位回升，且高于头部，或跌破颈线后回升高于颈线，则头肩顶不能确立。头肩顶形态是一种最典型、最具有杀伤力的形态，有人戏谑地称它为“魔鬼头”。

4. 头肩底形态（见图5－40）。头肩底形态是一种上升形态，是在行情下跌尾声中出现的看涨形态，图形以左肩、底、右肩及颈线形成。它与头肩顶的形态相反，又称“倒转头肩形”。形成左肩时市场整体下跌，成交量相对放大，接着是一次成交量较小的上升。然后再次下跌，且跌破前期的低点，但成交量随着市场的下跌而增加，较左肩反弹阶段时的成交量放大，形成底部。从底部最低点回升时，成交量有可能放大，但整个底部的成交量比左肩多。当回升到前期反弹高点时，出现第三次回落，此时成交量明显少于左肩和头部，在跌至与左肩平时，逐渐稳定下来，形成右肩。最后，市场发动一次升势，成交量随之增加，当颈线被突破时，成交量显著放大，整个形态由此确立。

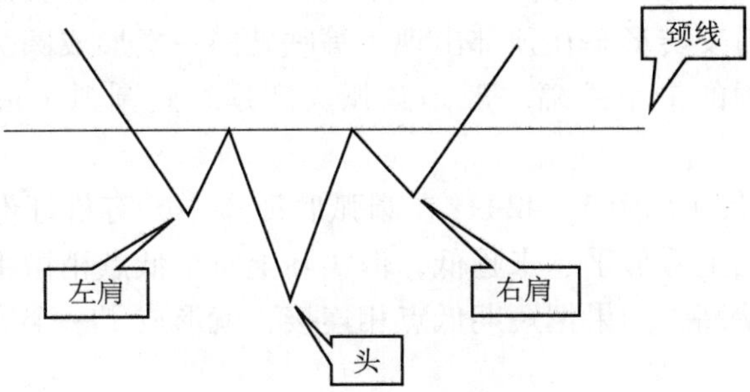

图5－40　头肩底形态

头肩底和头肩顶倒过来的形状相仿，区别主要在成交量方面。当头肩底颈线被突破时，是一个真正的买入信号，虽然与最低点相比整个市场或有价证券的价格已上升一段时间，有了一定幅度，但升势只是刚刚开始，尚未买入的投资人可以继续追入。其最小升幅的量度应从底部的最低点画一条垂直线相交于颈线，然后在右肩突破颈线的点位向上量出同样的高度。当颈线阻力突破时，必须有成交量急剧放大的配合，否则，可能是一个假的突破。但如在突破后成交量逐渐放大，形态也可确立。

一般来说，头肩底形态较为平坦，因此，需要较长的时间来完成，在突破颈线后可能会出现暂时性的回调，但回调不应低于底部，否则头肩底形态不能确立。头肩底一旦确立，升幅往往高于其底部至颈线位的幅度。

5. 圆弧顶形态（见图5－41）。在圆弧顶形态中，市场呈弧形上升，虽然顶部不断升高，但每一个高点微升即回落，先是出现新高点，而后回升点略低于前点，如果把短期高点相连接，就可形成一个圆弧顶状。同时，在成交量方面也会形成圆弧状。

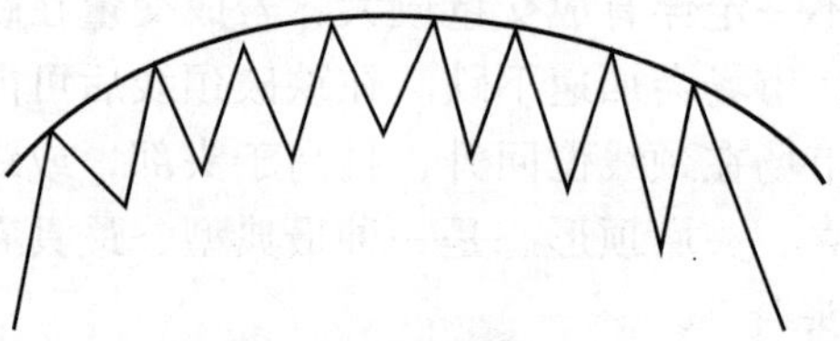

图 5－41　圆弧顶形态

多方在维持一段股价或指数的升势之后，力量逐步趋弱，难以维持原来的购买力，使涨势缓和，而空方力量却有所加强，导致双方力量均衡，此时市场保持平台整理的静止状态。一旦空方力量超过多方，市场即开始回落。起初只是慢慢改变，跌势不明显，但后来空方完全控制市场，跌势转急，表明一轮跌势已经来临，先知先觉者往往在形成圆弧顶前抛售出局，不过在圆弧顶形成后出局也不算太迟。

有时圆弧顶部形成后，市场不一定马上下跌，只是重复横向发展形成平台整理区域。这个平台整理区域称为碗柄。不过，碗柄很快会被突破，继续朝预料中的趋势下跌。圆弧反转形态在顶部出现，等跌破前一次形成圆弧顶始点时，形态才能确立。圆弧顶的最小跌幅一般是圆弧头部颈线到圆弧顶最高点之间的直线距离。

6. 圆弧底形态（见图 5－42）。在圆弧底形态中，有价证券价格或市场指数呈弧形下降，表面上看似乎越来越低，但实际上每个低点稍微下探后即回升，底部在下降中不断抬高，如果把短期低点相连接，就形成了一个底部不断抬高向上的圆弧底。

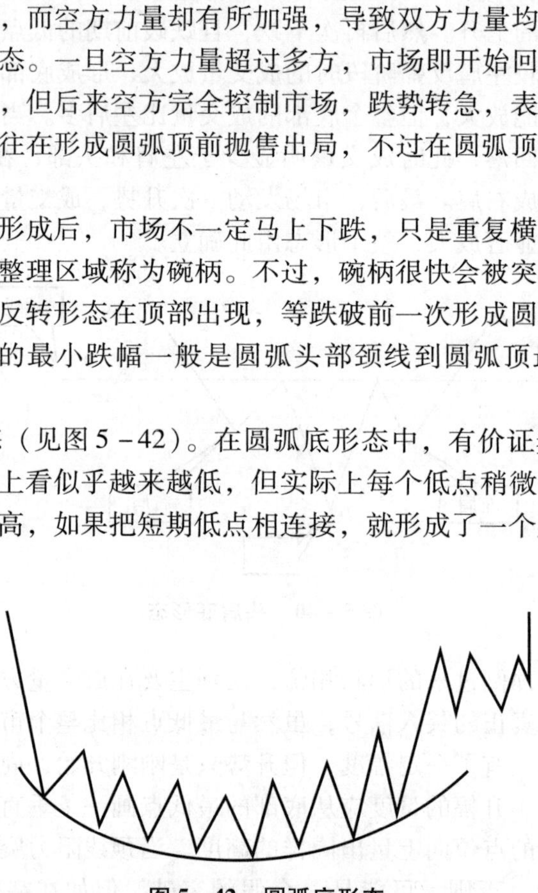

图 5－42　圆弧底形态

空方能量在经过一段时间的释放之后逐步趋弱，而多方力量却有所加强，使得跌势受到控制，市场开始缓慢掉头向上。起初盘升状态并不明显，到了后期趋势才逐步显露出来，善于捕捉机会的投资人在圆弧底初期已悄然低吸筹码，到升势明显时已经获利丰厚。

有时圆弧底形成后股价并不一定马上开始拉升，而是在一个平台区做幅度极小的箱体整理。整理一段时间后开始突破，朝预期的目标上升。圆弧底的涨幅一般为圆弧底部颈线到圆弧底最低点之间的距离。

7. "V" 形反转形态（见图 5－43）。在市场运行过程中，经常会发现 "V"

形反转这一形态。“V”形走势可分为三个阶段：（1）下跌阶段。一般“V”形在左侧跌势的坡度十分陡峭，而且会持续一段时间。（2）转势点。“V”形底的底部十分尖锐，一般形成转势点的时间为2~3个交易日，而且成交在低点明显放大。有时转势点就在重大利空日中出现。（3）回升阶段。从低点回升，成交量也随之放大。“V”形走势，其上升阶段有时会呈现变异状态，有一部分出现横向发展的成交区域，其后打破整理格局继续完成整个形态。

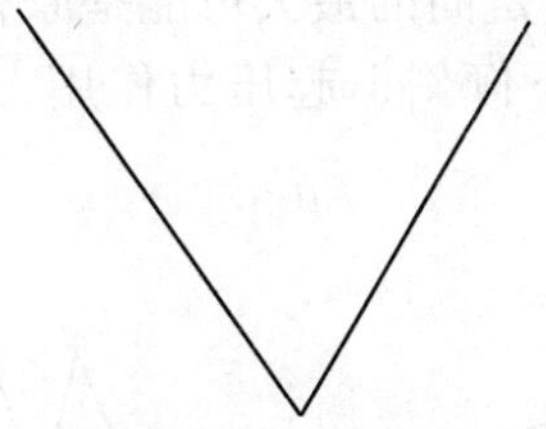

图5-43 “V”形

由于市场中空方力量强大，导致持续下挫，当空方力量消耗殆尽时，多方力量逐步控制了市场，使得市场出现戏剧性的回升，几乎以与下跌时相同的斜率回升收复所有失地，因此，在图形上的运行形成一个“V”形，通常此形态是由一些突如其来的投资人不能预见的因素造成的。“V”形走势是个反转形态，表明前期的趋势已经逆转。

8. 倒“V”形（见图5-44）。倒“V”形走势形态正好与“V”形形态相反，也可分为三个阶段：（1）上升阶段。通常倒“V”形的左方升势十分凌厉，而且会持续一段时间。（2）转势点。倒“V”形的顶部十分尖锐，一般形成转势点仅需两三个交易日，而且成交量在顶点明显放大。有时候转势点就会在市场极度兴奋中出现。（3）下跌阶段。从高点回落，成交量随之萎缩。

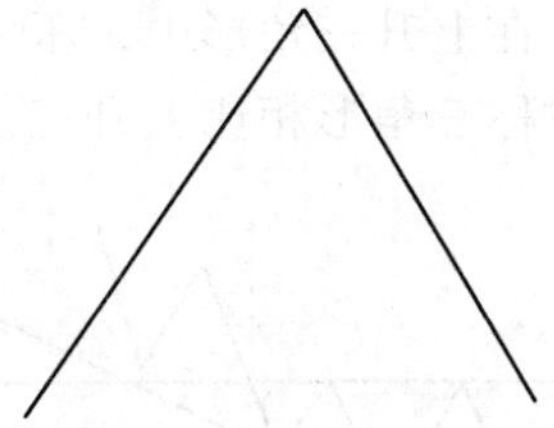

图5-44 倒“V”形

伸延倒“V”形顶是倒“V”形顶走势的变形。在形成倒“V”形走势期间，其中下跌阶段呈现变异，有一部分出现横向发展的成交区域，其后打破这个徘徊区，继续完成整个形态。

由于市场中多方力量强大，使市场稳步持续上扬，当多方获利回吐转为空方时，便戏剧性地下跌，以与上升时相同的斜率向下回落，导致图形上的运行轨迹像一个倒“V”字形。通常这一形态是由一些突发的利空消息造成的。倒“V”形是反转形态，显示上升的趋势已逆转。

（二）持续整理形态

1. 三角形。三角形分为三种——对称三角形、上升三角形和下降三角形。第一种有时也称正三角形，后两种合称为直角三角形。

（1）对称三角形（见图5-45）。对称三角形大多发生在大趋势进行的途中，它表示原有的趋势暂时处于休整阶段，之后沿原趋势的方向继续移动。由此可见，出现对称三角形后，今后走向的最大可能是原有的趋势方向。对称三角形有两条聚拢的直线，上面的向下倾斜，起压力作用，下面的向上倾斜，起支撑作用，两直线的交点称为顶点。

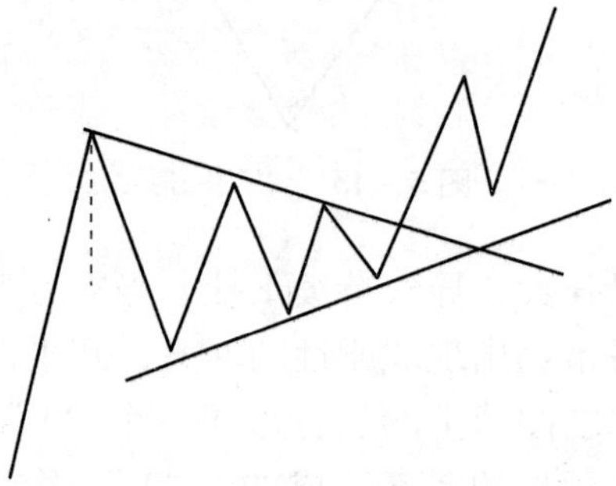

图5-45　对称三角形

由于对称三角形只是原有趋势运动的途中休整阶段，所以持续的时间不应该太长，持续时间太长，保持原有趋势的能力就会下降，一般来说，突破上下两条直线的束缚，继续沿原有既定方向运动的时间要尽早，越靠近顶点，三角形的各种功能就越不明显，对实际操作的指导意义就越弱。

（2）上升三角形（见图5-46）。将对称三角形上面的直线由向下倾斜变成水平方向就得到上升三角形。在上升三角形中，压力是水平的，没有变化，而支撑却是越撑越高。可见，与对称三角形相比上升三角形有更强烈的上行欲望。

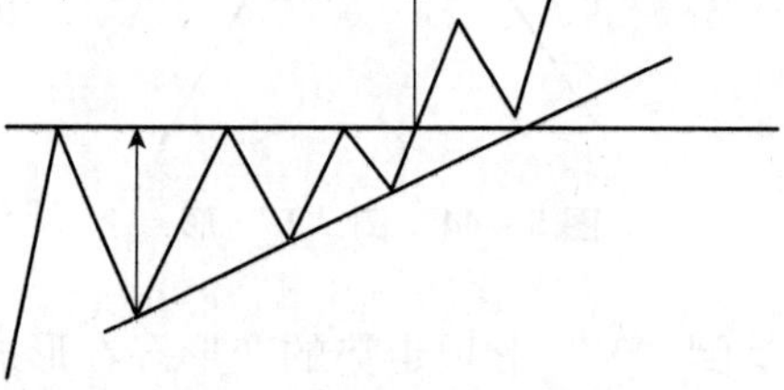

图5-46　上升三角形

（3）下降三角形（见图5-47）。下降三角形属于弱势盘整。卖方积极主动，抛出意愿强烈，不断将价格压低，从图形上就造成了压力颈线从左向右下方倾斜，买方只将买单挂在一定的价格之上，造成在水平支撑线抵抗，从而在图中形成下降。

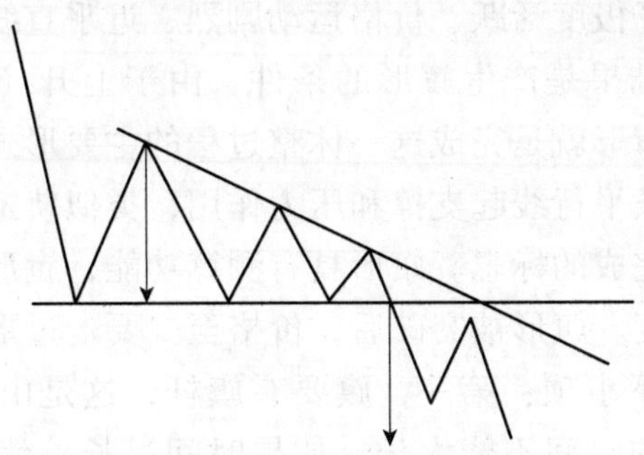

图 5-47　下降三角形

2. 矩形（见图 5-48）。矩形在形成之初，多空双方全力投入、各不相让，时间一长就形成上下两条界线。随着时间的推移，双方的战斗力逐步减弱，市场趋于平淡。如果原来的趋势是上升，那么经过矩形整理后会继续原来的趋势，多方会占优并采取主动，使价格向上突破矩形的上界。如果原来是下降趋势，则空方会采取行动，突破矩形的下界。矩形在形成过程中有可能演变成三重顶（底）形态，这是应该注意的。因此，在面对矩形和三重顶（底）进行操作时，一定要等到突破之后才能采取行动。

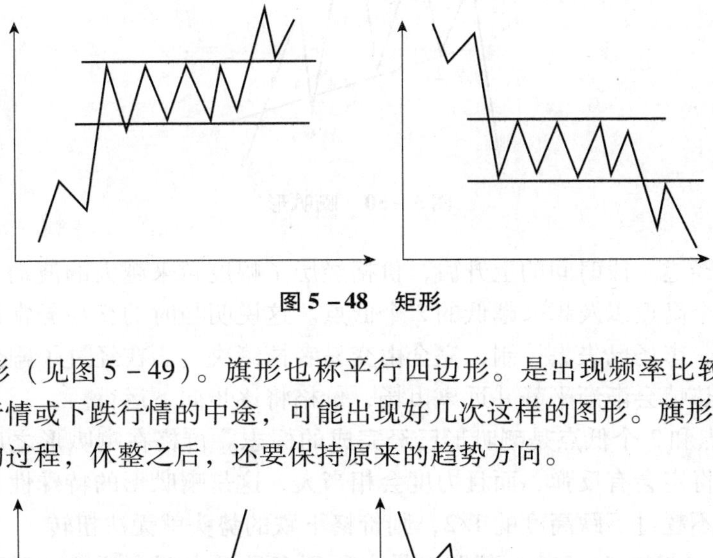

图 5-48　矩形

3. 旗形（见图 5-49）。旗形也称平行四边形。是出现频率比较高的形态。一段上升行情或下跌行情的中途，可能出现好几次这样的图形。旗形是一个趋势中途休整的过程，休整之后，还要保持原来的趋势方向。

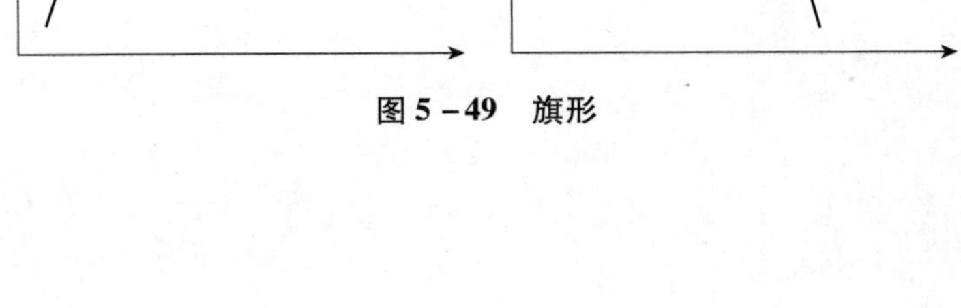

图 5-49　旗形

旗形多发生在市场极度活跃、价格运动剧烈、近乎直线上升或下降的情况之后，这种剧烈波动的结果是产生旗形的条件。由于上升（下降）过于迅速，市场必然会有所休整，旗形就是完成这一休整过程的主要形式之一。

旗形的上、下两条平行线起支撑和压力作用，类似轨道线，这两条平行线的某一条被突破是旗形完成的标志。旗形具有测算功能，旗形的形态高度是平行四边形左右两条边的长度。旗形被突破后，价格至少要走过形态高度的距离。识别旗形时，需要注意以下事项：第一，旗要有旗杆，这是由价格做直线运动形成的。第二，旗形持续的时间不能太长，如果时间过长，就不能认为是中途修整了，有可能演变成其他形态。第三，旗形形成之前和被突破之后，成交量都很大。

4. 喇叭形（见图 5 - 50）。喇叭形形成的机会不多，且多在顶部出现，是强烈的反转下行形态。喇叭形可以看成一个对称三角形倒转过来的结果，所以可以把它看成三角形的一个变形体。

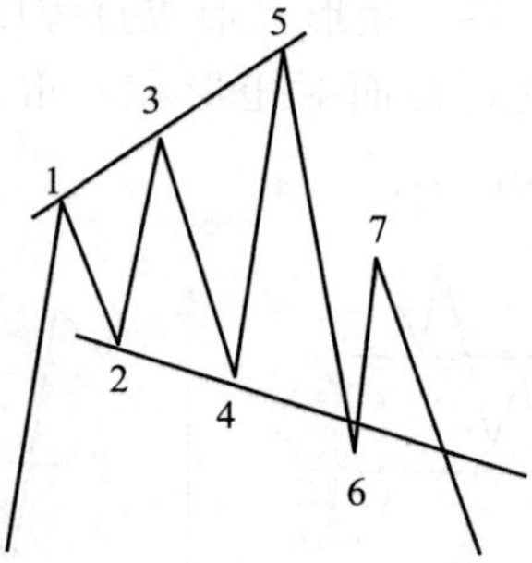

图 5 - 50　喇叭形

市场在经过一段时间的上升后，价格经历了幅度越来越大的波动，形成了越来越高的 3 个高点以及越来越低的 2 个低点。这说明当时的交易异常活跃，成交量日益放大，市场已失去控制，完全由交易者情绪决定。在经过了剧烈的动荡之后，人们的热情会渐渐平静并远离市场，价格将逐步向下运行。

3 个高点和 2 个低点是喇叭形已经完成的标志。价格在喇叭形之后的大幅下调过程中，肯定会有反弹，而且力度会相当大，这是喇叭形的特殊性。但是，只要反弹高度不超过下跌高度的 1/2，则价格下跌的势头就无法扭转。

5. 菱形（见图 5 - 51）。菱形也是一种不多见且出现在顶部的看跌形态。与喇叭形相比，菱形更有向下的欲望。它的前半部分类似于喇叭形，后半部分类似于对称三角形，所以菱形有对称三角形保持原有趋势的特性。前半部分的喇叭形形成之后，趋势应该是下跌，后半部分的对称三角形使这一下跌暂时推迟，但最终还是会摆脱下跌的势态。

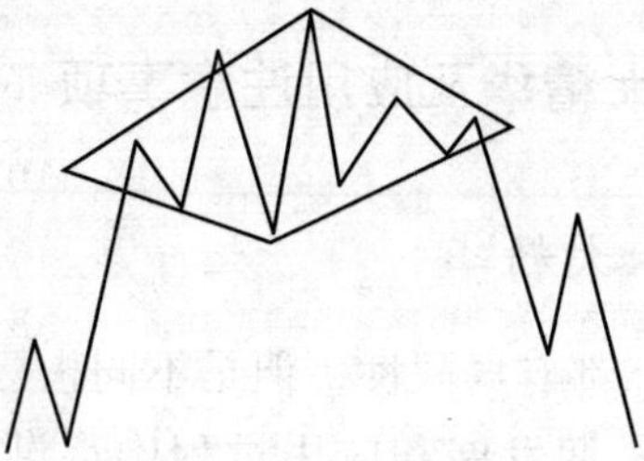

图5－51　菱形

第四节　指标理论

一、技术指标分析的含义

技术指标分析是指按照固有模型或公式对原始数据进行处理，得到相应数值后据此判断市场走势的量化分析方法，是判断市场趋势的重要工具。

技术指标数值虽然能够直接反映市场所处的状态，但是数值的计算远非人力所能及，需要专用软件的支持，所以投资人在技术指标的计算原理上无须投入更多精力，指标的具体应用规则及其效果要通过市场反复验证，不能机械套用。

二、技术指标的分类

技术分析指标纷繁多样，各有特色、各有优缺点，单纯依赖某一类或某一个分析指标都是不科学、不谨慎的，使用技术分析指标时要综合对比且要考虑不同的市场环境及制度因素。根据指标的设计原理和应用法则，一般将技术分析指标划分为超买超卖型、趋势型、成交量型、停损型等多种类型。

超买超卖型指标主要包括KDJ、RSI、W%R、BIAS等，这一指标群采用部分原始数据，通过一定的数学公式推导出一个值，而且该值有其自身的波动区间，再以一定的规则去阐释这种波动，进而指导实际操作。趋势型指标主要包括MACD、BOLL、SAR等，该类型指标至少有两条线，指标以两条线交叉为信号，实际上是引入了趋势分析的指导思想，趋势型指标对于实际的波段操作具有相当准确的指导意义。成交量型指标主要包括OBV、PVI、VR、ASI等，着重从成交量的角度去考察市场变动。“量在价先，量比价先行”，充分说明了成交量对于市场变动的指导意义，这也是技术指标分析不同于其他图形分析的最重要的特点和优势。停损型技术分析指标主要包括SAR、VTY等。此类指标不仅具备停损的作用而且具有反转交易的功能，所以，不能单纯以停损的观念看待这个指标，而是一个会产生交易信号的相对独立的交易系统。

三、技术指标的六大精华及应用注意事项

（一）技术指标的六大精华

单个技术分析指标虽然都有局限性，但是不同指标都凭借各自明显的特性和优点为投资人所关注，在长期发展和应用过程中逐渐形成了带有共性的六大精华，即指标的形态、指标的转折、指标的交叉、指标的位置、指标的盲区、指标的背离。

指标的形态是指标数值连线所形成的图形，应用规则可参照K线形态理论；指标的转折是指标曲线由上行转下行或由下行掉头上行，表示趋势的结束；指标的交叉是指标曲线图中的两条线发生了相交现象，包括黄金交叉和死亡交叉；指标的位置是指经过公式计算出的数值处于哪一区域，比如弱势区域或强势区域、超买区域或超卖区域；指标的盲区是指指标数值达到了极高或极低之后，不再具有参考意义的情况；指标的背离是指标的走向与价格走向不一致，如顶背离或底背离，是技术指标提前于价格的反映。

（二）技术指标应用注意事项

技术指标分析作为一种分析工具并不是万能的，不能机械地照搬硬抄，必须结合自身的投资特点以及其他分析方法，技术指标分析才能发挥出它的效用。应用技术分析指标时应注意以下事项。

1. 与基本分析结合起来，充分考虑影响价格的宏观、中观、微观因素，选择好投资品种，利用指标确定市场机会。

2. 使用技术分析指标都不能忽视K线和成交量之间的对应关系。

3. 技术指标有滞后性的缺点，因此不要太过于依赖技术指标。

4. 技术指标不能单独使用，必须与众多指标有机结合运用。

5. 注意技术分析指标的适用环境，突发性的暴涨暴跌或不成熟、低效率市场中技术指标发挥作用的程度有限。

6. 切忌生搬硬套，使用技术指标进行分析时必须适当修正。

四、主要技术分析指标及应用规则

（一）KDJ

KDJ指标又叫随机指标，由乔治·莱恩（George Lane）首创，最先应用于期货市场，后被广泛用于证券市场中短期趋势分析，是最常用的技术分析工具。

随机指标KDJ根据统计学原理，通过一个特定的周期内出现过的最高价、最低价及最后一个计算周期的收盘价及这三者之间的比例关系，来计算最后一个计

算周期的未成熟随机值 RSV，然后根据平滑移动平均线的方法来计算 K 值、D 值与 J 值，并绘制成曲线图来研判股票价格走势。KDJ 指标的主要应用规则包括以下六点。

1. K 值与 D 值介于 0 ~ 100。50 左右为中轴区域，市场相对平稳。D 大于 80 时，行情呈现超买现象，D 小于 20 时，行情呈现超卖现象。

2. 上涨趋势中，K 值大于 D 值，K 线向上突破 D 线时，为买进信号；下跌趋势中，K 值小于 D 值，K 线向下跌破 D 线时，为卖出信号。

3. KD 指标不仅能反映出市场的超买超卖程度，还能通过交叉突破发出买卖信号，但须注意“骗线”。

4. 当随机指标与股价出现背离时，一般为转势的信号。

5. K 值和 D 值上升或者下跌的速度减弱，倾斜度趋于平缓是短期转势的预警信号。

6. J 值可以为负值，也可以超过 100，此时的 J 值进入盲区。

（二） RSI

相对强弱指标 RSI 是由韦尔斯·怀尔德（Welles Wilder）提出的，是衡量证券自身内在相对强度的指标。相对强弱指数 RSI 是根据一定时期内上涨和下跌幅度之和的比率计算数值，然后依此画出的一种技术曲线，能够反映出市场在一定时期内的景气程度。

RSI 的使用首先是观察两条或多条不同参数曲线的位置关系，RSI 不同参数曲线的使用方法完全与移动平均线的法则相同，参数较小的短期 RSI 曲线如果位于参数较大的长期 RSI 曲线之上，则目前行情属多头市场；反之，则为空头市场。由于参数较大的 RSI 计算的时间范围较大，因而结论会更可靠，但同均线系统一样无法回避反应较慢的缺点，这是在使用过程中要加以注意的。RSI 指标的主要应用规则如下。

1. RSI 值在 0 到 100 之间，RSI = 50 为强势市场与弱势市场分界点。通常设 RSI > 80 为超买区，市势回档的机会增加，RSI < 20 为超卖区，市势反弹的机会增加。RSI 值如果超过 50，表明市场进入强市，可以考虑买入，但是如果继续进入“极强（80）”区，就要考虑物极必反，准备卖出了。同理 RSI 值在 50 以下也是如此，如果进入了“极弱（20）”区，则表示超卖，应该伺机买入。

2. 注意 RSI 的形态。当 RSI 曲线在高位区或低位区形成了头肩形或多重顶（底）的形态时，可以考虑进行买卖操作。这些形态出现的位置离 50 中轴线越远，信号的可信度就越高，出错的可能性也就越小。对于 K 线的所有常规的形态分析方法，在对 RSI 曲线进行分析时都是适用的。

3. 注意背离。在 RSI 的研判方法中，用 RSI 与价格的背离来判断行情最为可靠。在价格不断走高的过程中，如果 RSI 处于高位，但并未跟随股价形成一个比一个高的高点，这预示价格涨升可能已经进入了最后阶段，此时顶背离出现是一个比较明确的卖出信号。与这种情况相反的是底背离。RSI 的低位缓慢出现盘升，虽然价格还在不断下降，但 RSI 已经不再创出新低，这时表示跌势进入尾声，可以考虑在适当时机进行建仓。

4. 注意盲区。由于 RSI 设计上的原因，RSI 在进入超买区或超卖区以后，如果市场有较大的波动 RSI 会出现钝化问题。

（三）MACD

MACD 中文称作异同移动平均线，是从双指数移动平均线发展而来的，由快的指数移动平均线减去慢的指数移动平均线得到快线 DIF，再用 2×（快线 DIF-DIF 的加权移动平均线 DEA）得到 MACD。MACD 的意义和双移动平均线基本相同，即由快、慢均线离散、聚合当前市场的多空状态和可能的发展变化趋势。MACD 的应用规则如下。

1. DIFF 由下向上突破 DEA，MACD 形成金叉，为买入信号；DIFF 由上向下突破 DEA，MACD 形成死叉，为卖出信号。

2. MACD 绿转红，MACD 值由负变正，市场由空头转为多头。

3. MACD 红转绿，MACD 值由正变负，市场由多头转为空头。

4. DIFF 与 DEA 均为正值，即都在零轴线以上时，大势属多头市场，DIFF 向上突破 DEA，可视作买入信号。DIFF 与 DEA 均为负值，即都在零轴线以下时，大势属空头市场，DIFF 向下跌破 DEA，可视作卖出信号。

（四）SAR

SAR 称作抛物线转向指标，也称为停损点转向指标，与移动平均线的原理相似，属于价格与时间并重的分析工具，由于组成 SAR 的点以弧形的方式移动，故称抛物线转向。SAR 指标具有操作简单，买卖点明确的特点，特别适合于投资经验不丰富或没有时间进行仔细分析的投资人。使用该指标既不会轻易被主力震仓和洗盘，也不会被下跌途中的反弹诱多所迷惑，当然，使用 SAR 指标也不能买进最低价或卖出最高价。具体应用规则如下。

1. 价格上涨时，SAR 的红色圆圈位于下方，如价格向下跌破 SAR 时，应停损卖出。

2. 价格下跌时，SAR 的绿色圆圈位于上方，如价格向上突破 SAR 时，可以买入。

3. 当价格在 SAR 的绿色曲线之下时，表明当前是空头市场，应离场观望。特别是在下跌过程中，虽然有时也出现绿圆圈翻红圆圈的现象，但如果只出现 3 个以下的红圆圈时，则又不能构成单一的买进信号，必须配合其他的技术指标来进行判断。

4. SAR 指标对于成交量较小的投资品种缺少操作指导意义。

（五）OBV

OBV 称作能量潮指标，是由葛兰维于 20 世纪 60 年代提出并被广泛使用的。

技术分析的四大要素为价、量、时、空。OBV 指标就是以“量”作为突破口来分析运行趋势的一种技术指标。它将市场的人气数字化、直观化，以成交量的变化来衡量市场的推动力，从而研判走势。能量潮理论认为，第一，投资者对价格认识越不一致，成交量越大；反之，成交量就小。因此，可用成交量来判断市场的人气和多空双方的力量。第二，价格上升时所需的能量大，因此价格的上升特别是上升初期必须有较大的成交量相配合，价格下跌时则不必耗费很大的能量，因此成交量不一定放大，甚至有萎缩趋势。第三，只有热门品种才会在很长一段时间内有大的成交量和大的价格波动幅度。OBV 的应用规则如下。

1. 当股价上升而 OBV 线下降时，表示买盘无力，股价可能会回跌；股价下降而 OBV 线上升时，表示买盘旺盛，逢低接手强股，股价可能会止跌回升。

2. OBV 线缓慢上升，表示买气逐渐加强，为买进信号，OBV 线急速上升时，表示力量将用尽，为卖出信号。

3. OBV 从正数转为负数时为下跌趋势，反之，OBV 从负数转为正数时为上升趋势。

4. OBV 线变动方向是重要参考指数，具体的数值并无实际意义。

第五节　切线理论

切线分析从表面看是技术分析方法中最简单的一种，只要找到两点就可以画出相应的直线或斜线。其实，切线分析与 K 线分析一样，也很容易出错。运用切线分析方法，就是要准确判断市场运行趋势，根据趋势采取正确的投资行动。

一、趋势及其方向

简单地说，趋势就是价格的波动方向，或者说是市场运动的方向。趋势的方向有上升方向、下降方向、水平方向三种。具体如图 5 – 52 所示。

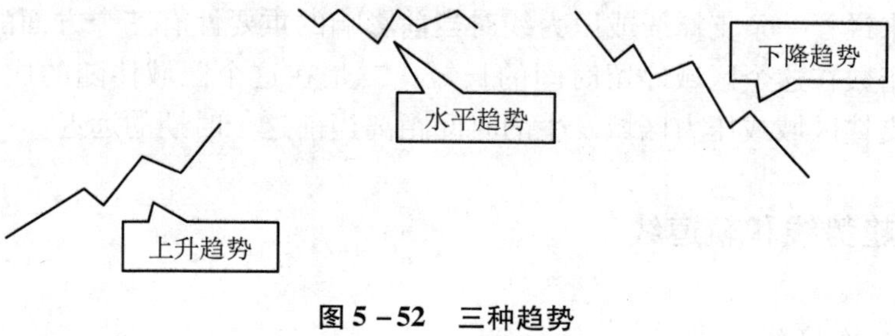

图 5 – 52　三种趋势

按照道氏理论的分类，趋势可分为主要趋势、次要趋势和短暂趋势三大类型，形象一点可将道氏理论的趋势概括为：主要趋势似潮流、次要趋势似波浪、短暂趋势似波纹。

二、支撑线和压力线

（一）支撑线和压力线的含义

支撑线又称为抵抗线。当有价证券价格或市场指数跌到某个位置附近时会停止下跌，甚至有可能还有回升。这个起着阻止价格或市场指数继续下跌或暂时阻止继续下跌的区域就是支撑线所在的位置。压力线（resistance line）又称为阻力线。当有价证券价格或市场指数上涨到某位置附近时会停止上涨，甚至回落。这个起着阻止或暂时阻止价格或市场指数继续上升的位置就是压力线。具体如图5-53所示。

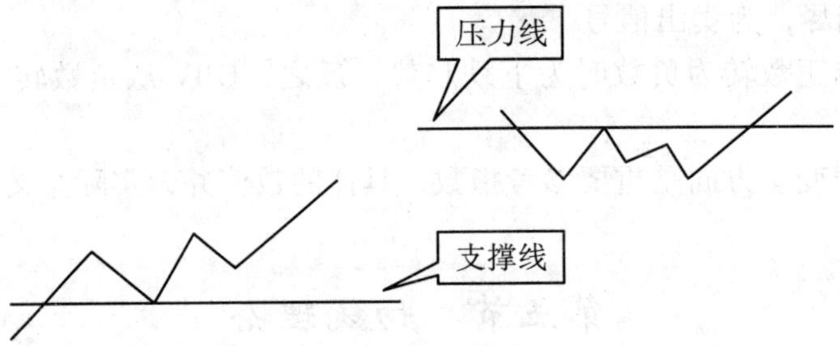

图5-53 支撑线和压力线

支撑线和压力线的作用是阻止或暂时阻止股价向一个方向继续运动。同时，支撑线和压力线又有彻底阻止股价按原方向变动的可能。

（二）支撑线和压力线相互转化

一条支撑线如果被向下突破，那么这个支撑线将成为压力线；同理，一条压力线如果被向上突破，这个压力线将成为支撑线。这说明，支撑线和压力线的角色不是一成不变的，而是可以改变的，条件是它被有效的足够强大的变动所突破。

一般来说，一条支撑线或压力线对当前影响的重要性有三个方面的考虑：一是价格或指数在这个区域停留时间的长短；二是在这个区域伴随的成交量大小；三是这个支撑区域或压力区域发生的时间距离当前这个时期的远近。

三、趋势线和轨道线

（一）趋势线

趋势线是衡量价格波动方向的，由趋势线的方向可以明确地看出股价和市场的趋势。在上升趋势中，将两个低点连成一条直线，就得到上升趋势线。在下降趋势中，将两个高点连成一条直线，就得到下降趋势线。要得到一条真正起作用的趋势线，需经过多方面的验证才能最终确认。首先，必须确实有趋势存在；其次，画出直线后，还应得到第三个点的验证才能确认这条趋势线是有效的。具体如图 5－54 所示。

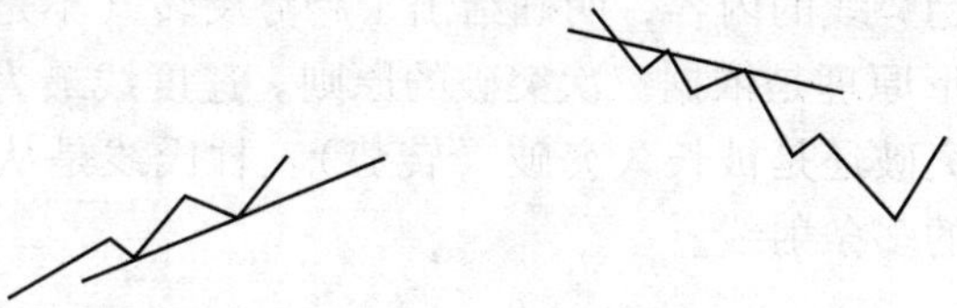

图 5－54 上升趋势和下降趋势

（二）轨道线

轨道线又称通道线或管道线，是基于趋势线的一种方法。在已经得到了趋势线后，通过第一个峰和谷可以做出这条趋势线的平行线，这条平行线就是轨道线。两条平行线组成一个轨道，这就是常说的上升和下降轨道。轨道的作用是限制股价或指数的变动范围。对上面的或下面的直线的突破将意味着有一个大的变化。与突破趋势线不同，对轨道线的突破并不是趋势反向的开始，而是趋势加速的开始。轨道线的另一个作用是提出趋势转向的警报。具体如图 5－55 所示。

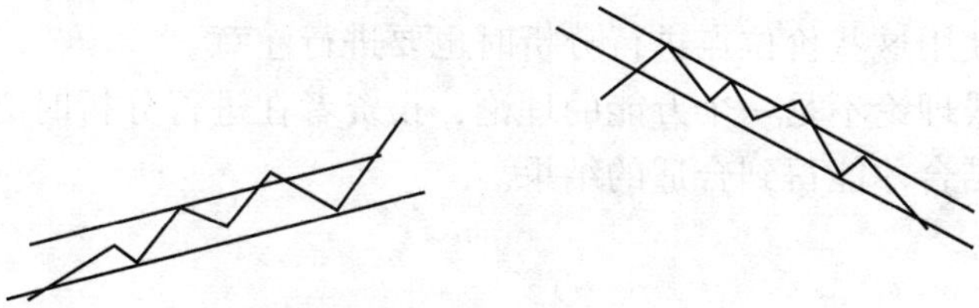

图 5－55 上升轨道和下降轨道

四、黄金分割线和百分比线

（一）黄金分割线

画黄金分割线的第一步是记住若干个特殊的数字，这些数字中 0.382、0.618、1.382 和 1.618 最为重要，股价或指数极为容易在由这四个数产生的黄金分割线处产生支撑和压力。第二步是找到一个点。某个趋势的转折点就可以作为进行黄金分割的点，这个点一经选定，就可以画出黄金分割线了。

（二）百分比线

百分比线考虑问题的出发点是人们的心理因素和一些整数位的分界点。其中，1/2、1/3、2/3 这三条线最为重要。

五、扇形线、速度线和甘氏线

扇形线丰富了趋势线的内容，明确给出了趋势反转（不是局部短暂的反弹和回落）的信号。扇形原理是依据三次突破的原则。速度线最为重要的功能是判断一个趋势是被暂时突破还是被长久突破（转势）。甘氏线是从一个点出发，依一定的角度向后画出的多条射线。

六、使用切线理论应注意的问题

1. 切线理论是一种“趋势”理论。应用该理论能够很好地把握股票市场的整体趋势，有利于进行长期投资的投资者进行投资决策，但这一理论对短期投资没有指导意义。

2. 切线理论为投资者进行投资决策时提供了可能存在的压力线和支撑线，这些直线具有很强的指导作用，但趋势线和压力线都有随时被突破的可能，因此在应用切线理论进行投资决策时，不能将它们看作万能的工具。

3. 切线理论中的黄金分割线和百分比线提供的一些价位点也只是具有参考作用，同时这些点是在一定的理论前提下提供的，与现实或多或少都是存在一定差距的，因此使用这些价位点进行分析时也要进行注意。

总之，切线理论不是一个万能的理论，投资者在进行分析时必须和其他的技术分析理论相结合才能得到合适的结果。

第六节　波浪理论

美国证券分析家拉尔夫·纳尔逊·艾略特（R. N. Elliott）利用道琼斯工业平均指数作为研究工具，发现不断变化的股价结构性形态反映了自然和谐之美。根据这一发现他提出了一套相关的市场分析理论，精炼出市场的 13 种形态或称为波浪。在市场上，这些形态重复出现，但是出现的时间间隔及幅度大小并不会完全复制。而后他又发现了这些呈结构性形态之图形可以连接起来形成同样形态的更大图形。这样，他提出了一系列权威性的演绎法则用来解释市场的行为，并特别强调波动原理的预测价值。这就是久负盛名的艾略特波段理论，又称波浪理论。

很多从事过波浪理论研究并在实际操作中使用波浪分析法的投资人都曾感到波浪理论不易领会，甚至望而生畏。其实波浪理论的基本原则很简单，这是因为波浪理论的许多架构与道氏理论的原理和传统的图形技术相吻合。但波浪理论已超越传统的图形分析技术，能够针对市场的波动，提供全盘性的分析角度，得以解释特定的图形形态发展的原因与时机，以及图形本身所代表的意义，波浪理论同时也能够帮助找出市场循环周期的所在。

一、波浪理论的要点

1. 一个完整的循环包括八个波浪，五上三落（或五下三上）。
2. 波浪可合并为高一级的浪，也可以再分割为低一级的小浪。
3. 跟随主流浪行走的波浪可以分割为低一级的五个小浪。
4. 在第1、3、5三个波浪中，第3浪不可以是最短的一个波浪。
5. 假如三个推动浪中的任何一个浪成为延伸浪，其余两个波浪的运行时间及幅度会趋于一致。
6. 调整浪通常以三个浪的形态运行。
7. 黄金分割率的奇异数字组合是波浪理论的数据基础。
8. 经常遇见的回吐比率为0.382、0.5及0.618。
9. 第4浪的底不可以低于第1浪的顶。
10. 波浪理论包括三部分：形态、比率及时间，其重要性以排行先后为序。
11. 波浪理论主要反映大众心理，越多人参与的市场，其准确性越高。

二、波浪理论的基本特点

1. 股价指数的上升和下跌将会交替进行。
2. 推动浪和调整浪是价格波动的两个最基本形态，而推动浪（即与大市走向一致的波浪）可以再分割成五个小浪，一般用第1浪、第2浪、第3浪、第4浪、第5浪来表示，调整浪也可以划分成三个小浪，通常用A浪、B浪、C浪表示。
3. 在上述八个波浪（五上三落）完毕之后，一个循环即告完成，走势将进入下一个八波浪循环。
4. 时间的长短不会改变波浪的形态，因为市场仍会依照其基本形态发展。波浪可以拉长，也可以缩细，但其基本形态永恒不变。

总之，波浪理论可以用一句话来概括，即“八浪循环”。

三、波浪的形态

波浪的形态如图5－56所示。

第1浪：（1）几乎半数以上的第1浪是属于营造底部形态的第一部分，第1浪是循环的开始，由于这段行情的上升出现在空头市场跌势后的反弹和反转，买方力量并不强大，加上空头继续存在卖压，因此，在此类第1浪上升之后出现第2浪调整回落时，其回档的幅度往往很深；（2）另外半数的第1浪，出现在长期盘整完成之后，在这类第1浪中，其行情上升幅度较大，依经验看来，第1浪的

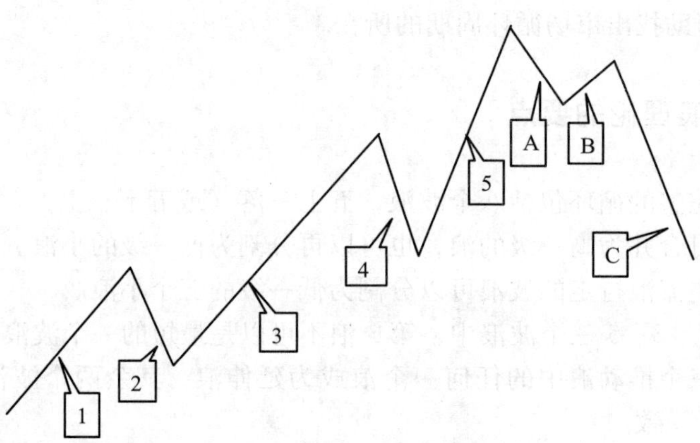

图5－56　波浪的完整形态

涨幅通常是五浪中最短的行情。

第2浪：这一浪是下跌浪，由于市场人士误以为熊市尚未结束，其调整下跌的幅度相当大，几乎吃掉第1浪的升幅，当行情在此浪中跌至接近底部（第1浪起点）时，市场出现惜售心理，抛售压力逐渐衰竭，成交量也逐渐缩小，第2浪调整才会宣告结束，在此浪中经常出现转向形态，如头肩底、双底等。

第3浪：第3浪的涨势往往最大，是最有爆发力的上升浪，这段行情持续的时间与幅度经常是最长的，市场投资人信心恢复，成交量大幅上升，经常出现传统图表中的突破讯号，例如裂口跳升等，这段行情走势非常激烈，一些图形上的关卡非常轻易地被穿破，尤其在突破第1浪的高点时，是最强烈的买进信号，由于第3浪涨势激烈，经常出现“延长波浪”的现象。

第4浪：第4浪是行情大幅劲升后的调整浪，通常以较复杂的形态出现，经常出现“倾斜三角形”的走势，但第4浪的底点不会低于第1浪的顶点。

第5浪：在股市中第5浪的涨势通常小于第3浪，但运行斜率通常较大，且经常出现失败的情况，在第5浪中，二、三类股票通常是市场上的主导力量，其涨幅常常大于一类股（绩优蓝筹股、大型股），即投资人士常说的“鸡犬升天”，此时市场情绪表现相当乐观。

第A浪：在A浪中，市场投资人士大多数认为上升行情尚未逆转，此时仅为一个暂时的回档现象，实际上，A浪的下跌在第5浪中通常已有警告信号，如成交量与价格走势背离或技术指标上存在背离等，但由于此时市场仍较为乐观，A浪有时出现平势调整或者“之”字形态运行。

第B浪：B浪表现经常是成交量不大，一般而言是多头的逃命线，然而由于是一段上升行情，很容易让投资人误以为是另一波段的涨势，形成“多头陷阱”，许多人士在此期惨遭套牢。

第C浪：C浪是一段破坏力较强的下跌浪，跌势较为强劲，跌幅大，持续的时间较为长久，而且出现全面性下跌。

实际上，由于每一个上升/下跌的完整过程中均包含有一个八浪循环，大循环中有小循环，小循环中有更小的循环，即大浪中有小浪，小浪中有细浪，因此，使数浪变得相当繁杂和难以把握，再加上其推动浪和调整浪经常出现延伸浪等变化形态与复杂形态，使得对浪的准确划分更加难以界定，这两点构成了波浪理论实际运用的最大难点。

四、数浪的基本规则

艾略特波浪理论的关键点主要包括三个部分：第一，波浪的形态；第二，浪与浪之间的比例关系；第三，作为浪间的时间间距。而这三者之间，浪的形态最为重要。

波浪的形态是艾略特波浪理论的立论基础，所以，数浪的正确与否，对成功运用波浪理论进行投资时机的掌握至关重要。

数浪的两条基本规则：（1）第 3 浪（第三推动）永远不是三个驱动浪（第 1、3、5 浪）中最短的一个浪。在股价的实际走势中，通常第 3 浪是最具有爆炸性的一浪，也经常会成为最长的一个浪。（2）第 4 浪的底部不可以低于第 1 浪的浪顶。

除了以上两个在数浪时的铁律外，还有一个补充规则，即交替规则，如果在整个浪形循环中，第 2 浪以简单的形态出现，则第 4 浪多数会以较为复杂的形态出现。第 2 浪和第 4 浪就性质而言，都属于逆流行走的调整浪，而调整浪的形态有许多类型；股市在上升一段后进入调整期，尤其是当调整浪属于第 4 浪的时候，多数会在较低一级的第 4 浪内完成。通常情况下，会在接近终点附近完结。

五、波浪的特性

第 1 浪：在整个波浪循环开始后，市场上大多数投资人一般并不会马上就意识到上升波段已经开始。所以，在实际走势中，大约半数以上的第 1 浪属于修筑底部形态的一部分。由于第 1 浪的走出一般产生于空头市场后的末期，所以，市场上的空头气氛以及习惯于空头市场操作的手法未变，因此，跟随着属于筑底一类的第 1 浪而出现的第 2 浪的下调幅度通常都较大。

第 2 浪：通常第 2 浪在实际走势中调整幅度较大，而且还具有较大的杀伤力，这主要是因为市场人士常常误以为熊市尚未结束，第 2 浪的特点是成交量逐渐萎缩，波动幅度渐渐变窄，反映出抛盘压力逐渐衰竭，出现传统图形中的转向形态，例如常见的头肩底、双底等。

第 3 浪：第 3 浪在绝大多数走势中属于主升段的一大浪，因此，通常第三浪属于最具有爆炸性的一浪。它最主要的特点是，第 3 浪的运行时间通常会是整个循环浪中最长的一浪，其上升的空间和幅度也常常最大；第 3 浪的运行轨迹大多数都会发展成为一涨再涨的延升浪；在成交量方面，成交量急剧放大，体现出具有上升潜力的量能；在图形上，常常会以势不可当的跳空缺口向上突破，给人一种突破向上的强烈信号。

第 4 浪：从形态的结构来看，第 4 浪经常是以三角形的调整形态运行。第 4 浪的运行结束点一般都较难预见。同时，投资人应记住，第 4 浪的浪底不允许低于第 1 浪的浪顶。

第 5 浪：在股票市场中，第 5 浪是三大推动浪之一，但其涨幅在大多数情况下比第 3 浪小。第 5 浪的特点是，市场人气较为高涨，往往乐观情绪充斥整个市场。从其完成的形态和幅度来看，经常会以失败的形态而告终。在第 5 浪上升的运行中，二、三线股会突发奇想，普遍上升，而升幅常常会极其可观。

A 浪：在上升循环中，A 浪的调整是紧随着第 5 浪产生的，因此，市场上大多数人士会认为市势仍未逆转，毫无防备之心，只看作一个短暂的调整。A 浪的调整形态通常以两种形式出现，即平坦形形态与三角形形态，它与 B 浪经常以交叉形式进行形态交换。

B 浪：B 浪的上升常常会作为多方的单相思，升势较为情绪化，这主要是因为市场上大多数人仍未从牛市冲天的涨势中醒悟过来，还以为上一个上升尚未结束，在图表上常常出现牛市陷阱，从成交量上看，成交稀疏，出现明显的价量背离现象，上升量能已接济不上。

C 浪：紧随着 B 浪而后的是 C 浪，由于 B 浪的完成使许多市场人士醒悟，一轮多头行情已经结束，期望继续上涨的希望彻底破灭，所以，大盘开始全面下跌，从性质上看，其破坏力较强。

六、波浪理论的缺陷

1. 波浪理论对现象的看法并不统一，很多时候都会受到一个问题的困扰，就是一个浪是否已经完成而开始了另外一个浪，看错的后果可能会十分严重。

2. 怎样才算是一个完整的浪，没有一个明确的说法，股票市场的升跌次数绝大多数不按五升三跌这个机械模式出现。但波浪理论会解释为有些升跌不应该计算入浪里面，数浪完全是随意主观的。

3. 波浪理论有所谓伸展浪，有时五个浪可以伸展成九个浪。但在什么时候或者在什么准则之下波浪可以伸展却没有明言，使数浪变得无所适从。

4. 波浪理论的浪中有浪，可以无限伸延，升市时可以无限上升，都是在上升浪之中，是一个巨型浪，时间无限。下跌浪也可以无限延展。只要是升势未完就仍然是上升浪，跌势未完就仍然是下跌浪。

5. 波浪理论是一套主观分析工具，市场运行却是受多种因素影响而并非机械运行，波浪理论在变化万千的股市中出错机会很大。

6. 波浪理论只能应用于大盘，而不能运用于个股的选择上。

思考题

1. 证券投资技术分析及其优缺点。

2. 技术分析的三大假设是什么？
3. K线的类型。
4. 重要K线组合的理解与运用。
5. 典型反转形态和整理形态有哪几种？
6. 缺口的种类与投资指导意义。
7. 形态的基本特征有哪些？
8. 应用技术分析指标应注意的问题。
9. 市场行为包括哪几种？
10. 波浪理论的基本特点是什么？

第六章　证券投资风险管理

第一节　风险概述

一、风险的含义

风险是指在特定的客观情况下，在特定期间内，某一事件预期结果与实际结果间的变动程度。变动程度越大，风险越大；变动程度越小，风险越小。风险是客观存在的，风险的存在是与客观环境和一定的时空相关的。当这些条件发生变化时，风险也可能发生变化，风险又是可以测量的，可以利用各种工具对风险进行度量并防范。

二、风险的特征

（一）风险是客观存在的

不论是否愿意，风险总是与人们的行动相伴而生，而且还会随着客观环境的变化发生增减，主观上的刻意回避并不会根除风险的产生。

（二）风险具有负面性

风险主要是涉及可能发生的损失，是不确定因素，具有消极的、负面的影响，有时还会产生严重的不良后果。

（三）风险具有可测定性

不同的风险可以用不同的方法或模型进行定量分析，根据经验或相应的理论可以对风险等级做出判断。

（四）风险与收益对立统一

风险与收益是矛盾的两方面，既对立又统一，高风险要求的是高收益，低风险对应的必然是低收益，这是市场经济自由竞争导致的结果。人们就是要在不同的风险与收益均衡点上找到一个使自己效用达到最大的风险与收益的组合。

三、风险管理

（一）风险管理的含义

风险管理是研究风险发生规律和风险控制技术的一门新兴管理学科，通过风险识别、风险估测、风险评价，优化组合各种风险管理技术，对风险实施有效的控制和妥善处理，以期用最小的成本获得最大的安全保障。

实现风险管理的目标，不仅取决于决策前识别、估测，还取决于选择的风险管理技术的运用以及对控制方案的不断修订，风险管理是一个动态的过程。

（二）风险管理的基本程序

风险管理的基本程序是风险识别、风险估测、风险评价、选择风险管理技术和风险管理效果评价的循环过程。

1. 风险识别。风险识别是风险管理的第一步，是指对所面临的以及潜在的风险加以判断、分类和鉴定风险性质的过程。对风险的识别，一方面可以通过感性认识和经验进行判断；另一方面，也是更重要的，必须依靠对各种客观的会计、统计资料进行分析、归纳和整理，发现各种风险的损害情况。

2. 风险估测。风险估测是指在风险识别的基础上，通过对所收集的大量资料加以分析，运用概率论和数理统计，估计、预测风险发生的概率和损失幅度。风险估测的重要性在于，不仅使风险管理建立在科学的基础上，而且使风险分析定量化，为选择最佳管理技术提供较为可靠的依据。

3. 风险评价。风险评价是用某一尺度衡量风险的程度，以便确定风险是否需要处理和处理的程序。对风险进行处理，需发生一定的费用。若所发生的费用超过高于风险事故所造成的损失，这样的处理措施就不值得采取。

4. 选择风险管理技术。根据风险评价的结果，为实现风险管理目标，选择并实施最佳风险管理技术是风险管理的第四步。实际中，通常采用几种管理技术优化组合，使其达到最佳状态。

风险管理技术分为两大类：一是控制型技术（control method）；二是财务型技术（financing method）。前者是为了避免、消除和减少意外事故发生的机会，采取限制已发生损失继续扩大的一切措施，重点在于改变引起意外事故和扩大损失的各种条件；后者则是在实施控制技术后对无法控制的风险所做的财务安排。这一技术的核心是，将消除和减少风险的成本均匀地分布在一定时期内，以便减少因随机性的巨大损失发生而引起的财务上的波动，通过财务处理，可以把风险成本降低到最小限度。

5. 风险管理效果评价。风险管理效果评价，是指对风险管理技术适用性及其收益性情况的分析、检查、修正与评估。

风险管理效益的大小取决于是否能以最小的风险成本取得最大的安全保障。成本的大小等于为采取某项管理技术所支付的各项费用与机会成本之和。而保障程度的高低取决于由于采取了该项管理技术后减少的风险直接损失和间接损失之和。若前者大于后者，说明该项管理技术是不可取的；若后者大于前者，说明该项技术是可取的，但不一定是最佳的。从经济效益来讲，最佳技术是指各项可供选择的技术中下述比值最大的风险管理技术：

效益比值＝采取某项技术后减少风险的直接损失和间接损失之和/采取某项技术所付的各项费用和机会成本之和

第二节　证券投资风险管理

一、证券投资风险的含义

证券投资风险是指预期证券投资收益无法实现或投资本金受损的可能性。证券市场的运行会受到多种因素影响，任何人都无法非常精准地预测市场下一步的运行方向，尤其是无法准确预测市场上行或下行的幅度，这就决定了证券投资的不可知性，而正是这种不可知性使证券投资更具吸引力，各种类型的投资人都试图以各种方法捕捉市场机会，获取相应的收益，当然，在投资过程中必然要承担相应的风险。

证券市场是高风险市场，是商品经济、信用经济高度发展的产物，是市场经济中的一种高级组织形态。之所以说证券市场是高风险市场，是因为证券价格具有很大的波动性、不确定性，这是由证券的本质及证券市场运作的复杂性所决定的。

证券的本质决定了证券价格的不确定性。从本质上说，证券是一种价值符号，其价格是市场对资本未来预期收益的货币折现。其预期收益受到利率、汇率、通货膨胀率、所属产业前景、经营者能力、个人及社会心理等多种因素影响，难以准确估计，表现在价格上具有较强的不确定性。证券的这一本质属性，决定了以它为交易对象的证券市场从形成起就具有高风险性。

证券市场运作的复杂性导致了证券价格的波动性。证券市场的运作过程，实际上是市场供应与需求之间由不平衡到平衡、由平衡到不平衡的循环往复过程，但与其他商品市场不同的是，证券市场的供需主体及决定供需变化的因素和机制更加复杂。从市场参与者来看，从政府到企业，从机构到个人，形形色色，非常广泛，他们在市场中的地位、对市场的熟悉程度、对市场的要求千差万别。从市场构成来看，包括发行主体、交易主体、中介机构等，它们代表着不同的利益群体，内部运作机制各不相同。从交易工具来看，有债券、股票、基金及金融衍生商品等，各类工具在性质、交易方式、价格形成机制等方面既自成体系又彼此联系。在这一环境中，证券市场的价格表现得更加难以捉摸，不断波动甚至暴起暴落。

投机行为加剧了证券市场的不稳定性。在证券市场运行过程中，投资与投机是相互伴生的。投机资本追逐利润的行为，加剧了市场价格波动。当投机行为超过正常界限变成过度投机，则市场风险突现。例如，20 世纪 20 年代末美国股市出现投资大众化浪潮，投资人最少只需交 10% 的保证金即可购买股票，信用交易条件之宽、规模之大空前绝后。

证券市场风险控制难度较大。客观上，证券市场涉及面广、敏感度高，社会、文化生活中的许多变化都会对市场风险的积聚产生影响，任何重大政治、经济事件都可能触发危机，对市场中的所有风险因素难以全面把握、控制。主观上，受监管能力及自律程度的局限，各类冒风险博取盈利的不规范、不自律行为难以杜绝，而对违规行为的发现、纠正则需要一个过程。诸如英国巴林银行因一个交易员大量进行日经指数期货投机而倒闭、中国香港百富勤公司因大量持有印度尼西亚债券而陷入财务困境最终清盘等事例，都说明证券市场风险无处不在、无时不在。

证券市场风险对社会、经济的冲击力和破坏力较大。证券市场是经济、社会的焦点，证券市场风险是各种经济矛盾、问题的集中体现。随着全球经济一体化的发展，资本可以在全世界流动，证券市场已从局部、区域性市场发展成全国性乃至国际性市场，国际政治、经济的风云变幻更可以通过证券市场这个链条在全球范围内迅速传播、扩大。

同成熟市场相比，我国证券市场起步晚，还处于初级阶段，上市公司、证券公司等市场参与者的素质有待提高，投资人的风险意识相对薄弱，监管手段有待完善，管理市场的经验还不成熟，市场所隐含的风险较大。所以，要充分认识到防范和控制市场风险的必要性，把风险防范和控制当作市场建设的重要工作。

二、证券投资的系统性风险和非系统性风险

根据风险产生的根源以及应对的措施不同，证券投资风险可分为系统性风险和非系统性风险两大类。

（一）系统性风险

证券市场是国民经济的“晴雨表”。宏观经济形势的好坏，财政政策和货币政策的调整，政局的变化，汇率的波动，资金供求关系的变动等，都会引起市场的波动。对于证券投资人来说，这种风险是无法消除的，投资人无法通过多样化的投资组合进行证券保值。这就是系统性风险的原因所在。系统性风险的来源主要由政治、经济及社会环境等宏观因素造成。其构成主要包括以下七类。

1. 宏观经济风险。宏观经济风险主要是指由于宏观经济因素的变化、经济政策的变化、经济的周期性波动以及国际经济因素的变化给股票投资人可能带来

的意外收益或损失。

宏观经济因素的变化会给证券市场的运作以及股份制企业的经营带来重大影响，如经济体制的转轨、企业制度的改革、人民币的自由兑换等，莫不如此。

政府的经济政策对国家的经济发展有着十分重要的作用。在现代经济生活中，不论一国选择了什么样的经济体制，政府对经济实行宏观管理的职能都不会被取消，经济政策从多方面影响到证券投资。政府的产业政策对不同企业股票的市场价格变动会带来不同的影响。金融管理政策是证券市场最敏感的一个因素，严格的管理法规有助于市场交易的正常进行，不健全的法规则可能为不正当交易提供契机。此外，政策的连续性与稳定性也至关重要，随意地发布重大信息必然会造成市场的不正常波动。

经济的周期性波动也会给投资人带来较大的风险。在经济复苏和繁荣时期，社会总需求、总投资旺盛，经济增长率上升，就业率和个人收入水平也有较大幅度的提高，与此同时，证券市场筹资与投资十分活跃，证券投资收益看好。然而，在经济萧条特别是危机时期，由于社会经济活动处于停滞不前甚至萎缩和倒退状态，经济秩序不稳定，证券市场也必然受到冲击。这样就可能出现：一方面，资金需求减少，市场交易规模随之缩小；另一方面，股票价格大幅度波动并呈现跌势，投资人实际收益下降，甚至出现亏损。

国际经济因素的变化，也会影响证券市场的稳定。一国经济发生的问题会在国际上引起连锁反应。目前国际经济中的不确定因素对我国国内股市投资的冲击主要通过对我国宏观经济的干扰间接地传递进来，其影响程度尚不大。不过，随着我国进一步对外开放，国际经济中不确定因素对我国股票投资的影响会越来越明显。

2. 利率风险。利率是经济运行过程中的一个重要经济杠杆，它会经常发生变动，从而会给股票市场带来明显的影响。一般来说，银行利率上升，股票价格下跌；反之则反是。其主要原因有两个方面：第一，人们持有金融资产的基本目的是获取收益，在收益率相同时，他们则乐于选择安全性高的金融工具，在通常情况下，银行储蓄存款的安全性远远高于股票投资，所以，一旦银行存款利率上升，资金就会从证券市场流出，从而使证券投资需求下降，股票价格下跌，投资收益率因此减少；第二，银行贷款利率上升后，信贷市场银根紧缩，企业资金流动不畅，利息成本提高，生产发展与盈利能力都会随之削弱，企业财务状况恶化，造成股票市场价格下跌。

3. 购买力风险。购买力风险，又称通货膨胀风险，是指由于通货膨胀引起的投资人实际收益率的不确定。证券市场是企业向投资人直接融资的场所，因而社会货币资金的供给总量成为决定证券市场供求状况和影响证券价格水平的重要因素，当货币资金供应量增长过猛而出现通货膨胀时，证券价格也会随之发生变动。

通货膨胀对证券价格有两种截然不同的影响。在通货膨胀之初，公司、企业的房地产和机器设备等固定资产账面价值因通货膨胀而水涨船高，物价上涨不但使企业存货能高价售出，而且可以使企业从以往低价购入的原材料上获利，名义资产增值与名义盈利增加，自然会使公司、企业股票的市场价格上涨。同时，预感到通货膨胀可能会加剧，人们为保值也会抢购股票，刺激股价短暂上扬。然而，当通货膨胀持续上升一段时期以后，它便会使股票价格走势逆转，并给投资人带来负效益，公司、企业资产虚假增值显露出来，新的生产成本因原材料等价格上升而提高，企业利润相应减少，投资人开始抛售股票，转而寻找其他金融资产保值的方式，所有这些都将使股票市场需求萎缩，供大于求，股票价格自然也会显著下降。严重的通货膨胀还会使投资人持有的股票贬值，抛售股票得到的货币收入的实际购买力下降。

4. 汇率风险。汇率与证券投资风险的关系主要体现在两个方面：一是本国货币升值有利于以进口原材料为主从事生产经营的企业，不利于产品主要面向出口的企业，因此，投资人看好前者，看淡后者，这就会引发股票价格的涨落。本国货币贬值的效应正好相反。二是对于货币可以自由兑换的国家来说，汇率变动也可能引起资本的输出与输入，从而影响国内货币资金和证券市场供求状况。

5. 政治风险。稳定的社会、政治环境是经济正常发展的基本保证，对证券投资人来说也不例外。倘若一国政治局势出现大的变化，如政府更迭、国家首脑健康状况出现问题、国内出现动乱、对外政治关系发生危机时，都会在证券市场上产生反响。此外，证券投机活动和内幕交易一类的事件也会对证券市场的稳定构成很大威胁。

6. 市场风险。市场风险是所有风险中最难对付的一种，它给投资人带来的后果有时是灾难性的。在股票市场上，行情瞬息万变，并且很难预测行情变化的方向和幅度。收入正在节节上升的公司，其股票价格却下降了，这种情况经常可以看到；还有一些公司，经营状况不错，收入也很稳定，但它们的股票却在很短的时间内上下剧烈波动。出现这类反常现象的原因主要是投资人对股票的一般看法或对某些种类或某一组股票的看法发生变化所致。投资人对股票看法（主要是对股票收益的预期）的变化所引起的大多数普通股票收益的易变性，称为市场风险。

各种政治的、社会的和经济的事件都会对投资人的态度产生影响，投资人会根据自己对这些事件的看法做出判断和反应。市场风险常引发于某个具体事件，但投资人作为一个群体的情绪波动往往导致滚雪球效应。几种股票的价格上升可能带动整个股市上升，而股市的最初下跌可能使很多投资人动摇，在害怕蒙受更大损失的心理支配下，大量抛售股票，使股市进一步下跌，最后发展到整个股市狂跌，使千百万股票投资人蒙受重大损失。

市场风险是证券投资活动中最普遍、最常见的风险，是由证券价格的涨落直接引起的。尤其在新兴市场上，造成市场波动的因素更为复杂，价格波动更大，市场风险也更大。

7. 不可抗力风险。战争、自然灾害等不可抗力因素的出现，将会严重影响证券市场的运行，可能导致投资人资产的损失。

（二）非系统性风险

非系统性风险是总风险中针对一个公司或一个行业的那部分风险。管理能力、消费偏好等因素造成一个公司利润的非系统变动。非系统因素基本独立于那些影响整个股票市场的因素。因非系统性风险仅涉及某个公司或某个行业，所以，投资人可以通过审慎的投资选择来减少甚至避免非系统性风险。非系统性风险主要有以下六种。

1. 经营风险。经营风险指的是由于公司的外部经营环境和条件以及内部经营管理方面的问题造成公司收入变动而引起的股票投资人收益的不确定。经营风险的程度因公司而异，取决于公司的经营活动，某些行业的收入很容易变动，因而很难准确预测。由于公司的收益和现金流量紧紧依赖于其收入，因此，易变的收入将导致收益和现金流量的不确定。当公司收入突然下降时，由于普通股持有者在进行现金分配时排在最后，他们会遭受重大损失。与公司债券持有者相比，普通股票持有者处于一个风险大得多的地位。当公司经营不善、收入迅速下滑时，公司在支付债务利息和到期本金后，可用于支付股息的收益已所剩无几，从而导致股东们所得股息减少或根本没有股息，与此同时，股票的市场价格一般也会随之降低，使股东们蒙受双重损失。

2. 流动性风险。流动性风险指的是由于将资产变成现金方面的潜在困难而造成的投资人收益的不确定。一种有价证券在不做出大的价格让步的情况下卖出的困难越大，则拥有该种有价证券的流动性风险程度越大。在流通市场上交易的各种有价证券当中，流动性风险差异很大，有些极易脱手，市场可在与前一交易相同的价格水平上吸收大批量的交易，这类有价证券投资人可轻而易举地卖出，在价格上不引起任何波动；而另一些在投资人急着要将它们变现时很难脱手，除非忍痛贱卖，在价格上做出很大牺牲。当投资人打算在一个没有什么买主的市场上将一种有价证券变现时，就会掉进流动性陷阱。

3. 操作性风险。在同一个证券市场上，对待同一家公司的证券，不同投资人投资的结果可能会出现截然不同的情况，有的盈利丰厚，有的亏损累累，这种差异很大程度上是因投资人不同的心理素质与心理状态、不同的判断标准、不同的操作技巧造成的。由于这些原因造成的投资人投资收益的差异，称为操作性风险。操作性风险中最重要的是心理因素的影响。

股票投资决策是人的主观行为，客观因素无论怎样变化，最终都得由人来评判其是与非，决定是否参与及如何参与股票投资。如果说基本因素是从“质”的方面影响股票价格，市场因素是从“势”的方面影响股票价格，那么，心理因素可以说是影响股票市场价格水平的“人气”。可以把引起股票投资风险的心理因素归为两类：一类是市场主导心理倾向变化；另一类是投资人个人心理倾向变化。

所谓市场主导心理倾向，是指一段时期内证券市场上大多数人对行情的看法。看法有时悲观，有时乐观，但只要趋于一致，单个投资人往往会被卷入其中，即便这种氛围是投机因素或谣言造成的也在所难免。在发育不成熟的市场上，个人投资人捕风捉影，闻风而动，频繁买卖，导致市场大起大落。

个人投资人的心理因素内容比较复杂，比较典型的有“搏傻”心理、从众心理、贪婪心理、侥幸心理和赌徒心理等。

4. 财务风险。财务风险是指公司因筹措资金而产生的风险，即公司可能丧失偿债能力的风险。公司财务结构不合理，往往会给公司造成财务风险。公司财务风险主要表现为无力偿还到期的债务、利率变动风险，即公司在负债期间由于通货膨胀等影响，贷款利率发生增长变化，利率的增长必然增加公司的资金成本，从而抵减了预期收益，再筹资风险即由于公司的负债经营导致公司负债比率加大，相应地降低了公司对债权人的债权保证程度，从而限制了公司从其他渠道增加负债筹资的能力。

5. 信用风险。信用风险也称违约风险，是指不能按时向证券持有人支付本息而使投资人造成损失的可能性。主要针对债券投资品种，对于股票只有在公司破产的情况下才会出现。造成违约风险的直接原因是公司财务状况不好，最严重的就是公司破产。

6. 道德风险。道德风险主要指上市公司管理者的道德风险。上市公司的股东和管理者是一种委托—代理关系。由于管理者和股东追求的目标不同，尤其在双方信息不对称的情况下，管理者的行为可能会造成对股东利益的损害。

三、证券投资的风险控制

投资风险具有明显的两重性，即它的存在是客观的、绝对的，又是主观的、相对的；它既是不可完全避免的，又是可以控制的。投资人对投资风险的控制就是针对风险的两重性运用一系列投资策略和技术手段把承受风险的成本降到最低限度。

（一）证券投资风险控制的基本原则

风险控制的目标包括确定风险控制的具体对象（基本因素风险、行业风险、企业风险、市场风险等）和风险控制的程度两层含义。在对风险控制的目标做出选择之后，就要确定风险控制的原则。

1. 回避风险原则。所谓回避风险，是指事先预测风险发生的可能性，分析和判断风险产生的条件与因素，在经济活动中设法避开风险或改变行为的方向。在投资中的具体做法是：放弃对风险性较大的有价证券的投资，转而投资其他金融资产或不动产，或改变直接参与投资的做法，求助于基金，间接进入市场等。相对来说，回避风险原则是一种比较消极和保守的控制风险的原则。

2. 减少风险原则。减少风险原则是指在从事经济活动的过程中不因风险的存在而放弃既定的目标，而是采取各种措施和手段设法降低风险发生的概率，减轻可能承受的经济损失。在证券投资过程中，投资人在已经了解到投资有风险的前提下，一方面，不放弃投资动机；另一方面，运用各种技术手段努力抑制风险发生的可能性，削弱风险带来的消极影响，从而获得较丰厚的风险投资收益。对于大多数投资人来说，这是一种进取性的、积极的风险控制原则。

3. 留置风险原则。这是指在风险已经发生或已经知道风险无法避免和转移的情况下，正视现实，从长远利益和总体利益出发，将风险承受下来，并设法把风险损失降低到最低限度。在证券投资中，投资人在力所能及的范围内确定承受风险的度，在价格下跌、已经亏损的情况下，果断处置，合理调整。

4. 分散风险原则。在证券投资中，投资人借助于各种形式的投资群体合伙参与投资，以共同分担投资风险。这是一种比较保守的风险控制原则。它使投资人承受风险的压力减弱了，但获得高收益的机会也少了，遵循这种原则的投资人一般只能得到平均收益。

（二）风险控制计划

投资人确定了风险控制的目标与风险控制原则后，就应当依据既定的原则制定一套具体的风险控制计划，以便减少行为的盲目性，确保控制风险的目标得以实现。风险控制计划与投资计划通常是合并在一起的。有了如何更多地赚取收益的计划，就有了如何更少地承受风险的方案。投资计划是落实风险控制原则和实现风险控制目标的必要条件，同时，它又受到后两者制约。现有的投资计划具体形式虽然很多，但大体上可以分为以下三种。

1. 趋势投资计划。这是一种长期投资计划，适用于长期投资人。这种投资计划主要以道氏理论为基础，认为投资人在一种市场趋势形成时，应保持自己的投资地位，待主要趋势逆转的信号出现时再改变投资地位，市场主要趋势不断变动，投资人可以顺势而动，以取得长期投资收益。

2. 公式投资计划。这是一种按照定式投资的计划。它遵循减少风险、分散风险和转移风险等风险控制原则，利用不同种类证券的短期市场价格波动控制风险，获取收益。具体有等级投资计划、平均成本投资计划、固定金额投资计划、固定比率投资计划、可变比率投资计划等。这些计划的形式各不相同，但基本原理相同，主要特点可归纳为三个方面：第一，各种方式都把资金分为两部分，即进取性投资和保护性投资。前者投资于价格波动比较大的股票，其收益率一般比较高，风险也比较大；后者投资于股价比较稳定的股票或投资基金，收益平稳，风险也比较低。第二，在两种资金之间确定一个恰当的比率，并随着价格的变化，按照定式对两者的比率进行调整，使两者的搭配能满足预期的收益水平和风险控制目标。第三，投资人根据市场价格水平的变化机械地进行买卖活动。

3. 保本或停损投资计划。保本或停损投资计划是投资人在市场前途莫测、动荡不定时，为了避免或减轻投资本金损失，遵循留置风险的原则所采取的一类投资计划。主要有两种具体形式：一是保本投资计划；二是摊平投资计划。

（三）风险控制的基本措施

在确定了风险控制的原则和计划之后，采取什么样的具体控制措施就成为需要解决的实际问题。

1. 正确认识和评价自己。几乎所有的投资人在投资之前总是认为自己会取得成功，然而，事实却往往并不遂人愿，这其中很大程度上就是由于投资人自我认识和评价出现了偏差。要正确认识和评价自己，关键是要客观地分析自己以下四个方面的准确情况：一是投资动机；二是资金实力；三是投资知识和阅历；四是心理素质。这四个因素综合在一起，决定了投资人是否该参与投资活动以及对投资风险的承受能力。投资人必须按照自己对风险的承受能力来决定自己的投资行为和投资组合才能避免亏本给自己造成的严重打击。

2. 及时掌握各种信息。掌握信息的关键在于获取信息、分析处理信息和利用信息。涉及证券投资的信息范围很广，有反映系统性风险的宏观信息（如总体社会政治、经济、金融状况信息）和反映系统性风险的微观信息（如上市公司经营状况信息、股市交易与价格信息、证券管理信息等）。投资人可以针对自己的投资目的或风险控制目标有选择地收集各种信息，收集的途径主要有新闻媒体、企业正式发布的各种资料、交易所信息网络、证券投资咨询公司、专业书籍等。收集到各种信息以后，投资人还应对这些信息进行处理，判断信息的准确性以及可能对股市产生的影响。最后，利用已掌握的信息，做出自己的投资决策。在这一过程中，信息的准确与否十分重要，否则不仅不能规避风险，反而会加大风险，造成不必要的损失。

3. 培养市场感觉。市场感觉是指投资人对市场上影响价格和投资收益的不确定因素的敏感程度以及正确判断这些因素变动方向的灵感。市场感觉好的人，善于抓住战机，从市场上每一个细小的变化中揣摩价格趋势变动的信号，或盈利，或停损；市场感觉不好的人，机会在眼前，也可能熟视无睹，甚至因此而蒙受经济损失。要培养良好的市场感觉，必须保持冷静的头脑，逐步积累经验并加以灵活运用，同时要有耐心，经常进行投资模拟试验，相信自己的第一感觉。

（四）我国证券投资风险的具体控制措施

1. 不使用非实名制账户进行证券投资。根据《证券法》的规定，投资人应以本人的名义开立证券账户和进行证券买卖，否则，其权利难以受到法律保护。借用他人身份证开户买卖股票的法律风险主要表现在：出借人因个人债务涉及诉讼或者涉嫌刑事犯罪时，司法机关可能会冻结、拍卖或者变卖登记在出借人证券账户下的实际属于借用人的股票；出借人可能会将登记在其证券账户下实际属于借用人的股票出质给银行等主体或者用作其他用途。

2. 仔细阅读开户协议和风险揭示书。投资人在证券公司营业部开户时，须签订《证券交易委托代理协议书》《自助委托交易协议书》《风险揭示书》《网上交易风险揭示书》《权证风险揭示书》等法律文件。这些文件规定了证券公司和投资人的法律关系，向客户充分揭示了风险。投资人应该仔细阅读这些法律文件，明确自己的权利和责任，清楚知晓面临的各种风险。

3. 妥善保管个人证件及有关开户证件。根据中国登记结算公司《实时开户业务指南》的规定，一个自然人、法人可以开立不同类别和用途的证券账户。但是，对于同一类别和用途的证券账户，一个自然人、法人只能开立一个，国家法律、法规和行政规章等另有规定的除外。

投资人应妥善保管自己的身份证件、股东卡、《证券交易委托代理协议书》等有关证件、文件，否则，被他人冒开账户从事证券交易，不仅使自己无法开户、无法指定交易、无法正常交易，将来出现信用交易后还可能使自己蒙受经济损失和信用损失。

4. 审慎决定是否委托他人进行投资。根据《证券法》的规定，证券公司办理经纪业务，不得接受客户的全权委托而决定证券买卖、选择证券种类、决定买卖数量或者买卖价格。投资人委托代理人操作的，双方须临柜签订授权委托书或由公证部门进行公证。

经纪业务客户不得全权委托证券公司替自己操作股票，但可以把自己账户的有关事宜委托给其他人操作。有些投资人将自己的账户密码告知他人，让别人替自己操作股票，有的客户将账户交给所谓的操盘手、投资专家、经纪人、理财工作室，让他们替自己操作股票，以期获得较高的收益，但是，投资人应清楚地知晓证券交易中他人给予保证获利或不会发生亏损的任何承诺都是没有法律依据的，类似的承诺不会减少投资人发生亏损的可能。

5. 充分了解投资中的技术风险、不可抗力风险等。由于交易撮合及行情揭示是通过电子通信技术和电脑技术来实现的，这些技术存在着被网络黑客和计算机病毒攻击的可能，由此可能给投资人的投资带来损失。因不可抗力因素导致的风险诸如地震、火灾、水灾、战争等可能导致证券交易系统的瘫痪。证券营业部无法控制和不可预测的系统故障、设备故障、通信故障、电力故障等也可能导致证券交易系统非正常运行甚至瘫痪，这些都会使投资人的交易委托无法成交或者无法全部成交，投资人将不得不承担由此导致的损失。由于投资人密码失密、操作不当、投资决策失误等原因可能会使自己的投资发生亏损，该损失将由投资人自行承担。

6. 不轻信荐股软件。当前，有各种各样的荐股软件。有些人以销售荐股软件为名，从事非法咨询活动，基本做法是：以开发专业证券资讯产品为名，通过报纸、电台、网站、现场营销等方式销售荐股软件。先是夸大软件功能，宣传其软件超越一般的股票软件功能，具有自动选股、测算买卖点等特殊功能。只要按照操盘线指示，每天按荐股软件给出的买入卖出等信号，就能轻松获利，包赚不赔。这些软件的使用有一定的期限，投资人购买软件后，只能用一段时间，如3个月、半年，费用从几千元到几万元不等，超期使用需要另外付费。此外，购买软件前，投资人不能查验软件功能。软件分为各种等级，声称购买高级版、至尊版软件后有专门的老师指导实盘操作。他们定期在各大城市免费召开软件介绍会、咨询会，吸引广大投资人参加。他们多以招收异地客户为主。这些机构总部通常设在沿海发达地区，在全国各大城市设立了所谓的分公司、办事处，招收异地客户。投资人一定要提高警惕，不要购买和使用这类承诺包赚不赔的荐股软件。

7. 不购买非法发行的“原始股”。目前，非法兜售“原始股”行为非常猖獗，不少人损失惨重。非法兜售原始股的主要形式为：编造公司即将在境内外上市或股票发行获得政府批准等虚假信息，诱骗社会公众购买所谓原始股；非法中介机构以投资咨询机构、产权经纪公司、外国资本公司或投资公司驻华代表处的名义，未经法定机关批准，向社会公众非法买卖或代理买卖未上市公司股票。按照《非法金融机构和非法金融业务活动取缔办法》的规定，投资人从个人和非法机构手里购买未上市公司股票等行为均属于参与非法金融业务活动，不受法律法规的保护。因参与非法金融业务活动受到的损失，由参与者自行承担。

思考题

1. 风险及其特征。
2. 证券投资系统性风险有哪些？
3. 证券投资非系统性风险有哪些？
4. 证券投资风险控制的基本原则是什么？

第七章　证券市场监管

第一节　证券市场监管的意义和监管对象

一、证券市场监管的含义

证券市场监管是以保护投资人合法权益为宗旨，以矫正和改善证券市场的内在问题为目的，政府及其监管部门通过法律、经济、行政等手段对参与证券市场活动的各类主体的行为所进行的引导、干预和管制。

作为政府管制的一种，证券市场监管具有明确的目标性和人文色彩。考察世界各国证券监管的相关法律法规可以发现，其监管的明确目标在于严厉打击证券市场上的违法违规交易，以保护投资人的合法权益不受侵害，从而维护其对证券市场的长期信心。证券市场监管的人文色彩表现在，其目的不同于产业管制对经济效率的重视，而是立足于对证券市场上最弱势群体利益的维护。之所以出现这种管制特色，一个很重要的原因在于，证券市场不同于由厂商和消费者所组成的一般产品市场，而是一个金融的公开市场，由多方不同的利益主体如上市公司、投资人、金融中介机构、自律管理机构（如证券交易所等）和政府监管部门等共同构成。其中，维系市场正常运转和健康发展的基础是投资人对未来市场的信心。市场的变动会影响到国民经济的各个层面，对于整个经济、金融、政治等产生普通产品市场不可企及的影响力。在对证券市场的监管中，政府不仅需要制约证券市场上的垄断和不公平竞争行为，而且需要应对由自然垄断和信息非对称所导致的市场失灵问题；不仅需要从证券业的角度针对证券交易中介实施微观的行业管制，而且需要从维护市场稳定和促进经济发展的大局出发实施对证券市场的宏观调控与管理。一个新兴市场中的监管机构还需要承担起创造、培育及完善整个证券市场机制的职责。

二、证券市场监管的意义

1. 加强证券市场监管是保障广大投资人权益的需要。投资人是证券市场的重要参与者，他们参与证券交易、承担投资风险是以获取收益为前提的。为保护投资人的合法权益，必须坚持“公开、公平、公正”的原则，加强对证券市场的监管。只有这样，才便于投资人充分了解证券发行人的资信、证券的价值和风险状况，从而使投资人能够比较正确地选择投资对象。

2. 加强证券市场监管是维护市场良好秩序的需要。为保证证券发行和交易的顺利进行，一方面，国家要通过立法手段允许一些金融机构、中介机构和个人在国家政策法令许可的范围内买卖证券并取得合法收益；但另一方面，在现有的经济基础和条件下，市场也存在着蓄意欺诈、垄断行市、操纵交易和哄抬股价等多种弊端。为此，必须对证券市场活动进行监督检查，对非法证券交易活动进行严厉查处，以保护正当交易，维护证券市场的正常秩序。

3. 加强证券市场监管是发展和完善证券市场体系的需要。完善的市场体系能促进证券市场筹资和融资功能的发挥，有利于稳定证券行市，增强社会投资信心，促进资本合理流动，从而推动金融业、商业和其他行业以及社会福利事业的顺利发展。

4. 加强证券市场监管是有效利用信息，提高市场效率的需要。准确和全面的信息是证券市场参与者进行发行和交易决策的重要依据。一个发达的证券市场必定是一个信息灵敏、畅通的市场，也是能让信息在市场充分发挥作用的高效率市场。这既要有现代化的信息通信设备系统，又必须有组织严密的科学的信息网络机构；既要有收集、分析、预测和交换信息的制度与技术，又要有与之相适应的、高质量的信息管理人才。这些都只有通过统一的组织管理才能实现。

三、证券市场监管的对象

证券市场监管的对象涵盖参与证券市场运行的所有主体，既包括证券经纪商和自营商等证券金融中介机构，也包括工商企业和个人。

1. 工商企业。这是指进入证券市场筹集资金的资本需求者，也包括在证券交易市场参与交易的企业法人。

2. 各类基金。既包括被作为交易对象的上市基金，也包括作为重要市场力量的其他投资基金。

3. 个人。主要指证券市场上的投资人即资金供给者，也包括各种证券从业人员。

4. 证券中介机构。主要指涉及证券发行与交易等各类证券业务的机构。它既可以是专业的证券经纪商、承销商、自营商，也可以是混业体制下的商业银行和其他金融机构。

5. 证券交易所或其他集中交易场所。证券交易所是提供证券集中交易的场所并承担自律管理职能的特殊主体。它既包括传统的有形市场，也包括以电子交易系统为运作方式的无形市场。

6. 证券市场的其他中介机构。包括证券登记、托管、清算机构以及证券咨询机构、会计师事务所、律师事务所、资产评估机构等。

7. 对证券市场股票、债券等有价证券的发行与流通的监管。

第二节 证券市场监管目标

国际证监会组织（IOSCO）在国际范围内提出了证券监管的主要目标：保护投资人；保证市场的公平、有效和透明；减少系统性风险。

对于证券监管的目标或宗旨，世界各国证券立法的表述并不相同。美国1933年《证券法》包含两个基本目标：第一，向投资人提供有关证券公开发行的实质性信息；第二，禁止证券售卖过程中的误导、虚假和其他欺诈行为。显然，保护公众利益是美国证券立法突出的精髓。美国 1986 年《政府证券法》指出：“政府证券交易受公众利益的影响，为此必须为该交易及与其有关事宜或活动提供统一性、稳定性和效率；对政府证券中间商和政府证券交易商普遍实行适当的管理；规定相应的金融责任、账务记录、报告及有关的管理办法。从而保证一个公平、公正和高流动性的政府证券市场，以求最大限度地保护投资人利益。”日本《证券交易法》（1984 年）规定：“为使有价证券的发行、买卖及其他交易能够公正进行，并使有价证券顺利流通，以保证国民经济的正常运行及保护投资人利益，特制定本法律。”韩国《证券交易法》（1962 年）规定：“本法旨在通过维护证券广泛的和有条不紊的流通，通过保护投资人进行公平的保险、购买、销售或其他证券交易，促进国民经济的发展。”我国台湾地区“证券交易法”称其宗旨是“为发展国民经济，并保证投资，特制定本法”。我国香港地区《证券及期货事务监察委员会条例》（1989 年）第 4 条指出，证券监管的目标是，使市场有足够的流通量，并公平、有秩序和有效率地运作；控制和减低交易系统风险，避免市场失灵和适当地管理风险，以确保一个市场危机不致影响其他的金融活动；保护投资人；促进有利于投资和经济增长的经济环境的设立。我国《证券法》则在第 1 条规定：“为了规范证券发行和交易行为，保护投资人的合法权益，维护社会经济秩序和社会公共利益，促进社会主义市场经济的发展，制定本法。”各个国家或地区对于监管目标的定性表述都突出了“促进国民经济发展”这一理念。

无论各个国家或地区对证券立法的宗旨如何表述，其大的监管目标基本都是一致的，这些目标可概括为以下两个方面。

1. 证券市场监管的现实目标。保护投资人合法权益，维护证券市场的公平、透明与效率，克服各种证券市场缺陷，促进证券市场机制的运行和证券市场功能的发挥，是证券市场监管的现实目标。

2. 证券市场监管的最终目标。保证证券市场的稳定、健全和高效率，促进整个国民经济的稳定和发展，是证券市场监管的最终目标。

证券市场监管的现实目标更多地是从微观层次来阐述，并构成最终目标的基础。政府及其证券监管部门必须严格限制并打击一切垄断、操纵、欺诈、内幕交易等违法行为，规范证券发行、交易行为并保证其公平、顺利地进行，从而保护作为证券市场根基的投资人的合法权益；通过政府监管来力求实现一个健康、稳定、有序、高效的证券市场。

证券市场监管的最终目标更多地是从宏观层次来阐述，是现实目标的延伸。无论是在发展中国家证券市场还是在发达国家证券市场，证券市场永远是整个社会经济一个复杂的有机组成部分，证券市场的规范与发展始终从属于整个国民经济的稳定与增长的需要。证券市场不仅与一国的金融体系（包括货币市场、信贷市场等其他金融市场）和实体经济密切联系，而且与经济发展、社会稳定甚至政治形势等密切相关，任何政府的证券市场监管者都必须也必然会从社会经济整体而不是仅仅从证券市场本身的局部来制定和执行监管的制度、法规、政策。即使在西方国家，以此目标为基准的政府干预也非常多。

无论是证券市场监管的现实目标还是证券市场监管的最终目标，证券市场监管的一个不容忽视的核心目标便是，切实保护投资人尤其是中小投资人的利益。因为只有投资人这一市场基石长期存在和积极参与，证券市场机制与功能才能得以发挥，证券市场也才能高效率地健康发展，证券市场也才可能促进国民经济的稳定与发展。

第三节　证券市场监管原则

为保障证券市场高效、稳定、有序、顺利地运行，围绕证券监管的各项目标，证券市场的有效监管应遵循以下原则。

一、“三公”原则

1. 公平。公平是指证券市场上的参与者拥有均等的市场机会、均等的交易机会和均等的竞争机会，不应存在任何歧视或特殊待遇。市场经济条件下的市场公平，在本质上反映了商品交换的等价有偿性。在证券市场上，统一的市场规则、均等的市场机会、平等的主体地位与待遇、以价值规律为基础的证券交易形式，就是公平。公平原则的首要要求是信息的完全性和对称性，即所有投资人拥有同质的及时信息。公平原则的内容涉及地位公平、税负公平、权利公平、利益公平；公平的对象主要是社会公众，也包括其他市场参与主体。机会均等和平等竞争是证券市场正常运行的前提。

2. 公正。公正原则要求证券监管者公正无私地进行市场管理和对待市场参与者。公正原则的内容包括立法公正、执法公正、仲裁公正。公正原则是有效监管的生命，是监管者以法律框架实现市场所有参与者之间的平衡和秩序的关键，并构成对管理者、立法者、司法者权利的赋予与制约。

3. 公开。公开原则要求证券市场上的各种信息向市场参与者公开披露，任何市场参与者不得利用内幕信息从事市场活动。这里的信息包含各种财务信息、交易信息、行为信息、政策信息及监管信息等与市场参与者利益相关的所有信息。公开原则是实现市场公平和公正的必要条件，也是证券法律的精髓所在。而且，公开性与信息的透明度是证券市场监管和证券市场效率之间的微观结合点。信息的公开程度直接关系到市场效率的高低。

可以说，"三公"原则是市场经济的三大原则，是证券市场监管活动必须奉行的基本原则，也是各国证券市场管理的核心和灵魂所在。

二、保护投资人利益原则

从资金来源看，证券市场发展的关键在于投资人对市场的信心。要确保投资人的信心，必须切实保护投资人的利益。由于普通投资人一般处于信息和资金劣势，为消除市场竞争中的不对称性，要求监管者尽力消除证券市场上的欺诈、操纵、信息偏在等问题，保证投资人利益免受侵害。

三、诚实信用原则

证券监管者在制定和实施各项法律、法规、制度的时候，必须以要求市场参与者达到诚实信用为原则。作为证券市场筹资者，必须真实、准确、完善地公开财务信息；作为证券市场的中介机构，在提供市场信息与服务时不得存在欺诈或严重误导行为；作为证券市场的投资人，不得散布虚假信息、垄断或操纵市场价格、扰乱市场正常秩序。

四、依法管理原则

依法管理并非否定经济调控方式和行政管理方式在一定客观条件下的必要性，而是强调以法治市的管理原则。依法管理，一是要求证券法律、法规、制度的完善和具体；二是要求执法的严格和有力。一个无法可依、执法不严或以人治代替法治的证券市场必然会出现动荡甚至危机。

五、政府监管与自律管理相结合原则

政府证券监管机构必须注重政府监管与自律管理的有机结合，由此出发建立完整的证券市场监督管理体系。即使在自律管理具有悠久传统且发挥重大作用的英、美等西方国家，政府监管也正在成为整个证券监管框架中不可或缺的主旋律。对于新兴证券市场，更应强调政府的集中、统一的监管地位，在此基础上构建自律组织的权责和职能。

第四节　证券市场监管手段

一、法律手段

法律手段即国家通过立法和执法，以法律规范形式将证券市场运行中的各种行为纳入法制化轨道，证券发行与交易过程中的各参与主体按法律要求规范其行为。运用法律手段管理证券市场，主要是通过立法与执法抑制和消除欺诈、垄断、操纵、内幕交易、恶性投机现象等，维护证券市场的良好运行秩序。涉及证券市场管理的法律、法规范围很广，大致可分为两类：一类是证券监管的直接法规，除证券法这一基本法律外，还包括各国在上市审查、会计准则、证券投资信托、证券金融事业、证券保管和代理买卖、证券清算与交割、证券交易所管理、证券税收、证券管理机构、证券自律组织等方面的专门法规，几乎遍及证券市场的所有领域。另一类是涉及证券管理、与证券市场密切相关的其他法律，如公司法、银行法、票据法、破产法等。这样，形成一个以证券基本法为核心、专门证券管理法规或规则补充、其他相关法律配套的证券法律体系。

二、经济手段

经济手段是指政府以管理和调控证券市场为主要目的，采用间接调控方式影响证券市场运行和参与主体的行为。在证券监管实践中，常见的有以下两种经济调控手段。

1. 金融信贷手段。运用金融货币政策对证券市场的影响颇为显著。在股市低迷之际放松银根、降低贴现率和存款准备金率，可增加市场货币供应量从而刺激股市回升；反之，则可抑制股市暴涨。证券市场上的公开操作可直接调节证券供求与价格。金融货币手段可以有效地平抑股市的非理性波动和过度投机，有助于实现稳定证券市场的预期管理目标。

2. 税收手段。由于以证券交易印花税为主的证券市场税收直接计入交易成本，税率和税收结构的调整直接造成交易成本的增减，从而可产生抑制或刺激市场的效应，并为监管者所利用。

三、行政手段

行政手段是指政府监管部门采用计划、政策、制度、办法等对证券市场进行直接的行政干预和管理。与经济手段相比较，运用行政手段对证券市场的监管具有强制性和直接性的特点。例如，行政控制上市种类和市场规模，对证券交易所、证券经营机构、证券咨询机构、证券清算和存管机构等实行严格的市场准入与许可证制度，交易过程中的紧急闭市等。

行政手段存在于任何国家证券市场的监管历史中。区别是，在市场发育早期使用行政方式管理多些，至成熟阶段则行政干预方式用得少些。早期证券市场受社会经济诸方面条件制约，往往是法律手段不健全而经济手段效率低，造成监管不足的局面，故需要行政手段的积极补充。然而，证券市场毕竟是市场经济高度发达的产物，其充分的市场经济特性必然要求伴随市场的成熟与完善，逐步减少行政干预，因为过多不恰当的行政干预容易形成监管过度，扭曲市场机制。

四、自我管理

一般来说，证券市场监管均采取政府管理与自我管理相结合的形式。自我管理（或称自律管理）之所以在证券市场管理中占有重要一席，相当程度上是西方证券市场发展的历史结果。在市场出现到政府全面介入前的历史演变中，自我管理成为市场管理的主要形式。此外，证券交易的高专业化程度和证券业者之间的利益相关性与证券市场运作本身的庞杂性决定了对自律管理的客观需要。政府监管与自律管理之间存在主从关系，自律管理是政府监管的有效补充，自律管理机构本身也是政府监管框架中的一个监管对象。近年来，集中化证券监管和强化政府监管地位正成为各国尤其是西方证券市场管理的发展趋势。

第五节　证券市场监管内容

一、信息披露

信息披露制度是有价证券发行者以维护公司股东或债权人合法权益为宗旨，将公司信息完全、准确、及时地公开，以供证券投资人做出价值判断的法律制度。

（一）信息披露的意义

1. 有利于价值判断。从投资人角度来看，投资获利是投资的主要目的。要从种类繁多的有价证券中选择最有利的投资机会，投资人必须对发行公司的资信、财力及其公司的营运状况有充分的了解。投资人只有取得有关发行人真实、完整、准确的信息，才能合理地做出投资决策。

2. 防止信息滥用。公平的证券市场是投资人都有均等获得信息的权利和投资获益机会的市场。证券发行是公司股权或债权转移的过程，也是风险分散的过程。如果没有信息公开制度，发行人可能散布虚假信息、隐匿真实信息、滥用信息操纵市场，或以其他方式欺骗投资人而转嫁风险，使得证券市场无法显示证券的真正价值。

3. 有利于监督经营管理。信息公开包括公司财务信息的公开。以企业会计准则约束企业会计核算，有利于发行公司的管理规范化。信息公开制度的实施还可以扩大发行公司的社会影响，提高其知名度。

4. 防止不正当竞业。在公司制度演化的过程中，逐渐实现了所有权与经营权的分离。为保证经营权的合理行使，维护股东和公司债权人的利益，一些国家的公司法规定董事负有勤勉义务、忠实义务和竞业禁止义务。这是由于董事从事竞业行为时可能夺取公司的交易机会，牺牲公司利益。或者利用职务上的便利，对公司造成损害。因此，以法律形式规定董事承担竞业禁止义务，公开与公司有关的信息，成为维护公司和股东权益的重要手段之一。

5. 提高证券市场效率。信息公开是提高证券市场效率的关键因素。证券发行与证券投资是实现社会资源配置的过程，这一过程主要依靠市场机制进行调节。证券的发行，包括发行时间、发行品种、发行数量等，主要取决于发行人的业绩和成长前景、市场的需求及投资人的投资能力。证券投资是一个选择的过程，如果公司资信良好、实力雄厚、管理甚佳、盈利丰厚、具有成长潜力，其发行的证券必为广大投资人所青睐。因此，为了使投资人科学地选择投资对象，实现资源的合理配置，必须建立完备的信息公开系统。

（二）信息披露的基本要求

1. 全面性。这一要求是指信息披露义务人应当充分披露可能影响投资人做出投资判断的有关资料，不得有任何隐瞒或重大遗漏。

2. 真实性。这一要求是指信息披露义务人公开的信息资料应当准确、真实，不得有虚假记载、误导或欺骗。

3. 时效性。这一要求是指向公众投资人公开的信息应当具有最新性、及时性。公开资料反映的公司状态应为公司的现实状况，公开资料交付的时间不得超过法定期限。

二、操纵市场

证券市场中的操纵市场行为，是指个人或机构背离市场自由竞争和供求关系原则，人为地操纵证券价格，以引诱他人参与证券交易，而为自己牟取私利的行为。

（一）操纵市场的具体行为

中国证监会对操纵市场的行为有明确界定。具体包括以下九种。

1. 通过合谋或者集中资金操纵证券市场价格。

2. 以散布谣言、传播虚假信息等手段影响证券发行和交易。

3. 为制造证券的虚假价格，与他人串通，进行不转移证券所有权的虚买虚卖。

4. 以自己的不同账户在相同的时间内进行价格和数量相近、方向相反的交易。

5. 出售或者要约出售其并不持有的证券，扰乱证券市场秩序。

6. 以抬高或压低证券交易价格为目的，连续交易某种证券。

7. 利用职务便利，人为压低或者抬高证券价格。

8. 证券投资咨询机构及股评人士利用媒介及其他传播手段制造和传播虚假信息，扰乱市场正常运行。

9. 上市公司买卖或与他人串通买卖本公司的股票。

（二）操纵行为对证券市场的危害

1. 以人为创造的虚假投资参数代替证券市场的真实投资参数，使证券价格不能以价值规律为基础真实反映市场供需关系。

2. 对于依据创制参数进行证券交易的投资人，操纵性价格和操纵性交易量成为操纵者欺诈的工具。

3. 对于银行信用波动及证券抵押贷款也会构成影响。

（三）对操纵市场行为的监管

1. 事前监管。这是指在发生操纵行为之前监管机构采取有效手段防止损害的发生。

2. 事后救济。这是指对操纵行为的制裁和对操纵行为受害者给予赔偿损失救济。

三、欺诈行为

欺诈行为指以隐瞒事实真相、捏造事实等手段，违反国家的规定，违背客户真实意愿，损害客户利益的行为。从广义上讲，内幕交易、操纵市场及虚假陈述行为均属于欺诈行为。

证券市场的欺诈行为是指以获取非法利益为目的，违反证券管理法规，在证券发行、交易及相关活动中从事欺骗客户、虚假陈述等行为。

（一）欺诈行为的具体形式

1. 违背客户的委托意愿为其买卖证券。

2. 不在规定时间内向客户提供交易的书面确认文件。

3. 挪用客户所委托买卖的证券或者客户账户上的资金。

4. 私自买卖客户账户上的证券，或者假借客户的名义买卖证券。

5. 为牟取佣金诱使客户进行不必要的证券买卖。

6. 其他违背客户真实意思表示损害客户利益的行为。

（二）对欺诈客户行为的处罚

对于欺诈客户行为，各个国家或地区都有明确的法律、经济或行政处罚。我国《证券法》规定，证券交易所、证券公司、证券登记结算机构、证券交易服务机构的从业人员以及证券业协会或者证券监督管理机构的工作人员，故意提供虚假资料，伪造、编造或者销毁交易记录，诱骗投资人买卖证券的，取消从业资格，并处 3 万元以上 5 万元以下的罚款；属于国家工作人员的，还应当依法给予行政处分，构成犯罪的依法追究刑事责任。证券公司违反规定，为客户卖出其账户上未实有的证券或者为客户融资买入证券的，没收违法所得，并处以非法买卖证券等值的罚款。对直接负责的主管人员和其他直接责任人员给予警告，并处 3 万元以上 30 万元以下的罚款。构成犯罪的依法追究刑事责任。证券公司、证券登记结算机构及其从业人员，未经客户的委托，买卖、挪用、出借客户账户上的证券或者将客户的证券用于质押的，或者挪用客户账户上的资金的，责令改正，没收违法所得，处以违法所得 1 倍以上 5 倍以下的罚款，并责令关闭或者吊销责任人员的从业资格证书。构成犯罪的依法追究刑事责任。证券公司违背客户的委托买卖证券、办理交易事项以及其他违背客户真实意思表示办理交易以外的其他事项，给客户造成损失的，依法承担赔偿责任，并处 1 万元以上 10 万元以下的罚款。

四、内幕交易

内幕交易是指内幕人员和以不正当手段获取内幕信息的其他人员违反法律、法规的规定，泄露内幕信息，根据内幕信息买卖证券或者向他人提出买卖证券建议的行为。内幕交易行为人为达到获利或避损的目的，利用其特殊地位或机会获取内幕信息进行证券交易，违反了证券市场“公开、公平、公正”的原则，侵犯了投资人的平等知情权和财产权益。内幕交易严重影响证券市场功能的发挥。同时，内幕交易使证券价格和指数的形成过程失去了时效性、客观性，它使证券价格和指数成为少数人利用内幕信息炒作的结果，而不是投资人对公司业绩综合评价的结果，最终会使证券市场丧失优化资源配置及作为国民经济“晴雨表”的作用。

（一）内幕人员

内幕人员是指由于持有发行人的证券，或者在发行人、与发行人有密切联系的公司中担任董事、监事、高级管理人员，或者由于其会员地位、管理地位、监管地位和职业地位，或者作为发行人雇员、专业顾问履行职务，能够接触或者获得内幕信息的人员。

内幕人员包括以下四方面。

1. 发行人的董事、监事、高级管理人员、秘书、打字员，以及其他可以通过履行职务接触或者获得内幕信息的人员。

2. 发行人聘请的律师、会计师、资产评估人员、投资顾问等专业人员。

3. 根据法律、法规的规定对发行人可以行使一定管理权或者监管权的人员，包括证券监管部门和证券交易所的工作人员，发行人的主管部门和审批机关的工作人员，以及工商、税务等有关经济管理机关的工作人员等。

4. 由于本人的职业地位、与发行人的合同关系或者工作联系，有可能接触或者获得内幕信息的人员，包括新闻记者、编辑、电台主持人以及编排印刷人员等。

（二）内幕信息

内幕信息是指为内幕人员所知悉、尚未公开的可能影响证券市场价格的重大信息。信息未公开指公司未将信息载体交付或寄送大众传播媒介或法定公开媒介发布或发表。如果信息载体交付或寄送传播媒介超过法定时限，即使未公开发布或发表，也视为公开。

内幕信息包括以下内容。

1. 证券发行人订立重要合同，该合同可能对公司的资产、负债、权益和经营成果中的一项或者多项产生显著影响。

2. 证券发行的经营政策或者经营范围发生重大变化。

3. 证券发行人发生重大的投资行为或者购置金额较大的长期资产的行为。

4. 证券发行人发生重大债务。

5. 证券发行人未能归还到期债务的违约情况。

6. 证券发行人发生重大经营性或非经营性亏损。

7. 证券发行人资产遭受到重大损失。

8. 证券发行人的生产经营环境发生重大变化。

9. 可能对证券市场价格有显著影响的国家政策变化。

10. 证券发行人的董事长、1/3 以上的董事或者总经理发生变化。

11. 持有证券发行人 5% 以上的发行在外的普通股股东，其持有该种股票的增减变化达到该种股票发行在外总额 2% 以上的事实。

12. 证券发行人的分红派息、增资扩股计划。

13. 涉及发行人的重大诉讼事项。

14. 证券发行人进入破产、清算状态。

15. 证券发行人章程、注册资本和注册地址的变更。

16. 证券发行人无支付能力而发生相当于被退票人流动资金 5% 以上的大额银行退票。

17. 证券发行人更换为其进行审计的会计师事务所。

18. 证券发行人债务担保的重大变更。

19. 股票的二次发行。

20. 证券发行人营业用主要资产的抵押，出售或者报废一次超过该资产的30%。

21. 证券发行人董事、监事或者高级管理人员的行为可能依法负有重大损害赔偿责任。

22. 证券发行人的股东大会、董事会或者监事会的决定被依法撤销。

23. 证券监管部门做出禁止证券发行人有控股权的大股东转让其股份的决定。

24. 证券发行人的收购或者兼并。

25. 证券发行人的合并或者分立等。

（三）内幕交易的性质

内幕交易是一种典型的证券欺诈行为，是指证券交易内幕信息的知情人员利用其掌握的未公开的价格敏感信息进行证券买卖活动，从而谋取利益或减少损失的欺诈行为。根据规定，知悉证券交易内幕信息的知情人员或者非法获取内幕信息的其他人员，不得买入或者卖出所持有的该公司的证券，不得泄露该信息或者建议他人买卖该证券。

（四）内幕交易的主要行为

1. 内幕人员利用内幕信息买卖证券或者根据内幕信息建议他人买卖证券的行为。

2. 内幕人员向他人泄露内幕信息，使他人利用该信息获利的行为。

3. 非内幕人员通过不正当的手段或者其他途径获得内幕信息，并根据该内幕信息买卖证券或者建议他人买卖证券的行为。

（五）内幕交易的危害

内幕交易在世界各国都受到法律明令禁止。内幕交易虽然在操作程序上往往与正常的操作程序相同，也是在市场上公开买卖证券，但由于一部分人利用内幕信息先行一步对市场做出反应，因而具有以下三个方面的危害性。

1. 违反了证券市场的“三公”原则，侵犯了广大投资人的合法权益。证券市场上的各种信息，是投资人进行投资决策的基本依据。内幕交易则使一部分人能利用内幕信息先行一步对市场做出反应，使其有更多的获利或减少损失的机会，从而增加了广大投资人遭受损失的可能性，因此，内幕交易最直接的受害者就是广大的投资人。

2. 内幕交易损害了上市公司的利益。上市公司作为公众持股的公司，必须定期向广大投资人及时公布财务状况和经营情况，建立一种全面公开的信息披露制度，这样才能取得公众的信任。而一部分人利用内幕信息进行证券买卖，使上市公司的信息披露显失公正，损害了广大投资人对上市公司的信心，从而影响上市公司的正常发展。

3. 内幕交易扰乱了证券市场乃至整个金融市场的运行秩序。内幕人员往往利用内幕信息人为地造成股价波动，扰乱证券市场的正常秩序。

内幕人员和以不正当手段获取内幕信息的人员违反法律规定，监管部门应根据情节和具体危害进行相应的处罚。

第六节　证券市场监管机构

一、中国证券监督管理委员会

中国证券监督管理委员会（简称“证监会”）是国务院直属机构，是全国证券、期货市场的主管部门，按照国务院授权履行行政管理职能，依照相关法律法规对全国证券、期货市场实行集中统一监管，维护证券市场秩序，保障其合法运行。中国证监会的主要职责如下：

1. 研究和拟订证券期货市场的方针政策、发展规划，起草证券期货市场的有关法律、法规，制定证券期货市场的有关规章。

2. 统一管理证券期货市场，按规定对证券期货监管机构实行垂直领导。

3. 监管股票、可转换债、证券投资基金的发行、交易、托管和清算，批准企业债券的上市，监管上市国债和企业债券的交易活动。

4. 监管境内期货合约的上市、交易和清算，按规定监管境内机构从事境外期货业务。

5. 监管上市公司及其有信息披露义务的股东的市场行为。

6. 管理证券期货交易所，按规定管理证券期货交易所的高级管理人员，管理证券业协会。

7. 监管证券期货经营机构、证券投资基金管理公司、证券登记清算公司、期货清算机构、证券期货投资咨询机构，与中国人民银行共同审批基金托管机构的资格并监管其基金托管业务，制定上述机构高级管理人员任职资格的办法并组织实施，负责证券期货从业人员的资格管理。

8. 监管境内企业直接或间接到境外发行股票、上市，监管境内机构到境外设立证券机构，监管境外机构到境内设立证券机构从事证券业务。

9. 监管证券期货信息传播活动，负责证券期货市场的统计与信息资源管理。

10. 会同有关部门审批律师事务所、会计师事务所、资产评估机构及其成员从事证券期货中介业务的资格并监管其相关性的业务活动。

11. 依法对证券期货违法违规行为进行调查、处罚。

12. 归口管理证券期货行业的对外交往和国际合作事务。

二、中国证监会派出机构

中国证监会在各省、自治区、直辖市、计划单列市都设有监管局。其主要职责有：认真贯彻、执行国家有关法律、法规和方针、政策，依据中国证监会的授权对辖区内的上市公司，证券、期货经营机构，证券、期货投资咨询机构和从事证券业务的律师事务所、会计师事务所、资产评估机构等中介机构的证券业务活动进行监督管理；依法查处辖区内前述监管范围的违法、违规案件，调解证券、期货业务纠纷和争议，以及中国证监会授予的其他职责。

三、自律性管理机构

（一）证券交易所

《中华人民共和国证券法》规定："证券交易所是为证券集中交易提供场所和设施，组织和监督证券交易，实行自律管理的法人。"证券交易所作为证券市场的组织者，进行自律性监管，主要职能有：对证券交易实行实时监控，并按照证监会的要求，对异常交易情况提出报告；对上市公司及相关信息披露义务人披露信息进行监督，督促其依法及时、准确地披露信息；因突发事件而影响证券交易的正常进行时，证券交易所可以采取技术性停牌的措施；因不可抗力的突发性事件或者为维护证券交易的正常秩序，证券交易所可以决定临时停市；上市公司出现法定情形时，就暂停或终止其股票上市交易行使决定权等。

（二）证券业协会

证券业协会是依法注册的具有独立社会法人资格的、由经营证券业务的金融机构自愿组成的行业性自律组织。我国证券业协会采取会员制的组织形式，凡依法设立并经特许可以从事证券业务经营和中介服务的专业证券公司、金融机构、证券交易所及类似机构，承认协会章程，遵守协会的各项规则，均可申请加入协会，成为协会会员。

思考题

1. 为什么要对证券市场进行监管？
2. 证券市场监管的最终目标是什么？
3. 证券市场的监管原则是什么？
4. 证券市场的监管内容包括哪几个方面？

附录　证券市场常用名词

1. 牛市：股市前景看好、股票价格持续上升的行情。

2. 熊市：股市前景看淡、股票价格普遍持续下跌的行情。

3. 多头：投资人预期未来价格上涨，以目前价格买入一定数量的股票。

4. 空头：预期未来行情下跌，将手中股票按目前价格卖出。

5. 利多：对于多头有利，能刺激股价上涨的各种因素和消息，如银根放松、GDP 增长加速等。

6. 利空：对于空头有利，能促使股价下跌的因素和消息，如利率上升、经济衰退、公司经营亏损等。

7. 盘整：通常指价格变动幅度较小，比较稳定，最高价与最低价之差很小的行情。

8. 反弹：股票价格在下跌趋势中因下跌过快而回升的价格调整现象。回升幅度一般小于下跌幅度。

9. 死空头：总是对市场缺乏信心，认为不能买入股票，预期股票会大幅下跌的投资人。

10. 死多头：总是一厢情愿地对市场抱有乐观态度，即使是被套得很深也对股市充满信心的投资人。

11. 多翻空：多头确信股价已涨到顶峰，因而大批卖出手中股票成为空头。

12. 空翻多：空头确信股价已跌到尽头，于是大量买入股票而成为多头。

13. 短多：短线多头交易，长则两三天短则一两天，操作依据是预期股价短期看好。

14. 斩仓（割肉）：在买入股票后，股价下跌，为避免损失扩大而低价（赔本）卖出股票的行为。

15. 套牢：预期股价上涨而买入股票，结果股价却下跌，又不甘心将股票卖出，被动等待获利时机的出现。

16. 坐轿：预期股价将会大涨，或者知道有主力在炒作而先期买进股票，坐等股价大涨后卖出股票。

17. 抬轿：是指认为股价上升空间很大而买进，但实际上只是给先期买进者提供了兑现机会，而最终没有赚到钱甚至被套的一种行为。

18. 多杀多：普遍认为股价要上涨，于是纷纷买进，然而股价未能如期上涨时，竞相卖出，而造成股价大幅下跌。

19. 热门股：交易量大、换手率高、流通性强的股票，特点是价格变动幅度较大，与冷门股相对。

20. 对敲：是股票投资人的一种交易手法。具体操作方法为在多家营业部同时开户，以拉锯战方式在各营业部之间报价交易，以达到操纵股价的目的。

21. 筹码：投资人手中持有的有价证券。

22. 踏空：投资人因看淡后市，卖出股票后，该股票价格却一路上扬，或未能及时买入因而未能赚得利润。

23. 跳水：股价迅速下滑，幅度很大。

24. 诱多：股价盘旋已久，下跌可能性渐大，"空头"大都已卖出股票后，突然"空方"将股票拉高，误使"多方"以为股价会向上突破，纷纷加码，结果"空头"由高价掼压而下，使"多头误入陷阱"而"套牢"。

25. 诱空："主力多头"买进股票后，再故意将股价做软，使"空头"误信股价将大跌，故纷纷抛出股票错过获利机会，形成误入"多头"的陷阱。

26. 骗线：利用技术分析的画线原理，在想出货的时候，先制造有利的线图，使依靠技术分析的人误以为会涨而买进。

27. 阴跌：股价进一步退两步、缓慢下滑的情况，如阴雨连绵，长期不止。

28. 涨跌幅限制：因股票价格波动达到一定限度其价格不再变动。其中，因股票价格上涨达到一定限度叫涨幅限制，因股票价格下跌达到一定限度叫跌幅限制。

29. 洗盘：主力操纵股市、故意压低股价的一种手段。具体做法是，为了拉高股价获利出货，先有意制造卖压，迫使低价买进者卖出股票，以减轻拉升压力，通过这种方法可以使股价容易拉高。

30. 平仓：投资人在股票市场上卖出股票的行为。

31. 换手率：股票成交的股数与其上市流通股总数之比，表示股票交易活跃程度，尤其当新股上市时更应注意这个指标。

32. 现手：当前某一证券的成交量。

33. 平开：股票的当日开盘价与前一交易日收盘价持平的情况。

34. 低开：股票的当日开盘价低于前一交易日收盘价的情况。

35. 高开：股票的当日开盘价高于前一交易日收盘价的情况。

36. 内盘：以买入价成交的交易，买入成交数量统计加入内盘。

37. 外盘：以卖出价成交的交易。卖出量成交数量统计加入外盘。

（内盘、外盘这两个数据大体可以用来判断买卖力量的强弱。若外盘数量大于内盘，则表现买方力量较强；若内盘数量大于外盘，则说明卖方力量较强）

38. 均价：买卖股票的平均价格。若当前股价在均价之上，说明在此之前买入的股票都处于盈利状态。

39. 填权：股票除权后其交易价格渐渐走高且超过除权参考价的现象。

40. 多头陷阱：为多头设置的陷阱，通常发生在指数或股价屡创新高并迅速突破原来的指数区且达到新高点，随后迅速滑落跌破以前的支撑位，结果使在高位买进的投资人被套。

41. 空头陷阱：通常出现在指数或股价从高位区以高成交量跌至一个新的低点区，并造成向下突破的假象，使恐慌性抛盘涌出后迅速回升至原先的密集成交区，并向上突破原压力线，使在低点卖出者踏空。

42. 溢价发行：有价证券发行时以高于其面值发行的方式。

43. 场内交易：在证券交易所内进行的证券买卖活动。

44. 场外交易：在交易所以外市场进行的证券交易，也称为柜台交易或店头交易。

45. 收盘价：有价证券在每个营业日闭市前按规则形成的最终价格。

46. 散户：通常指投资额较少、交易自由度较高的个人投资人。

47. 建仓：投资人开始买入有价证券。

48. 市场总额（总市值）：在某特定时间内交易所挂牌交易全部证券（以总股本计）按当时价格计算的证券总值。它可以反映该证券市场的规模大小，由于它是以各证券的发行量为权数，所以当发行量大的证券价格变动时对总市值的影响就大。这也是股市中主力经常通过拉抬大盘股来影响股指的一个重要因素。

49. 实多：资金实力雄厚、持股时间长，不做见跌就买、见涨就卖，只图眼前一点小利的投资行为。

50. 浮多：与实多相对，指资金实力较弱、持股时间短、见涨就卖、见跌就买，只图眼前利益的行为。

51. 卖压：在股市上大量抛出股票使股价迅速下跌。

52. 买压：买股票的人很多而卖股票的人却很少。

53. 回档：在多头市场上，股价涨势强劲，但因为过快而出现回调。

54. 护盘：股市低落、人气不足时，大量购进股票防止股市继续下滑的行为。

55. 掼压：用大量股票将股价大幅度压低，以便低成本大量买进。

56. 盘压：一是当天股价波动幅度很小，二是行情进入整理，上下波动幅度也不大。

57. 抢帽子：当天先低价买进，等股价上升后再卖出相同数量和相同种类的股票，或当天先卖出股票，然后再以低价买进相同数量和相同种类的股票，以获取差价利益。

58. 跳空和补空：股市受强烈的利多或利空消息影响，开盘价高于或低于前一交易日的收盘价，股价走势出现缺口，称为跳空；在股价之后的走势中，将跳空的缺口补回，称为补空。

59. 主板市场：传统意义上的证券市场，是一个国家或地区证券发行、上市及交易的主要场所，是资本市场中最重要的组成部分，是国民经济的“晴雨表”。我国的主板市场是指上海证券交易所和深圳证券交易所两个市场。

60. 创业板市场：地位次于主板市场的证券市场，在中国特指深圳创业板市场。上市门槛、监管制度、信息披露、交易条件、投资风险等方面与主板市场有较大区别。其目的主要是扶持中小企业，尤其是高成长性企业，为风险投资和创投企业建立正常的退出机制，为自主创新战略提供融资平台。

61. 特别转让市场：为从主板摘牌或不满足上市条件的公司股份提供交易的场所。参与特别股份转让交易，必须开立专门的账户。

62. 中小板市场：中小板是相对于主板市场而言的，中小板的市场代码以002开头。2004年5月，经国务院批准，深圳证券交易所设立中小企业板块。

63. 科创板市场：科创板，英文是Sci-Tech innovation board（STAR Market），是由国家主席习近平于2018年11月5日在首届中国国际进口博览会开幕式上宣布设立，是独立于现有主板市场的新设板块，并在该板块内进行注册制试点。

64. 融资融券：融资融券又称证券信用交易，是指投资人向有资格的证券公司提供担保物，借入资金买入上市证券或借入上市证券并卖出的行为。包括券商对投资人的融资、融券和金融机构对券商的融资、融券。

融资是借钱买证券，通俗地说就是买股票。证券公司借款给客户购买证券，客户到期偿还本息，客户向证券公司融资买进证券称为“买空”。

融券是先借入证券卖出，然后以证券归还。证券公司出借证券给客户出售，客户到期返还相同种类和数量的证券并支付利息，客户向证券公司融券卖出称为“卖空”。

65. 破发：有价证券在二级市场的交易价格跌至发行价之下。

66. 跳空：受强烈利多或利空消息刺激，有价证券价格大幅度波动，通常会产生缺口。

67. 关卡：一般将整数位或黄金分割位或投资人习惯上的心理价位称为关卡。

68. 破位：通常指有价证券价格跌破重要支撑下行。

69. 反转：有价证券价格朝原来趋势的相反方向移动。

70. 探底：有价证券寻找最低点的过程，探底成功后将由最低点开始上升。

71. 超买：有价证券价格持续上升到一定高度，买方力量基本用尽，即将下跌。

72. 超卖：有价证券价格持续下跌到一定低点，卖方力量基本用尽，即将回升。

73. 牛皮市：有价证券价格上升、下降的幅度都很小，价格像被钉住了一样，如牛皮般坚韧。牛皮市往往成交量也很小，是一种买卖双方在力量均衡时的表现。

74. 崩盘：证券市场上由于某种利空原因出现了证券大量抛出，导致有价证券价格无限度下跌，不知到什么程度才可以停止。这种接连不断地不计成本大量抛售证券的现象称为崩盘。

75. 量价背离：成交量与价格之间呈现的不匹配状态。量价背离一般会产生一种新的趋势，可能是上升中的调整，也可能是下跌中的反弹。

76. 轧空：空头倾轧空头。市场上的投资人一致认为价格将会大幅下跌，于是大多数人卖出有价证券，但当天有价证券价格并没有大幅度下跌，闭市前，做空头的只好竞相补进，从而出现收盘价大幅度上升的局面。

77. 买壳上市：一家优势企业通过收购债权、控股、直接出资、购买股票等收购手段，以取得被收购方（上市公司）的所有权、经营权及上市地位。

78. 委比：是衡量一段时间内场内买、卖盘强弱的技术指标。委比的取值范围为 -100% ~ +100%。若委比为正值，说明场内买盘较强，数值越大，买盘就越强劲；反之，若委比为负值，则说明市道较弱。

79. 盘坚：有价证券价格缓慢上涨，称为盘坚。

80. 盘软：有价证券价格缓慢下跌，称为盘软。

81. 僵牢：指市场上有价证券价格出现徘徊的局面，在一定时期内既上不去也下不来。

82. 经纪人：依托所属证券公司，为公司发展客户并向客户提供投资服务，从公司获取规定收益的具有相应资格的证券从业人员。

83. 佣金：按有价证券成交金额和规定比例向投资人收取的费用。

84. 长空：对股票前景看坏，借来股票卖出，或卖出股票期货，等相当长一段时间后才买回的行为。

85. 短空：对股价短期内看跌，借来股票卖出，短时间内即补回的行为。

86. 长多：对股价远期看好，认为股价会长期不断上涨，因而买进股票长期持有，等股价上涨相当长时间后再卖出，赚取差价收益的行为。

87. 短多：对股价短期内看好，买进股票，如果股价略有不涨即卖出的行为。

88. 补空：空方买回以前卖出的股票的行为。

89. 吊空：抢空头帽子，卖空股票，不料当天股价并未下跌，只好高价赔钱补进。

90. 冷门股：交易量小、流通性差甚至没有交易且价格变动小的股票。

91. 领导股：对股票市场整个行情变化趋势具有领导作用的股票。

92. 投资股：发行公司经营稳定、获利能力强、股息高的股票。

93. 投机股：股价因人为因素造成涨跌幅度很大的股票。

94. 高息股：发行公司派发较多股息的股票。

95. 无息股：发行公司多年未派发股息的股票。

96. 成长股：成长股是利润增长率较高，股价呈不断上涨趋势，处于飞速发展阶段的公司所发行的股票。

97. 止损：当某一投资出现的亏损达到预定数额时，及时斩仓出局，以避免形成更大的亏损，其目的就在于投资失误时把损失限定在较小的范围内。

98. 止盈：在目标价位卖出有价证券，不追求更多不可知收益的行为。

99. 追涨杀跌：股票价格一上涨，勇敢追进，越涨越买，随后高位被套；股票价格一下跌就恐慌，低价卖出，直至不计成本，造成损失。

100. 注册制：证券发行注册制是指证券发行申请人依法将与证券发行有关

的一切信息和资料公开，制成法律文件，送交主管机构审查，主管机构只负责审查发行申请人提供的信息和资料是否履行了信息披露义务的一种制度。其最重要的特征是，在注册制下证券发行审核机构只对注册文件进行形式审查，不进行实质性判断。

101. 熔断机制（circuit breaker）：也叫自动停盘机制，是指当股指波幅达到事先阈值时，交易所为控制风险采取的暂停交易措施。

参考文献

1. 吴晓求：《证券投资学》，中国人民大学出版社 2014 年版。

2. 拉尔夫 · N. 艾略特著，何平林译：《波浪理论经典简介》，天津社会科学院出版社 2012 年版。

3. 中国证券业协会：《证券市场基础知识》，中国财政经济出版社 2019 年版。

4. 《中华人民共和国证券法》，2019 年。

5. 《深圳证券交易所股票上市规则》，2019 年。

6. 《上海证券交易所股票上市规则》，2019 年。

7. 中国证券业协会：《证券投资分析》，中国财政经济出版社 2019 年版。

8. 陈广志：《证券投资学》，经济科学出版社 2012 年版。